全国交通运输行业职业技能鉴定培训教材

Liqing Hunningtu Tanpujiji Caozuogong

沥青混凝土摊铺机操作工

（初级·中级·高级·技师）

交通专业人员资格评价中心
（交通运输部职业技能鉴定指导中心） 组织编写

人民交通出版社

内 容 提 要

本书为交通专业人员资格评价中心(交通运输部职业技能鉴定指导中心)组织编写的全国交通运输行业职业技能鉴定培训教材之一。本书根据人力资源和社会保障部以及交通运输部联合发布的沥青混凝土摊铺机工种技能标准要求进行编写,分为初级、中级、高级、技师四个层次,主要内容包括:基本要求、基础知识、沥青混凝土摊铺机施工作业、保养、故障判断等。

本书主要用作沥青混凝土摊铺机操作工技能鉴定的辅导用书,也可作为交通类职业院校相关专业的教学参考书,还可供相关从业人员继续教育和自学使用。

图书在版编目(CIP)数据

沥青混凝土摊铺机操作工/交通专业人员资格评价中心组织编写.—北京:人民交通出版社,2010.6
ISBN 978-7-114-08425-6

Ⅰ.①沥… Ⅱ.①交… Ⅲ.①沥青路面-混凝土施工-机械设备-操作 Ⅳ.①U416.217.04

中国版本图书馆CIP数据核字(2010)第086622号

全国交通运输行业职业技能鉴定培训教材

书　　名:沥青混凝土摊铺机操作工
著 作 者:交通专业人员资格评价中心(交通运输部职业技能鉴定指导中心)
责任编辑:韩亚楠　郑蕉林
出版发行:人民交通出版社
地　　址:(100011)北京市朝阳区安定门外外馆斜街3号
网　　址:http://www.ccpress.com.cn
销售电话:(010)59757969,59757973
总 经 销:人民交通出版社发行部
经　　销:各地新华书店
印　　刷:廊坊市长虹印刷有限公司
开　　本:787×1092　1/16
印　　张:14
字　　数:348千
版　　次:2010年5月　第1版
印　　次:2010年5月　第1次印刷
书　　号:ISBN 978-7-114-08425-6
印　　数:0001~3000册
定　　价:35.00元

序

XU

当前和今后一个时期，是我国改革发展的关键时期，也是推进交通科学发展，加快发展现代交通业的重要战略机遇期。加快建立一支与交通行业发展相适应的高技能人才队伍，提高交通行业广大从业人员服务交通、服务社会的能力和水平，迫切需要我们加快建立和实施职业资格制度，不断加强交通行业高技能人才评价工作。

交通专业人员资格评价中心自成立以来，特别是以2007年全国交通行业职业资格工作会议召开为标志，全面开展了交通行业职业资格工作，初步建立了交通行业关键专业技术岗位职业资格制度，交通行业职业技能鉴定工作也取得了实质性进展：形成了以国家职业标准、培训教材、试题库为主体的交通行业国家职业技能鉴定技术要素体系，为交通行业高技能人才建设打下了良好的基础，为开展交通行业职业技能鉴定工作提供了重要保障。

加强交通行业职业技能鉴定基础工作是做好技能人才评价工作的关键，交通行业职业技能鉴定教材的开发是这项基础工作的重要组成部分。交通专业人员资格评价中心在充分调研的基础上，根据国家职业标准，紧紧围绕交通行业发展实际需要，在部有关业务主管部门的指导下，充分发挥职业院校和有关企事业单位的专家作用，以职业活动为导向，以职业能力为核心，按照教材开发的科学性、先进性、适用性和实践性原则，组织编写了全国交通行业职业技能鉴定培训教材。衷心希望大家继续努力，加强协作，确保质量，在培训教材建设方面多出成果，多出精品，为做好交通行业职业技能培训和鉴定工作创造条件。我相信本套培训教材的出版将对交通行业广大从业人员和职业院校相关专业学生职业能力与技能水平的提高有所帮助，为推进交通运输事业又好又快发展发挥积极的作用。

交通运输部副部长：

《全国交通运输行业职业技能鉴定培训教材》

编审委员会

主　任：何　捷

副主任：申少君　李祖平　杨利华　魏　东

委　员：张　萍　沈冬柏　刘　鹏　王福恒

刘大鹏　尹俊涛　李　娟　丛英莉

《沥青混凝土摊铺机操作工（初级·中级·高级·技师）》

编 审 人 员

主　审：冯久东　刘文华

主　编：安文洁

参　编：李英奇

前　言

QIANYAN

为做好交通运输行业特有职业技能培训及鉴定工作，在沥青混凝土摊铺机操作工从业人员中推行国家职业资格证书制度，我们组织交通运输行业的有关专家编写了《全国交通运输行业职业技能鉴定培训教材——沥青混凝土摊铺机操作工》。

本教材根据《国家职业标准——沥青混凝土摊铺机操作工》（以下简称《标准》），以职业活动为导向，以职业能力为核心，突出职业特色。针对沥青混凝土摊铺机操作工职业活动的领域，按照模块化的方式，分初级、中级、高级、技师4个级别进行编写，各等级内容分别对应于《标准》中4个等级的“工作要求”。

本教材分沥青混凝土摊铺机操作工（初级）、沥青混凝土摊铺机操作工（中级）、沥青混凝土摊铺机操作工（高级）和沥青混凝土摊铺机操作工（技师）四大部分，共十五个单元。

本教材主要用作沥青混凝土摊铺机操作工（初级）、沥青混凝土摊铺机操作工（中级）、沥青混凝土摊铺机操作工（高级）和沥青混凝土摊铺机操作工（技师）技能鉴定的辅导用书，也可作为交通类职业院校相关专业的教学参考书，还可供相关从业人员继续教育和自学使用。

本教材在编写过程中，得到了交通运输部公路局、科技司等部门的指导，以及中国交通教育研究会、北京市路政局技工学校的大力支持，在此一并致以衷心感谢。

由于编写时间紧，内容多，加之编者水平有限，书中不足之处在所难免，恳请各位读者不吝指正。

交通专业人员资格评价中心
（交通运输部职业技能鉴定指导中心）

二〇一〇年五月四日

目 录
MULU

第一部分 基本要求

第二部分 基础知识

第三部分 沥青混凝土摊铺机操作工(初级)工作要求

第四部分　沥青混凝土摊铺机操作工(中级)工作要求

第五部分　沥青混凝土摊铺机操作工(高级)工作要求

第六部分　沥青混凝土摊铺机操作工(技师)工作要求

第一部分　基 本 要 求

单元一 职业道德

课题一 职业道德基本知识

学习目标

本课题的学习内容是职业道德的基本知识。

知识要求

了解职业道德的含义;掌握职业道德的特点及作用。

模块一 职业道德

职业道德,是人们在职业活动中应遵循的特定职业规范和行为准则,即正确处理职业内部、职业之间、职业与社会之间、人与人之间关系应当遵循的思想和行为规范。它是一般社会道德在不同职业中的特殊表现形式。职业道德是在相应的职业环境和职业实践中形成和发展起来的。职业道德的含义包括以下8个方面:

(1)职业道德是一种职业规范,受社会普遍的认可。

(2)职业道德是长期以来自然形成的。

(3)职业道德没有确定形式,通常体现为观念、习惯、信念等。

(4)职业道德依靠文化、内心信念和习惯,通过员工自律实现。

(5)职业道德大多没有实质的约束力和强制力。

(6)职业道德的主要内容是对员工义务的要求。

(7)职业道德标准多元化,代表了不同企业可能具有不同的价值观。

(8)职业道德承载着企业文化和凝聚力,影响深远。

每个从业人员,不论从事哪种职业,在职业活动中都要遵守职业道德。要理解职业道德需要掌握以下四点:

首先,在内容方面,职业道德总是要鲜明地表达职业义务、职业责任以及职业行为上的道德准则。它反映的不是社会道德和阶级道德的要求,而是要反映职业、行业以至产业特殊利益的要求;它不是在一般意义上的社会实践基础上形成的,而是在特定的职业实践的基础上形成的,因而它往往表现为某一职业特有的道德传统和道德习惯,表现为从事某一职业的人们所特有的道德心理和道德品质。职业道德甚至可能造成从事不同职业的人们在道德品貌上的差异。如人们常说,某人有“军人作风”、“工人性格”、“农民意识”、“干部派头”、“学生味”、“学究气”、“商人习气”等。

其次,在表现形式方面,职业道德往往比较具体、灵活、多样。它总是从本职业的交流活动的实际出发,采用制度、守则、公约、承诺、誓言、条例以及标语口号之类的形式,这些灵活的形式既易于为从业人员所接受和实行,而且易于形成一种职业的道德习惯。

再次，从调节的范围来看，职业道德一方面是用来调节从业人员内部关系，加强职业、行业内部人员的凝聚力；另一方面，它也是用来调节从业人员与其服务对象之间的关系，用来塑造本职业从业人员的形象。

最后，从产生的效果来看，职业道德既能使一定的社会或阶级的道德原则和规范的“职业化”，又使个人道德品质“成熟化”。职业道德虽然是在特定的职业生活中形成的，但它绝不是离开阶级道德或社会道德而独立存在的道德类型。在阶级社会里，职业道德始终是在阶级道德和社会道德的制约和影响下存在和发展的；职业道德和阶级道德或社会道德之间的关系，就是一般与特殊、共性与个性之间的关系。任何一种形式的职业道德，都在不同程度上体现着阶级道德或社会道德的要求。同样，阶级道德或社会道德，在很大范围上都是通过具体的职业道德形式表现出来的。同时，职业道德主要表现在实际从事一定职业的成人的意识和行为中，是道德意识和道德行为成熟的阶段。职业道德与各种职业要求和职业生活结合，具有较强的稳定性和连续性，形成比较稳定的职业心理和职业习惯，以致在很大程度上改变了人们在学校生活阶段和少年生活阶段所形成的品行，影响道德主体的道德风貌。

模块二 职业道德的特点

职业道德具有以下特点。

1. 职业道德具有适用范围的有限性

每种职业都担负着一种特定的职业责任和职业义务。由于各种职业的职业责任和义务不同，从而形成各自特定的职业道德的具体规范。

2. 职业道德具有发展的历史继承性

由于职业具有不断发展和世代延续的特征，不仅其技术世代延续，其管理员工的方法、与服务对象打交道的方法，也有一定历史继承性。如“有教无类”、“学而不厌，诲人不倦”，从古至今始终是教师的职业道德。

3. 职业道德表达形式多种多样

由于各种职业道德的要求都较为具体、细致，因此其表达形式也多种多样。

4. 职业道德兼有强烈的纪律性

纪律也是一种行为规范，但它是介于法律和道德之间的一种特殊的规范。它既要求人们能自觉遵守，又带有一定的强制性。就前者而言，它具有道德色彩；就后者而言，又带有一定的法律色彩。就是说，一方面遵守纪律是一种美德，另一方面，遵守纪律又带有强制性，具有法令的要求。例如，工人必须执行操作规程和安全规定；军人要有严明的纪律等等。因此，职业道德有时又以制度、章程、条例的形式表达，让从业人员认识到职业道德又具有纪律的规范性。

模块三 职业道德的社会作用

职业道德是社会道德体系的重要组成部分，它一方面具有社会道德的一般作用，另一方面它又具有自身的特殊作用，具体表现在：

1. 调节职业交往中从业人员内部以及从业人员与服务对象间的关系

职业道德的基本职能是调节职能。它一方面可以调节从业人员内部的关系，即运用职业道德规范约束职业内部人员的行为，促进职业内部人员的团结与合作。如职业道德规范要求各行各业的从业人员，都要团结、互助、爱岗、敬业、齐心协力地为发展本行业、本职业服务。另一方面，职业道德又可以调节从业人员和服务对象之间的关系。如职业道德规定了制造产品的工人要怎样对用户负责；营销人员怎样对顾客负责；医生怎样对病人负责；教师怎样对学生负责等等。

2. 有助于维护和提高本行业的信誉

一个行业、一个企业的信誉，也就是它们的形象、信用和声誉，是指企业及其产品与服务在社会公众中的信任程度，提高企业的信誉主要靠产品的质量和服务质量，而从业人员职业道德水平高是产品质量和服务质量的有效保证。若从业人员职业道德水平不高，很难生产出优质的产品和提供优质的服务。

3. 促进本行业的发展

行业、企业的发展有赖于高的经济效益，而高的经济效益源于员工的高素质。员工素质主要包含知识、能力、责任心三个方面，其中责任心是最重要的。而职业道德水平高的从业人员其责任心是极强的，因此，职业道德能促进本行业的发展。

4. 有助于提高全社会的道德水平

职业道德是整个社会道德的主要内容。一方面，职业道德涉及每个从业者如何对待职业，如何对待工作，同时也是一个从业人员的生活态度、价值观念的表现；是一个人的道德意识、道德行为发展的成熟阶段，具有较强的稳定性和连续性。另一方面，职业道德也是一个职业集体，甚至一个行业全体人员的行为表现，如果每个行业，每个职业集体都具备优良的道德，对整个社会道德水平的提高肯定会发挥重要作用。

模块四　社会主义道德的基本要求

社会主义道德的基本要求为：集体主义、爱祖国、爱人民、爱劳动、爱科学、爱社会主义。

课题二　职业守则

学习目标

本课题的学习内容是职业守则的基本知识。

知识要求

了解职业守则的含义；掌握职业守则的特点及作用。

职业守则是根据党和国家的各项方针政策、法律、法规的精神，结合本单位、本部门、本系统的实际情况而制订的用以规范、约束人们道德行为的条文，因此具有约束性和规范性的特点，但不具备直接的法律制约作用。

职业守则一般由首部和正文两部分组成。首部一般由适用对象和文种构成。正文由总则、分则、附则组成。总则是关于制订守则的指导思想、目的、意义等项内容。分则是规范项目，要求条目清晰，逻辑严密，表述准确、精练。附则是关于执行要求的说明。有的守则内容比较单一，全文由分则内容组成，没有总则和附则部分。

模块一　全国职工守则

(1)热爱祖国，热爱共产党，热爱社会主义。

(2)热爱集体,勤俭节约,爱护公物,积极参加管理。

(3)热爱本职,学赶先进,提高质量,讲究效率。

(4)努力学习,提高政治、文化、科技、业务水平。

(5)遵守纪律,廉洁奉公,严格执行规章制度。

(6)关心同志,尊师爱徒,和睦家庭,团结邻里。

(7)文明礼貌,整洁卫生,讲究社会公德。

(8)扶植正气,抵制歪风,拒腐蚀,永不沾。

模块二　筑路机械操作人员工作守则

(1)遵守法律、法规和有关规定;

(2)爱岗敬业,忠于职守,自觉履行各项职责;

(3)工作认真负责,严于律己;

(4)刻苦学习,钻研业务,努力提高思想和科学文化素质;

(5)谦虚谨慎,团结协作,主动配合;

(6)严格执行工艺流程,保证质量;

(7)重视安全、环保,坚持文明生产。

案例　某公司员工守则(试行)

为了实现对公司员工的科学管理,以维护生产经营、工作、生活的正常秩序,切实保障员工优化、高效、务实的工作,员工必须遵守国家和地方的法律、法规,爱护公共财物,学习和掌握本职工作所需要的专业技能,团结协作,完成工作任务。提高自身修养,做到诚实守信,增强主人翁意识,维护公司荣誉,保证企业奋斗目标的实现,本着公开、公平、公正的原则制定本守则。

(1)公司员工要团结友爱、相互尊重、相互关怀,同事间要通力合作、和睦相处,言行要诚实、廉洁、勤勉。

(2)公司员工对直接上级领导交办的工作要及时保质保量完成,不准推诿、拖拉,做到令行禁止。

(3)按时上下班,严格遵照执行公司的考勤管理制度,员工上下班要按时打卡,不准代替他人打卡。

(4)坚决服从上级领导,立足本职,明确本职职责,恪尽职守。如对领导指令和工作有不同见解,应婉转相告或进行书面陈述,书面材料交厂办,一经厂办明确,应立即遵照执行,不得有抵触情绪。

(5)品牌及其款式设计所有权仅限于本公司,公司成员不得以任何形式进行侵害、抄袭、模仿(包括进行非法再生产和销售),否则公司将提起诉讼及追究法律责任。

(6)工作时间不准擅离职守,如确需离开,必须提交书面申请和凭证,公司批示许可后方可离开工作岗位。

(7)公司办公区域及仓库等地,非本部门工作人员未经许可,不得随意进出。

(8)员工下班时,最后离开工作区域的员工应关闭车间电灯、电扇、机器等,否则,一经发现将给予罚款处理。

(9)员工在生产过程中,因自身操作不当损坏产品的一律照价赔偿,并罚款。车工损坏衣服根据损坏程度扣罚,烫工损坏衣服根据衣服批发价格进行赔偿,裁床损坏裁片,根据损坏数量扣罚。

(10)员工要求辞职或公司解聘员工，除违规违纪、违法原因可即时辞退外，其余，均应提前一个月以书面形式通知对方，并不折不扣地办好档案、财物、技术资料等的清理交接工作，离开岗位当天不得结算领取工资，必须在公司统一发放工资日领取。

(11)爱护公司财物，杜绝浪费，不得假公济私，未经公司许可不得在生产车间或利用公司物资干私人事务，非因职务需要不得私自动用公司公物或支用公款。

(12)要维护正常的工作秩序，不得在生产场所大声喧哗或做妨碍他人工作的事情，严禁在车间吵架。

(13)注意保持办公区、生产区内的环境卫生清洁，在工作开始时间不得怠慢拖延。工作时间应全神贯注，不得做与本职无关的事情，如：吃零食、看报纸和杂志、打私人电话等。

(14)严禁泄漏公司机密，损害公司利益，情节严重的将追究刑事责任。

(15)未经许可，厂里文件、资料、图片、画册等都不能带离公司，员工出入车间不得带包裹，包裹必须存放在公司规定的属于自己的物品存放箱里。

(16)要树立起高度的责任感和正义感，工作上互相监督共同进步，对不良现象，在事实清楚、证据确凿的基础上及时向上级汇报，对举报有功者，予以奖励并保密。

(17)全体员工必须了解，只有不断进取、勤奋工作，才能获得个人待遇的改善，实现自身价值，为公司、为社会创造更大的财富。

以上守则若有违反者，按相关制度处理。

1. 什么是职业道德？
2. 职业道德的作用是什么？
3. 什么是职业守则？
4. 职业守则的作用是什么？

第二部分　基 础 知 识

单元一　专业基础知识

课题一　机械识图基本知识

学习目标

本课题的学习内容是机械识图的基本知识。

知识要求

了解三视图形成原理和投影规律；能识读简单零件图；掌握公差与配合基本知识。

模块一　基本几何体三视图识读方法

1. 三视图的形成

机械制图中立体零件常用三视图进行表述。将物体适当的放置在 *V*、*W*、*H* 三个投影面体系中，分别用正投影法向三个投影面投影，得到物体的正面投影、侧面投影和水平投影之后，使 *W* 面绕着 *OZ* 轴向右后方旋转 90°，使 *H* 面绕着 *OX* 轴向下后方旋转 90°。经旋转后，*H*、*W* 与 *V* 面合为同一个平面。这样的三面投影叫做三视图。*V* 面上的投影叫做主视图；*W* 面上的投影叫做左视图；*H* 面上的投影叫做俯视图。如图 2-1-1 所示。

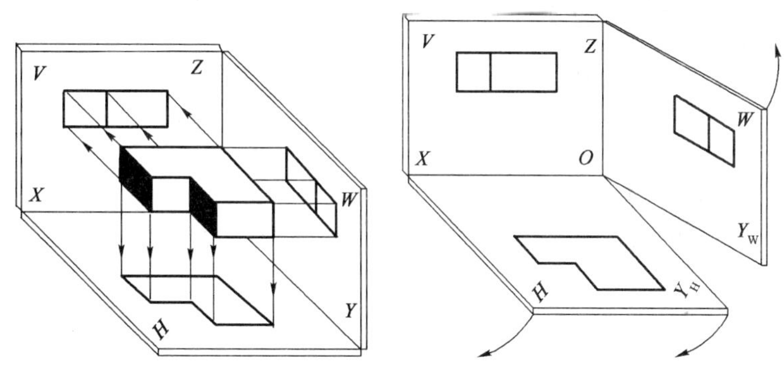

图 2-1-1　零件三视图投影

主视图主要表达物体正面的形状，左视图主要表达物体左侧面的形状，俯视图主要表达物体顶面的形状。

2. 三视图的投影规律

“长对正、高平齐和宽相等”称为投影规律，如图 2-1-2 所示。画图和读图都必须遵守投影规律。

长对正即主视图与俯视图左右水平方向相对应的各线段对正；对正后，各对应线段的长度相等，如图 2-1-2 所示，主视图上的线段长$_1$、长$_2$分别与俯视图上的长$_1$、长$_2$相对正且相等。

高平齐即主视图与左视图上下方向相对应的各线段平齐，平齐后，各对应线段的高度相等，如图 2-1-2 中，主视图上的线段高$_1$、高$_2$分别与左视图上的高$_1$、高$_2$相平齐且相等。

宽相等即俯视图上前后铅垂方向各线段与左视图上前后水平方向各线段对应相等，如图 2-1-2 中，俯视图中宽$_1$、宽$_2$分别与左视图中的宽$_1$、宽$_2$相等。

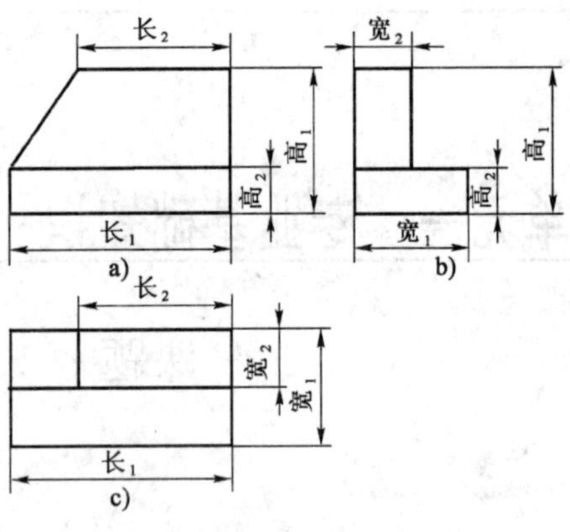

图 2-1-2　零件三视图投影规律

a) 主视图；b) 左视图；c) 俯视图

3. 基本几何体的三视图

(1) 长方体三视图（表 2-1-1）

长方体的三视图　　表 2-1-1

项目	立　体　图	三视图及尺寸标注
长方体		
长方体切口		23 56 20 38 32

(2) 正六棱柱（表 2-1-2）

正六棱柱的三视图　　表 2-1-2

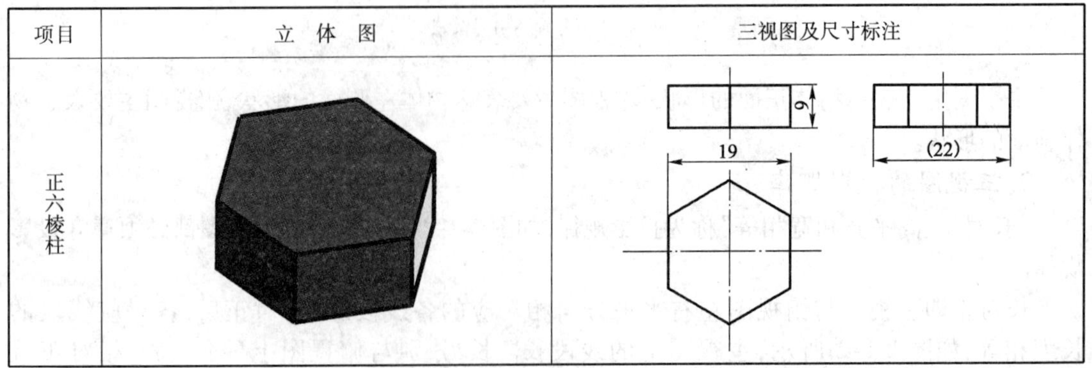

续上表

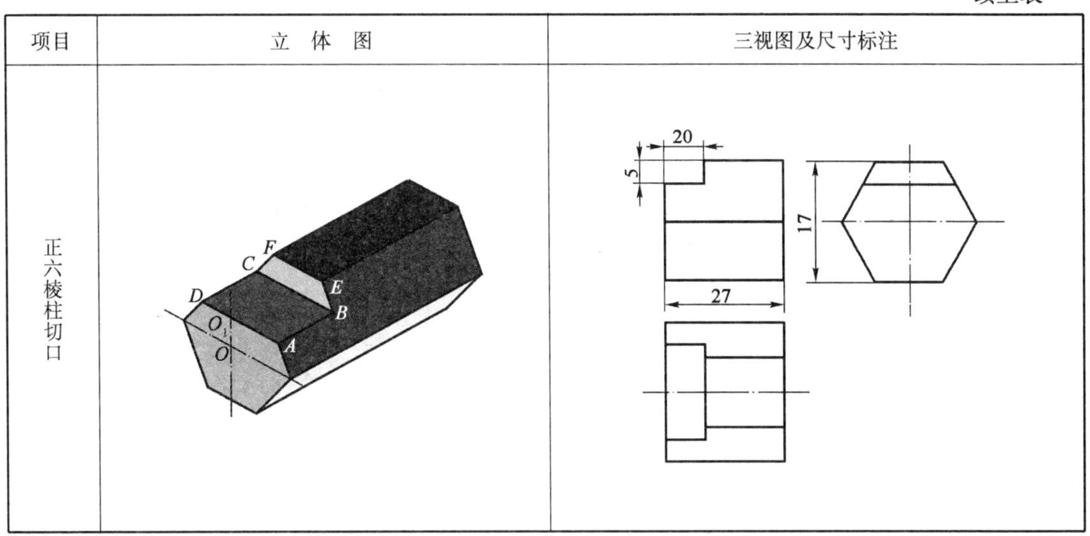

项目	立 体 图	三视图及尺寸标注
正六棱柱切口	F C E D B O₁ A O	20 5 17 27

(3)棱锥与棱台三视图(表 2-1-3)

棱锥与棱台的三视图 表 2-1-3

项目	立 体 图	三视图及尺寸标注
四棱锥	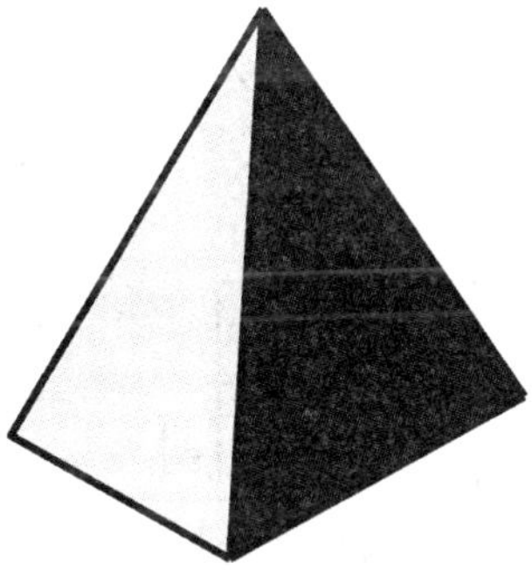	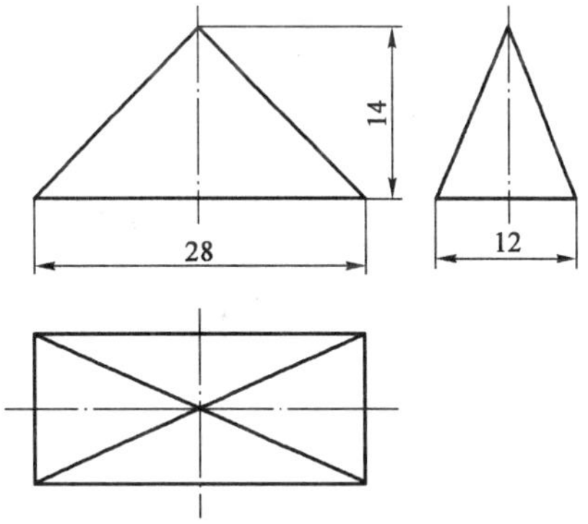 14 28 12
四棱台	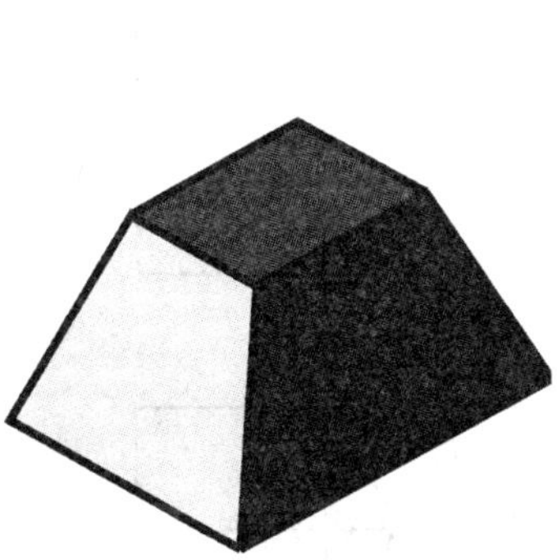	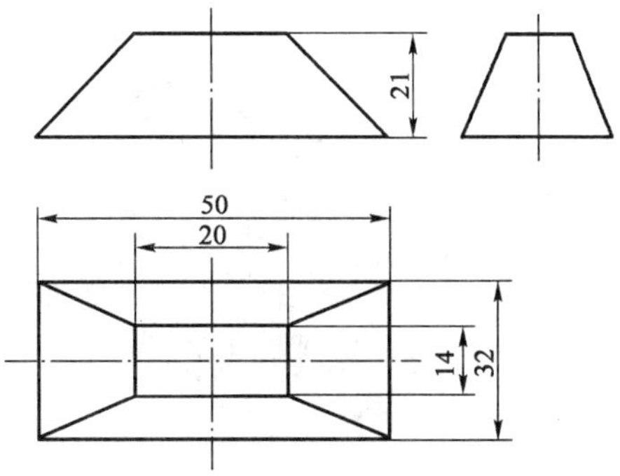 21 50 20 14 32

(4)圆柱体三视图(表 2-1-4)

圆柱体的三视图 表 2-1-4

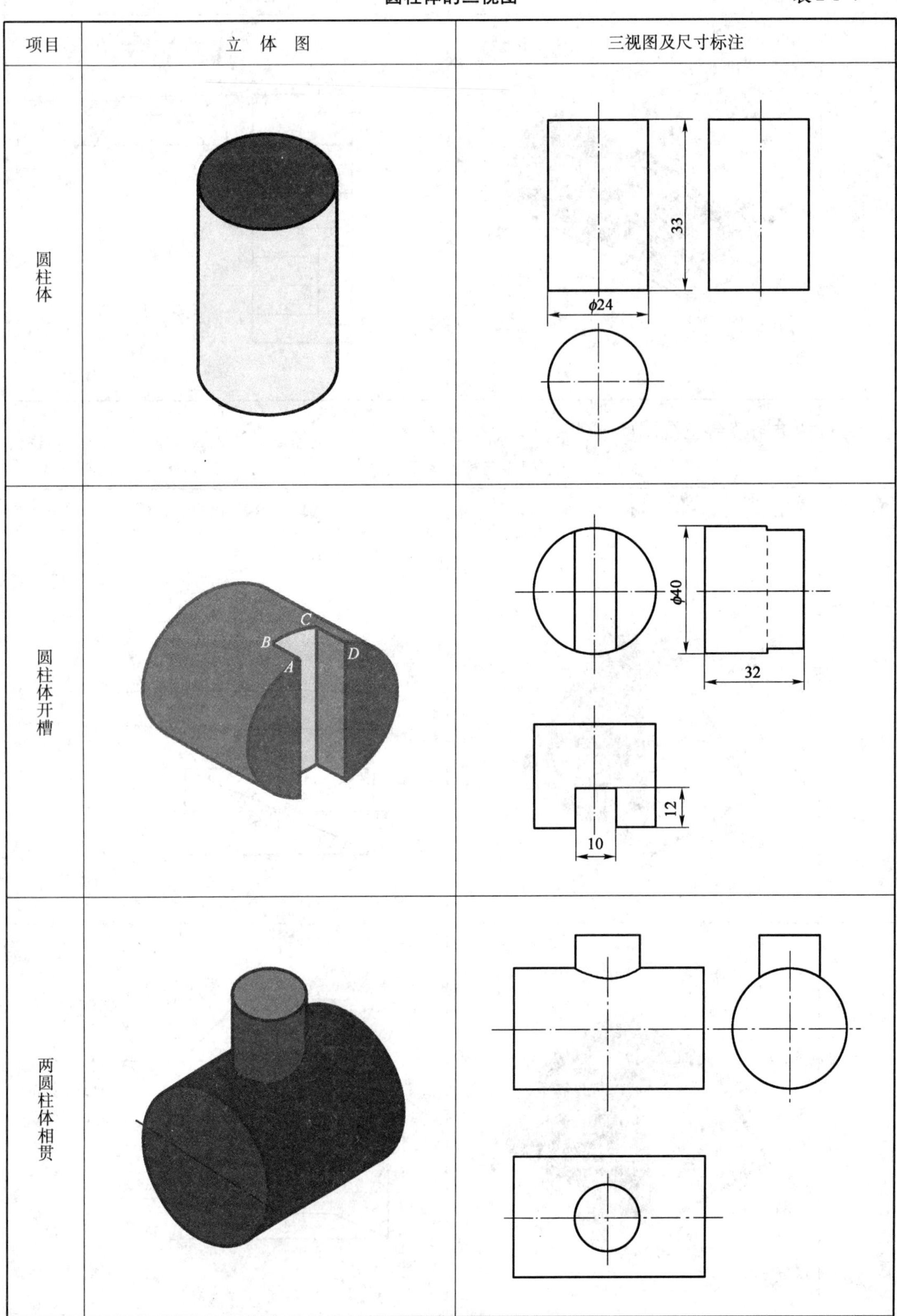

项目	立 体 图	三视图及尺寸标注
圆柱体		
圆柱体开槽		
两圆柱体相贯		

(5)圆锥与圆台三视图(表2-1-5)

圆锥与圆台的三视图 表2-1-5

项目	立 体 图	三视图及尺寸标注
圆锥	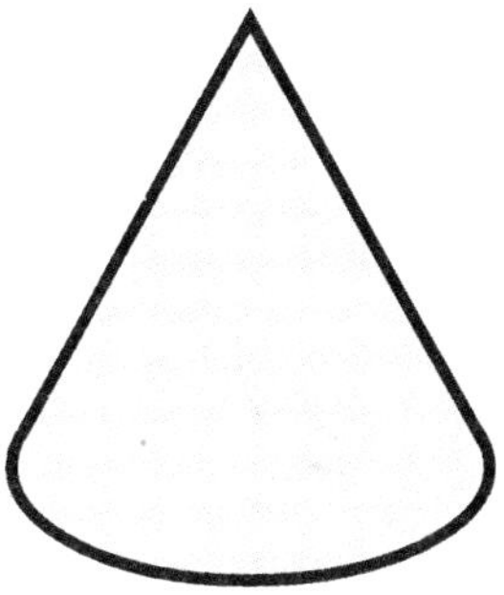	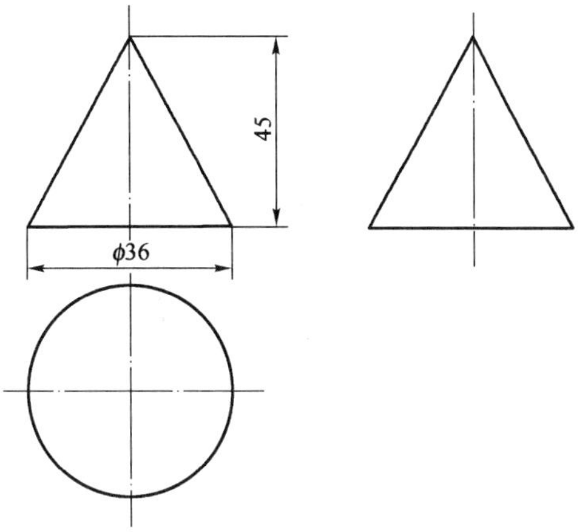 45 ϕ36
圆台	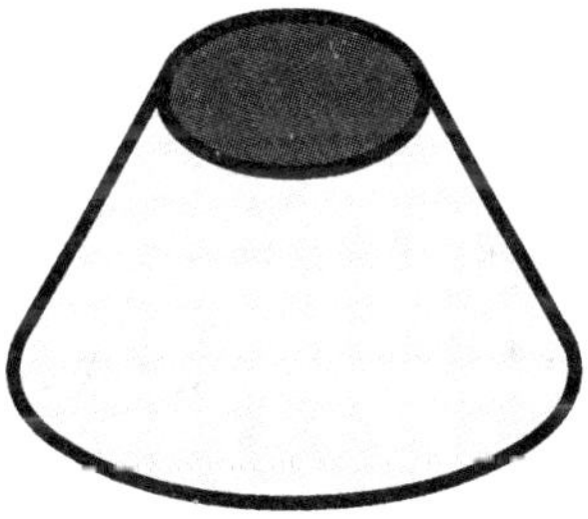	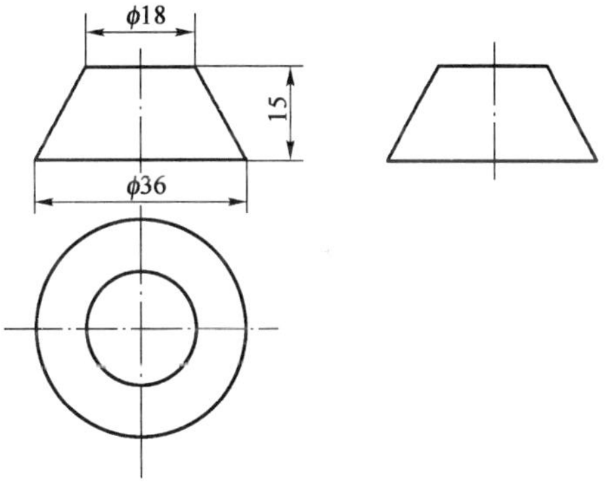 ϕ18 15 ϕ36

(6)圆球体三视图(表2-1-6)

圆球体的三视图 表2-1-6

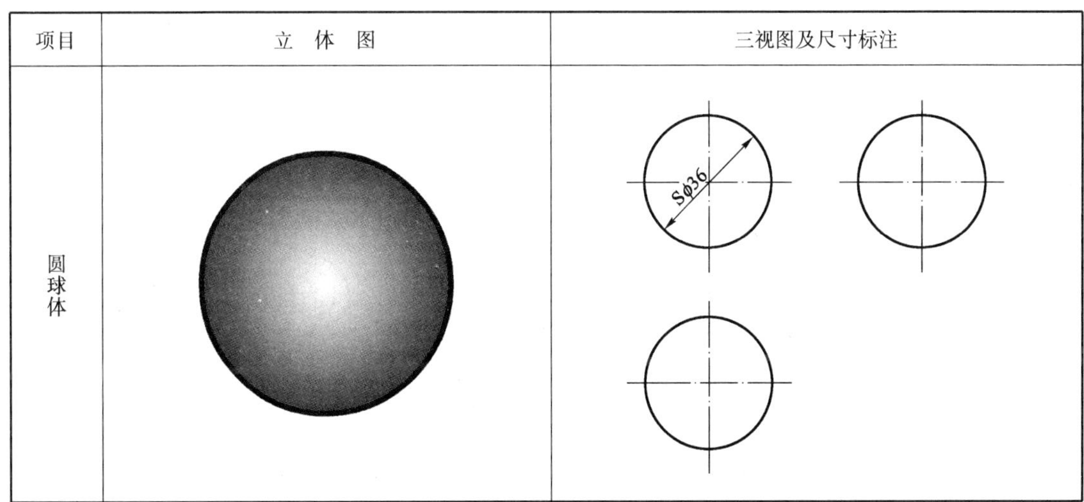

项目	立 体 图	三视图及尺寸标注
圆球体		Sϕ36

续上表

项目	立　体　图	三视图及尺寸标注
圆球体切割		

4. 零件的剖视图

在用视图表达机件时，其内部结构都用虚线来表示（图 2-1-3），内部结构形状越复杂，视图中就会出现越多虚线，这样会影响图面的清晰，不便于看图和标注尺寸。

为了减少视图中的虚线，使图面更清晰，可以采用剖视的方法来表达机件的内部结构和形状。

假想用剖切面剖开机件，将处在观察者和剖切面之间的部分移去，而将其余部分全部向投影面投影所得的图形称为剖视图，并在剖面区域内画上剖面符号，如图 2-1-4 所示。

剖视图种类有以下几种：

（1）全剖视图：用剖切平面（一个或几个）完全地剖开机件所得的剖视图称为全剖视图（图 2-1-5）。

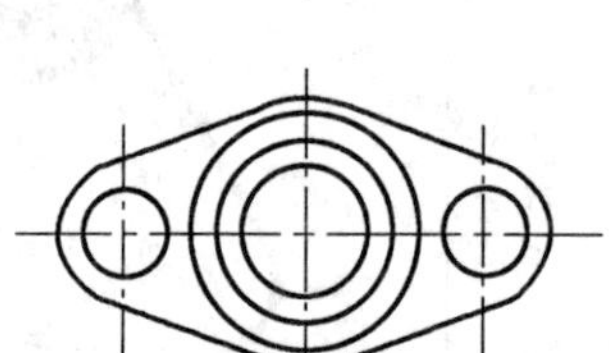

图 2-1-3　内部结构采用虚线表达

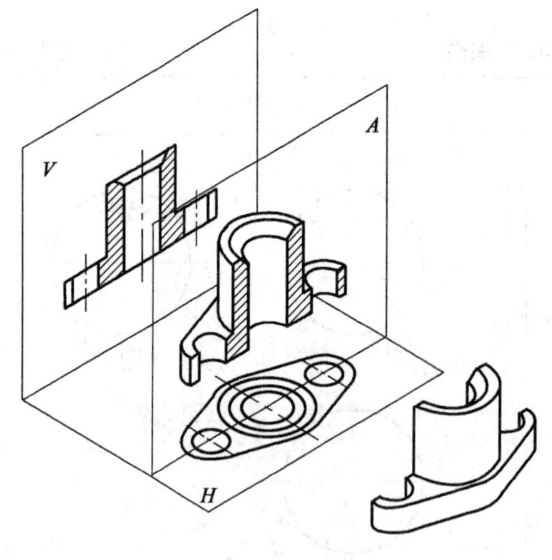

图 2-1-4　零件剖视图原理

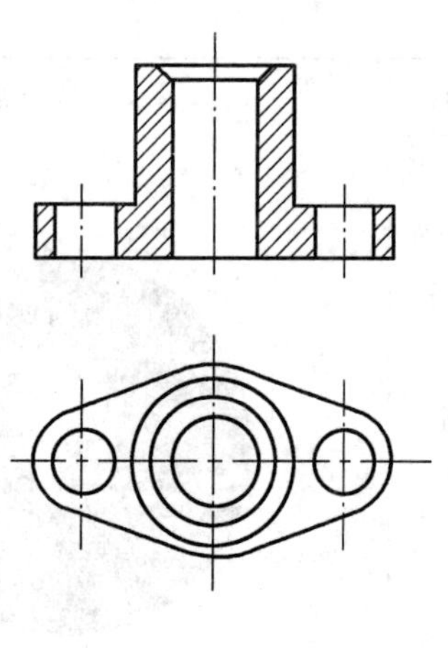

图 2-1-5　零件全剖视图

（2）半剖视图：当机件具有对称平面时，向垂直于对称平面的投影面上投射所得的图形，以对称中心线为界，一半画成剖视图，另一半画成视图，这种剖视图称为半剖视图（图 2-1-6）。

（3）局部剖视图：用剖切平面局部地剖开机件所得的剖视图，称为局部剖视图（图 2-1-7）。

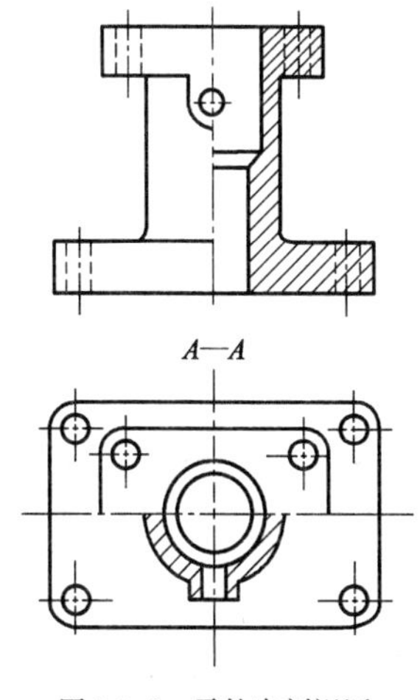

图 2-1-6　零件半剖视图

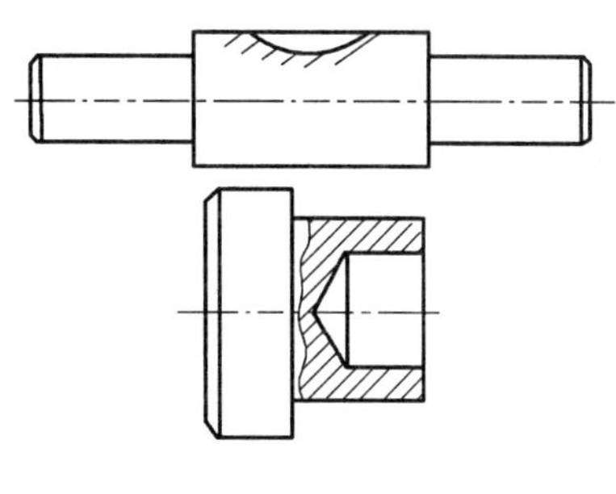

图 2-1-7　零件局部剖视图

5. 零件图的尺寸标注

（1）基本规则

①机件的真实大小应以图样上所注的尺寸数值为依据，与图形的大小、绘图的准确度无关。

②图样中的尺寸以毫米为单位时，不需标注计量单位的代号或名称。如采用其他单位，则必须注明相应的计量单位。

③机件的每一尺寸一般只标注一次，并应标注在能最清晰地反映该结构的图形上。

④标注尺寸时，应尽可能使用符号和缩写词。常用的符号和缩写词见表 2-1-7。

常用符号和缩写词　　表 2-1-7

名称	符号和缩写词	名称	符号和缩写词	名称	符号和缩写词
直径	ϕ	厚度	t	沉孔或锪平	⌴
半径	R	正方形	□	埋头孔	∨
球直径	$S\phi$	45°倒角	C	均布	EQS
球半径	SR	深度	↧		

（2）尺寸要素

一组完整的尺寸一般由尺寸数字、尺寸线和尺寸界线三部分组成，称之为尺寸的三要素。零件视图尺寸标注三要素如图 2-1-8 所示。

绘图时，图样中的尺寸线终端可以有箭头、斜线两种形式。箭头的形式如图 2-1-9 所示，适用于各种类型的图样；斜线用细实线绘制，其方向和画法如图 2-1-9 所示。在同一张图样上，尺寸线终端只能采用一种形式，不可交替使用。

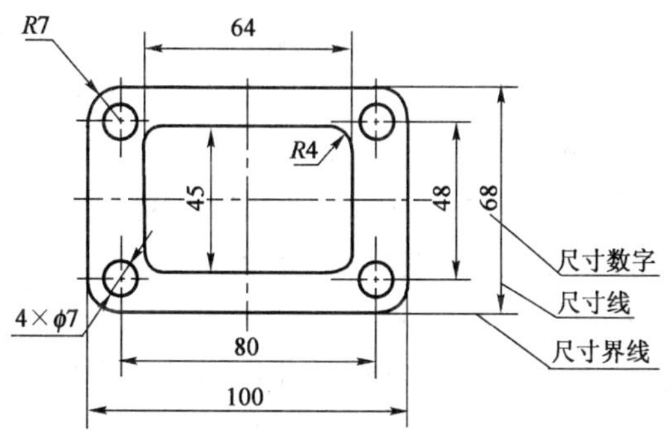

图 2-1-8　零件视图尺寸标注三要素

(3)尺寸注法

①线性尺寸的数字一般注在尺寸线的上方(首选),也允许填写在尺寸线的中断处。

②线性尺寸数字的方向应以图纸右下角的标题栏为基准,使水平尺寸字头朝上,竖直尺寸字头朝左。

③标注直径尺寸时,应在尺寸数字前加注直径符号“ϕ”,标注半径尺寸时,应在尺寸数字前加注半径符号“R”。

④标注线性尺寸时,尺寸线必须与所标注的线段平行。

⑤尺寸界线应与尺寸线垂直。

(4)尺寸标注示例(图2-1-10)

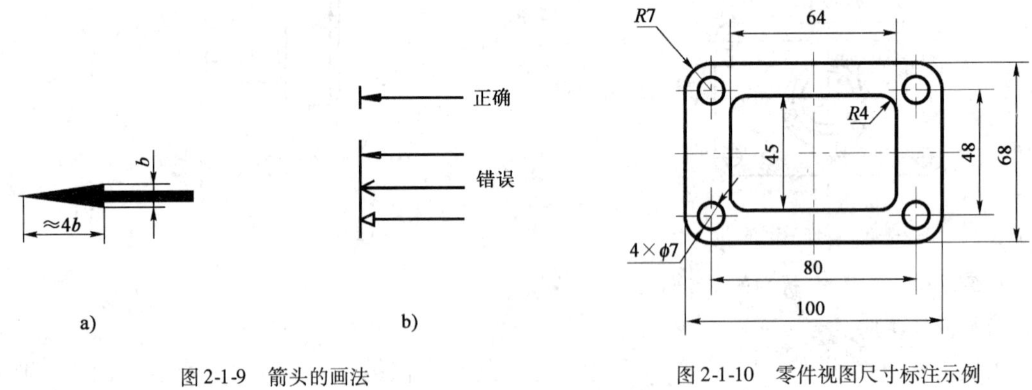

图2-1-9 箭头的画法

图2-1-10 零件视图尺寸标注示例

模块二 公差配合及标注方法

1. 公差与配合

在批量生产的合格零件中,任选一个,不需作任何修正,就可装配起来,并能满足使用要求,零件的这种性质称为互换性。为保证零件具有互换性,必须将零件的实际尺寸控制在允许的变动范围内,允许尺寸的变动量,称为尺寸公差。

尺寸公差有关术语(图2-1-11)如下:

基本尺寸——设计给定的尺寸,用字母L(孔)或l(轴)表示。

实际尺寸——通过实际测量所得的尺寸,用L_a(孔)或l_a(轴)表示。

最大极限尺寸——允许尺寸变化的最大极限值,用L_{max}(孔)或l_{max}(轴)表示。

最小极限尺寸——允许尺寸变化的最小极限值,用L_{min}(孔)或l_{min}(轴)表示。

偏差——某一尺寸减其基本尺寸所得的代数差。

上偏差——最大极限尺寸与其基本尺寸的代数差,用E_s(孔)或e_s(轴)表示。

下偏差——最小极限尺寸与其基本尺寸的代数差,用E_i(孔)或e_i(轴)表示。

公差——允许尺寸变化的范围。公差也等于最大极限尺寸与最小极限尺寸代数差的绝对值,或等于上偏差与下偏差的代数差的绝对值。即公差为没有正、负符号的数值,更不能为零,用T_n(孔)或T_s(轴)表示。

零线——在公差带图中,确定上下偏差的一条基准直线,零线表示基本尺寸。

公差带——在公差带图中,由代表上下偏差的两条直线所限定的区域。

简单地说,如果零件的尺寸在公差范围内,则称其为合格,如果超出公差范围,则是废品。

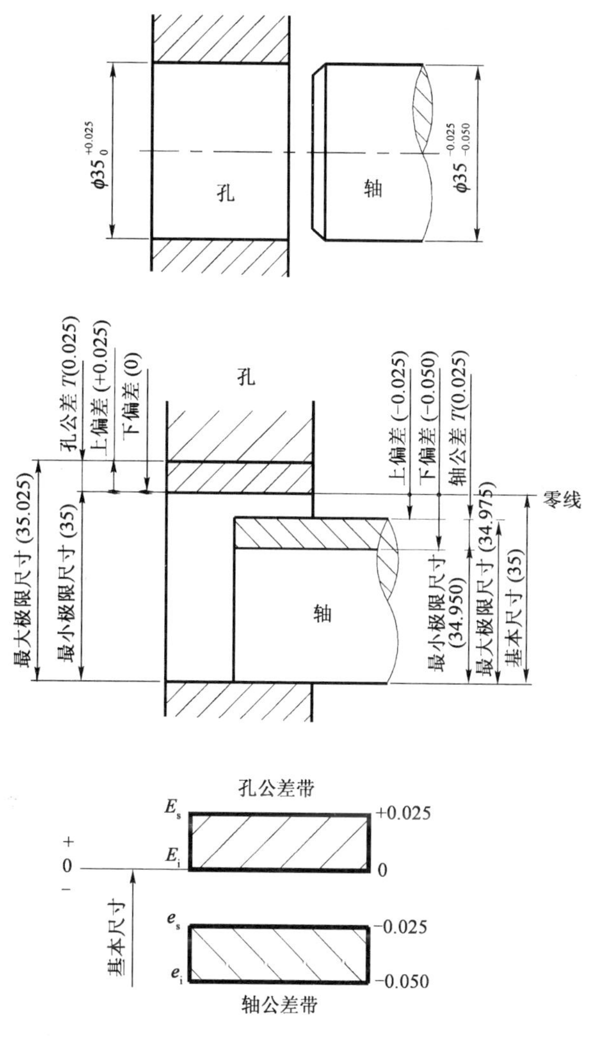

图 2-1-11　尺寸公差相关术语

2. 零件配合种类

配合是指两个基本尺寸相同的、相互结合的孔和轴公差带之间的关系。由于孔和轴的实际尺寸不同,其装配后的松紧程度也不同,故可分为间隙配合、过盈配合和过渡配合三种。

(1)间隙配合

间隙配合即具有间隙(包括最小间隙等于零)的配合。具有间隙配合时,孔的公差带在轴的公差带的上方,如图 2-1-12 所示。

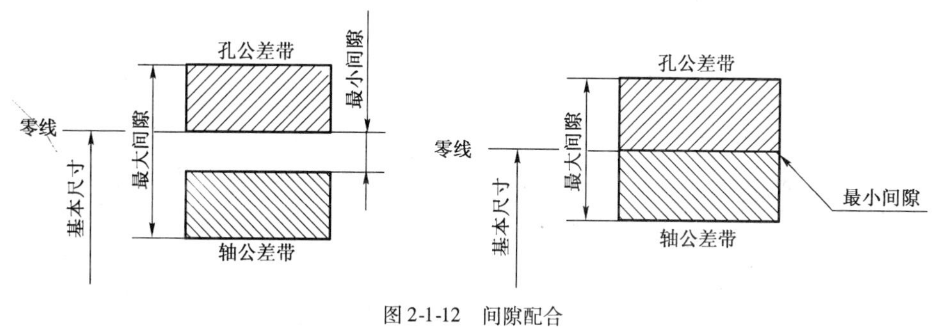

图 2-1-12　间隙配合

任意的内径尺寸总比任意的外径尺寸大。

在间隙配合中：

最大间隙 $X_{max}=L_{max}-L_{min}=E_s-e_i$

最小间隙 $X_{min}=L_{min}-L_{max}=E_i-e_s$

(2)过盈配合

过盈配合即具有过盈(包括最小过盈等于零)的配合。过盈配合时，孔的公差带在轴的公差带的下方，如图2-1-13所示。

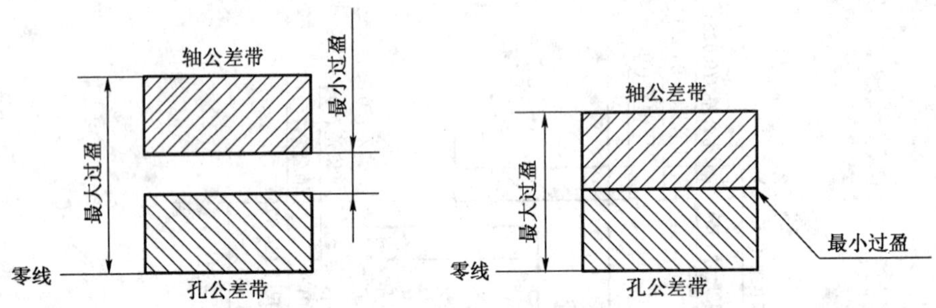

图2-1-13　过盈配合

任意的内径尺寸总比任意的外径尺寸小。

在过盈配合中：

最大过盈 $Y_{max}=L_{min}-L_{max}=E_i-e_s$

最小过盈 $Y_{min}=L_{max}-L_{min}=E_s-e_i$

(3)过渡配合

过渡配合即具有间隙或过盈的配合。过渡配合时，孔与轴公差带相互重叠，如图2-1-14所示。

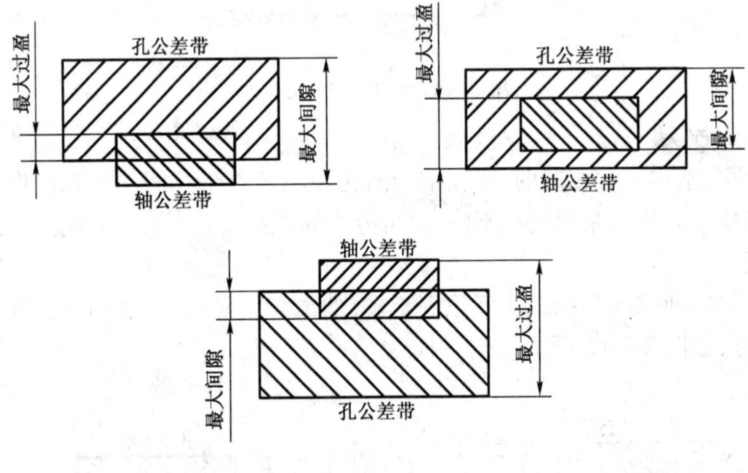

图2-1-14　过渡配合

在成批合格产品中，任取一副零件装配起来，有的可能产生间隙，有的则可能产生过盈。

在过渡配合中：

最大过盈 $Y_{max}=L_{min}-L_{max}=E_i-e_s$

最大间隙 $X_{max}=L_{max}-L_{min}=E_s-e_i$

3. 尺寸公差的标注

(1)零件图标注(图 2-1-15)

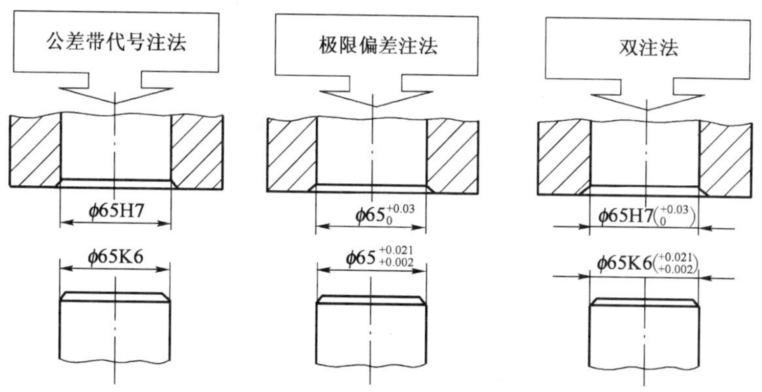

图 2-1-15　零件图尺寸公差标注

(2)装配图标注(图 2-1-16)

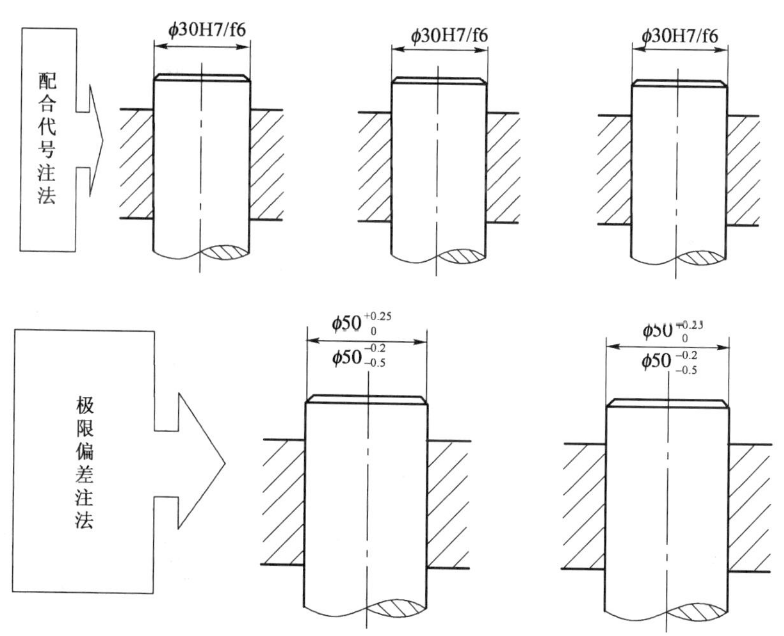

图 2-1-16　装配图尺寸公差标注

4. 形位公差

(1)基本概念

零件在加工过程中,除了产生尺寸误差,还会出现形状和相对位置的误差。如:在加工时,表面不平属于形状误差;表面与轴线不垂直,属于位置误差。又如:加工轴时出现轴线微量弯曲,轴两端粗细不一的现象,属于零件的形状误差。又如:阶梯轴在加工后,它的轴线有微量偏移,不在同一直线上,带来了位置上的不准确,属于位置误差。

形状和位置误差过大,会影响机器的使用,对精度要求高的零件,不仅要保证尺寸精度,还必须控制形状和位置的误差。对形状和位置误差的控制是通过设定形状和位置公差来实现的，只要零件的实际形状和实际位置在公差范围内，就被认为是合格的。

形状和位置公差简称为形位公差，是指零件的实际形状和实际位置对理想形状和理想位置所允许的最大变动量。

(2)形位公差的代号

形位公差一共有两类 14 项，见表 2-1-8。

形位公差的特征项目及符号

表 2-1-8

公差		特征项目	符号	基准要求
形状	形状	直线度	—	无
		平面度	▱	无
		圆度	○	无
		圆柱度	⌭	无
形状或位置	轮廓	线轮廓度	⌒	有或无
		面轮廓度	⌓	有或无
位置	定向	平行度	//	有
		垂直度	⊥	有
		倾斜度	∠	有
	定位	位置度	⌖	有或无
		同轴度	◎	有
		对称度	⌯	有
	跳动	圆跳动	↗	有
		全跳动	⌰	有

(3)形位公差标注

形位公差采用框格标注，这是国家标准中所规定的基本形式。框格用细实线绘出，水平或垂直放置，框格可分成两格或多格，在框格内从左到右填写形位公差符号、公差数值和有关符号、基准代号的字母和有关符号。框格高为图纸中数字高的两倍(2h)，框格中的字母和数字高应为 h，框格一端用带指引线的箭头指向公差带的宽度方向或直径方向，如图 2-1-17 所示。

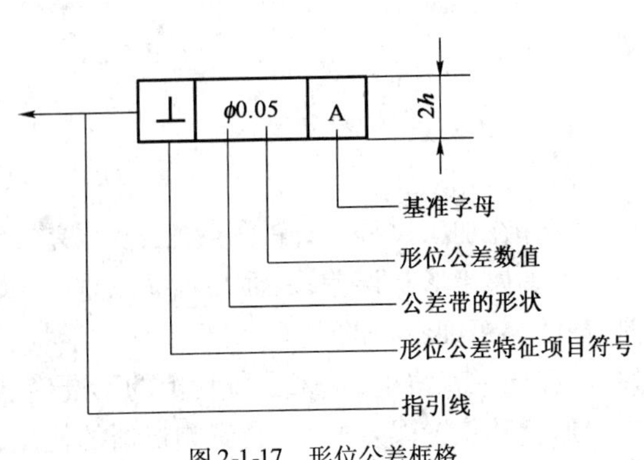

图 2-1-17　形位公差框格

基准代号由基准符号、圆圈、连线和字母组成。基准符号用加粗的短画线表示；基准代号的圆圈用细实线绘制，其直径与框格的高度相同；圆圈内填写大写的拉丁字母，字母高度应与图样中尺寸数字的高度相同。无论基准代号在图样中的方向如何，圆圈内的字母都应水平书写，如图 2-1-18 所示。

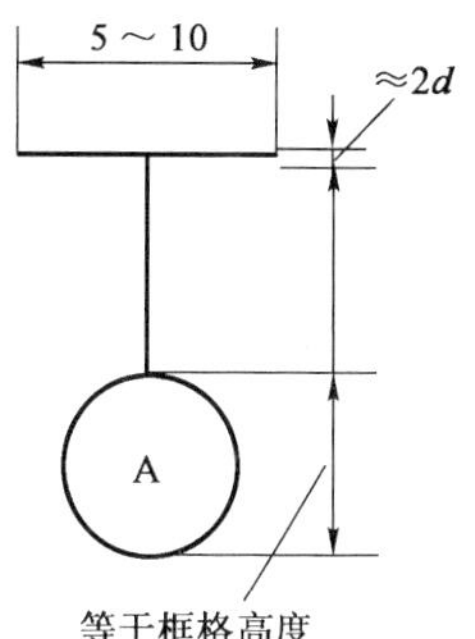

图 2-1-18　形位公差基准代号

当被测要素是表面或轴线时，从框格引出的指引线箭头，应指在该要素的轮廓线或其延长线上；当被测要素或基准要素是轴线时，应将箭头或基准符号与该要素的尺寸线对齐。

具体标注如表 2-1-9 所示。

形位公差的标注　　表 2-1-9

图例	说明
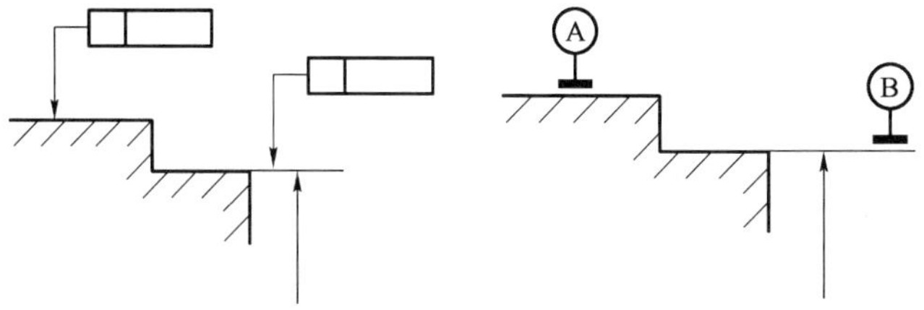	基准、被测要素为平面时的标注
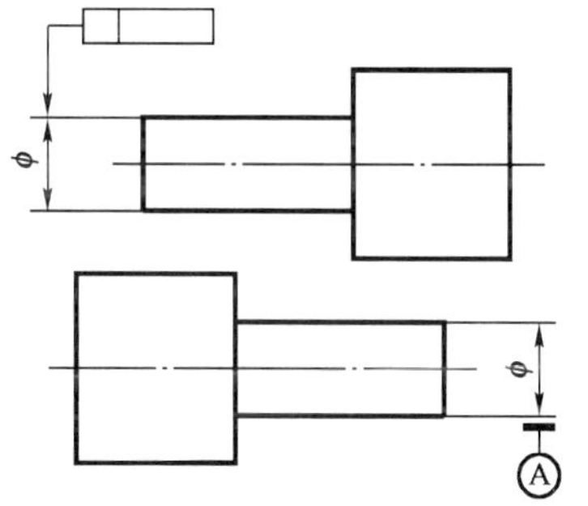	基准、被测要素为轴线时的标注
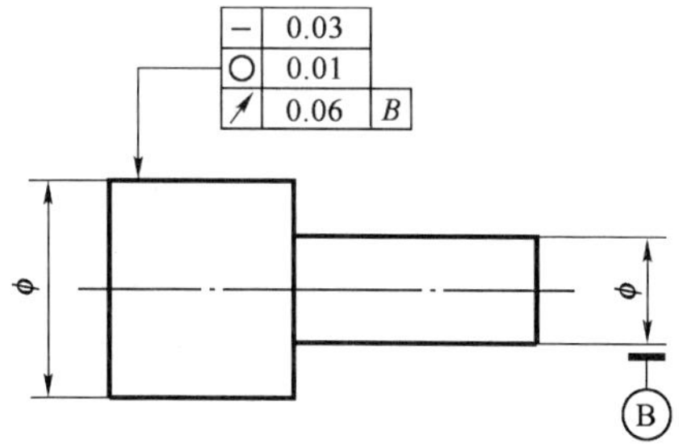	同一要素有多项形位公差要求时的标注
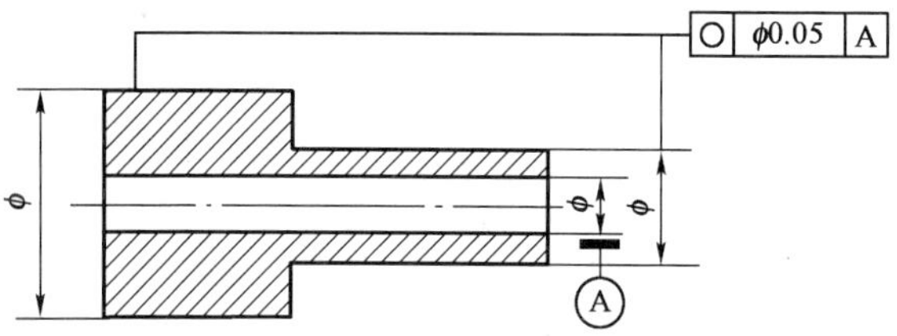	多个被测要素有相同形位公差要求时的标注

课题二　机械基础基本知识

学习目标

本课题的学习内容是机械基础的基本知识。

知识要求

了解机械传动的基本原理和传动形式；掌握传动比的计算方法；掌握主要传动零件的名称及用途。

模块一　机械传动基本知识

1. 带传动

带传动是摩擦传动的另一形式。带传动由主动带轮、从动带轮和传动带组成(图 2-1-19)，工作时依靠带与带轮之间的摩擦或啮合来传递运动和动力。带传动按传动带的截面形状不同，可分为平形带、三角带、圆形带、多楔带、同步齿形带。

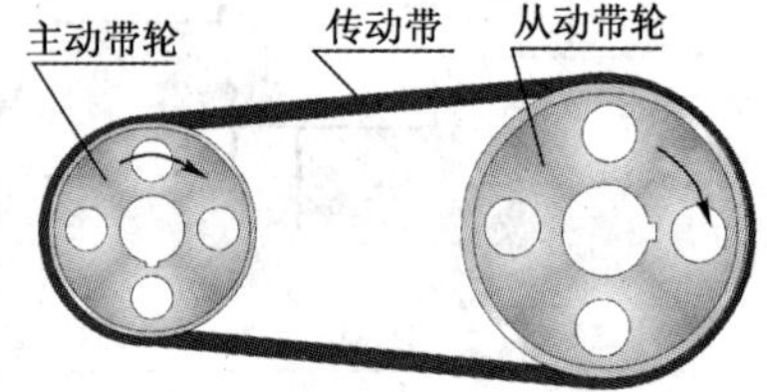

图 2-1-19　带传动组成

带传动的传动比计算方法如下：

$$i_{12} = \frac{n_1}{n_2} = \frac{D_2}{D_1} \tag{2-1-1}$$

式中：i_{12}——传动比；

n_1——主动带轮转速；

n_2——从动带轮转速；

D_1——主动带轮直径；

D_2——从动带轮直径。

由式(2-1-1)可知，带轮的转速与其直径成反比。

由于带传动长期在拉力作用下，带的长度会增加，张紧力会减小，降低了传动能力，为了保证带传动的正常工作能力，必须调整带的张紧度。调整传动带张紧的装置如图 2-1-20 所示。

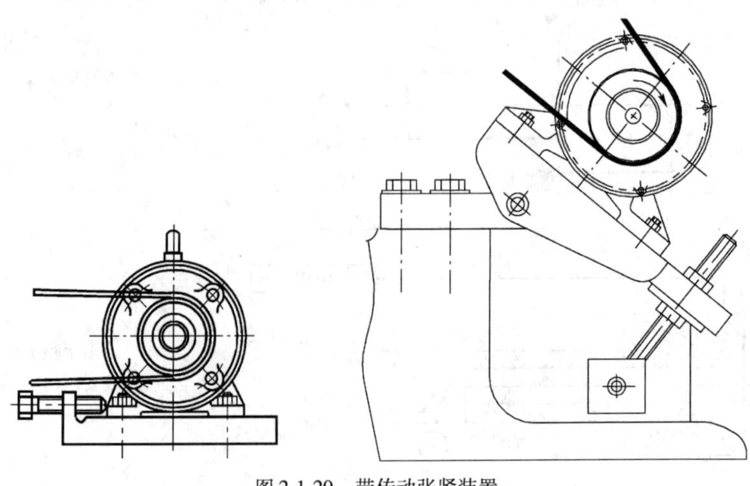

图 2-1-20　带传动张紧装置

2. 齿轮传动

齿轮传动可用于传递任意两轴间的运动和动力，是现代机械中应用最广的一种机械传动方式。齿轮传动的传动比是主动齿轮转速 n_1 与从动齿轮转速 n_2 的比值，也等于两齿轮齿数 z_1、z_2 的反比，用 i 表示，即

$$i = \frac{n_1}{n_2} = \frac{z_2}{z_1} \tag{2-1-2}$$

齿轮啮合形式如表 2-1-10 所示。

齿 轮 啮 合 形 式　　表 2-1-10

外啮合直齿圆柱齿轮传动	内啮合直齿圆柱齿轮传动	直齿圆柱齿轮齿条传动	外啮合斜齿圆柱齿轮传动
斜齿圆柱齿轮齿条传动	人字齿轮传动	直齿圆锥齿轮传动	曲齿圆锥齿轮传动
准双曲面齿轮传动	交错轴斜齿轮传动	蜗杆传动	

3. 链传动

链传动是一种具有中间挠性件（链条）的啮合传动，如图 2-1-21 所示，其由主动链轮、从动链轮和中间挠性件（链条）组成，通过链条的链节与链轮上的轮齿相啮合传递运动和动力。链传动一般多用于要求平均传动比准确，中心距较大的两平行轴间，以及工作条件恶劣，不宜用带传动和齿轮传动的低速场合。

链传动的传动比计算与齿轮传动相同，即 $i = \frac{n_1}{n_2} = \frac{z_2}{z_1}$。

4. 平面四杆机构

连杆传动是利用常用的低副传动机构进行的传动，连杆传动能方便地实现转动、摆动、移动等运动形式的转换。其中以由 4 个构件组成的四杆机构应用最广泛，而且它是组成多杆机构的基础。

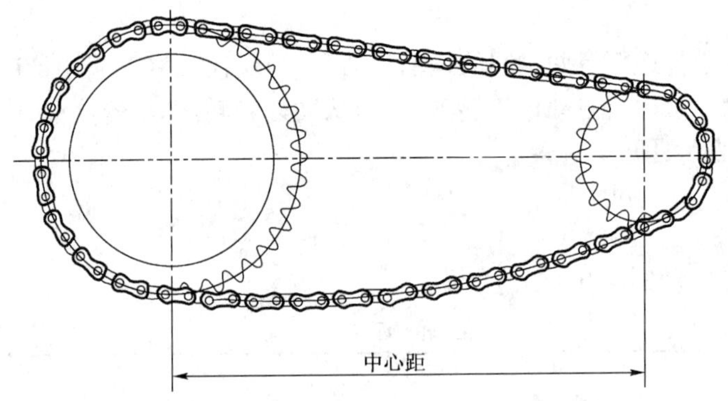

图 2-1-21　链传动

四杆机构的基本形式如图 2-1-22 所示，其中构件 A、D 固定不动，称为静件或机架；与机架相连的 *AB* 杆和 *CD* 杆称为连架杆；与机架相对的 *BC* 杆称为连杆。其中能做整周回转运动的连架杆称为曲柄；只能在小于 360°的范围内摆动的连架杆称为摇杆。

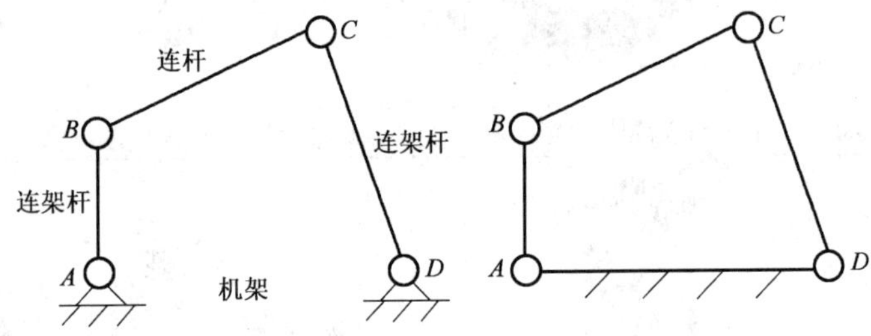

图 2-1-22　四杆机构

曲柄滑块机构是由四杆机构中的曲柄摇杆机构演变而成的。内燃机中的曲柄连杆机构也是曲柄滑块机构的应用，将滑块（相当于活塞）的往复直线运动转换为曲柄（曲轴）的转动，如图 2-1-23 所示。

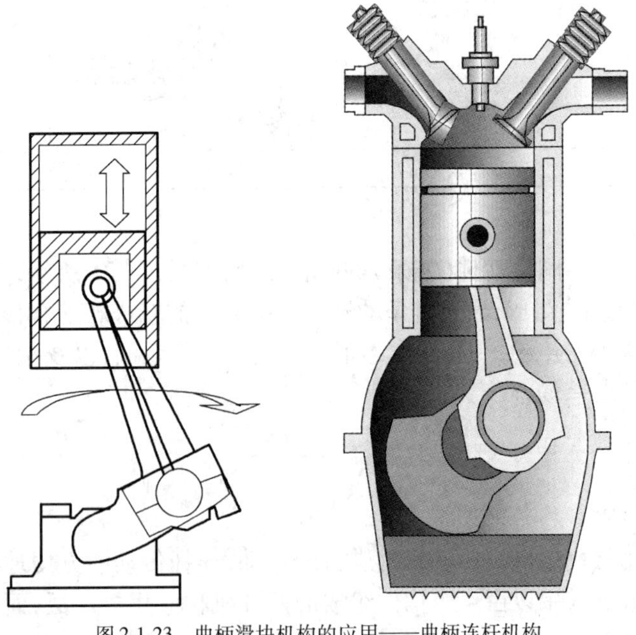

图 2-1-23　曲柄滑块机构的应用——曲柄连杆机构

1. 轴

轴的用途主要是支承旋转运动的零件和传递动力,所以轴是机器中的重要零件。按轴的结构形状,可分为光轴、阶梯轴和曲轴。阶梯轴在一般机械中应用较广,如减速器中的轴,它各截面的直径不同,强度相近,便于安装固定,如图 2-1-24、图 2-1-25 所示。

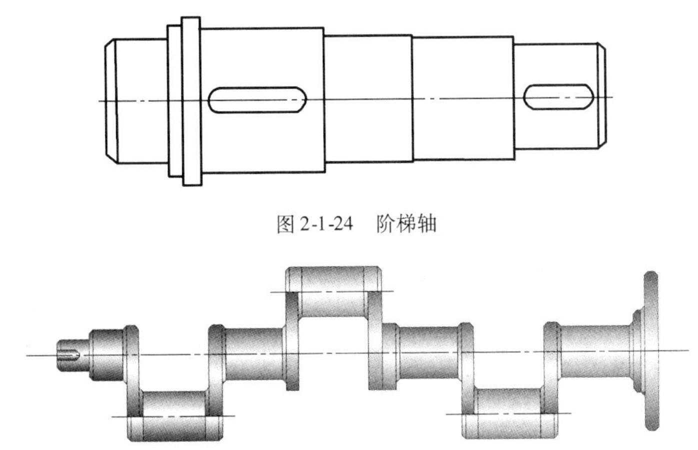

图 2-1-24　阶梯轴

图 2-1-25　曲轴

安装在轴上的零件,要牢固可靠,并相对固定(轴向固定和周向固定)。

轴上零件进行轴向固定是为了使零件在轴上有确定的轴向位置,防止零件轴向移动,并能承受轴向力,通常采用的轴向固定方式有:用轴肩(轴环)固定,用轴端挡圈固定,用圆螺母固定零件,以及用圆锥销、紧定螺钉和弹性挡圈固定等方式,如图 2-1-26 所示。

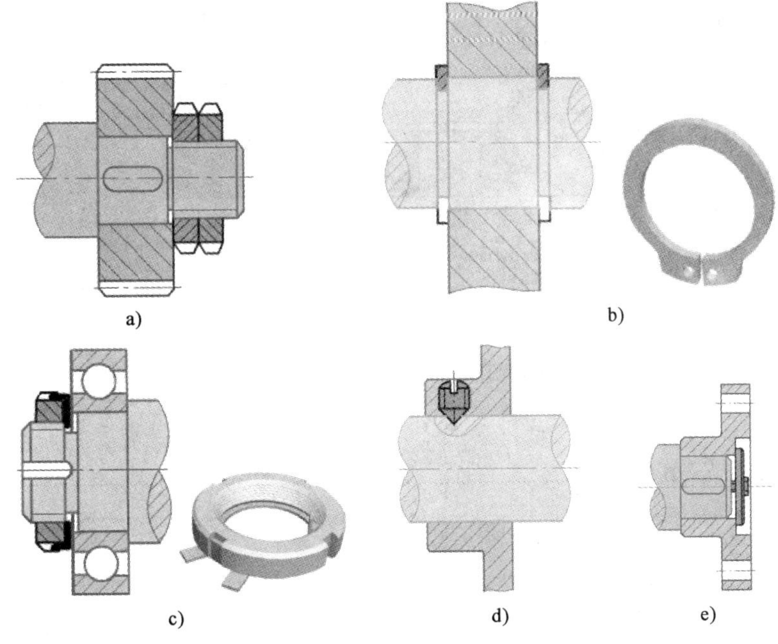

图 2-1-26　轴向固定方法

a)圆螺母固定;b)弹性挡圈固定;c)止动垫圈固定;d)紧定螺钉固定;e)轴端挡圈固定

轴上零件进行周向固定是为了保证零件传递转矩和防止零件与轴产生相对转动，大多数采用键或过盈配合的固定形式。汽车上常用键和花键连接。

2. 轴承

轴承的作用是支承轴和轴上的零件，并要保持轴线的旋转精度，同时减少相对转动引起的摩擦与磨损。按轴承工作时的摩擦种类分，有滑动轴承和滚动轴承两大类。

(1)滑动轴承

滑动轴承可分为整体式滑动轴承、剖分式滑动轴承和调心式滑动轴承，如图 2-1-27 ~ 图 2-1-29 所示。

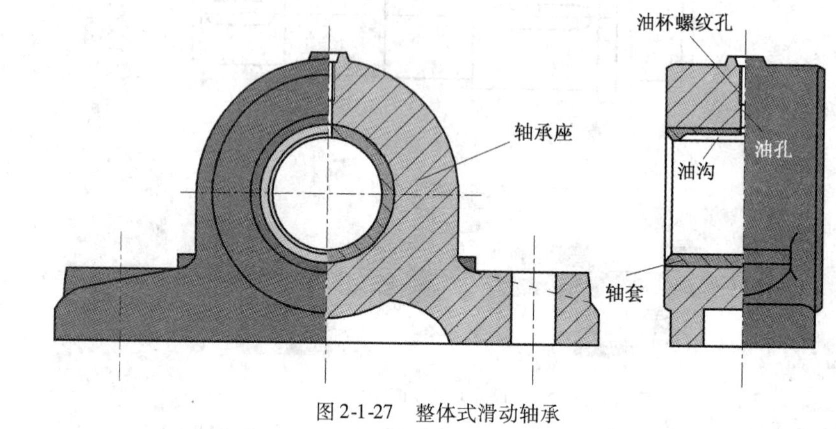

图 2-1-27　整体式滑动轴承

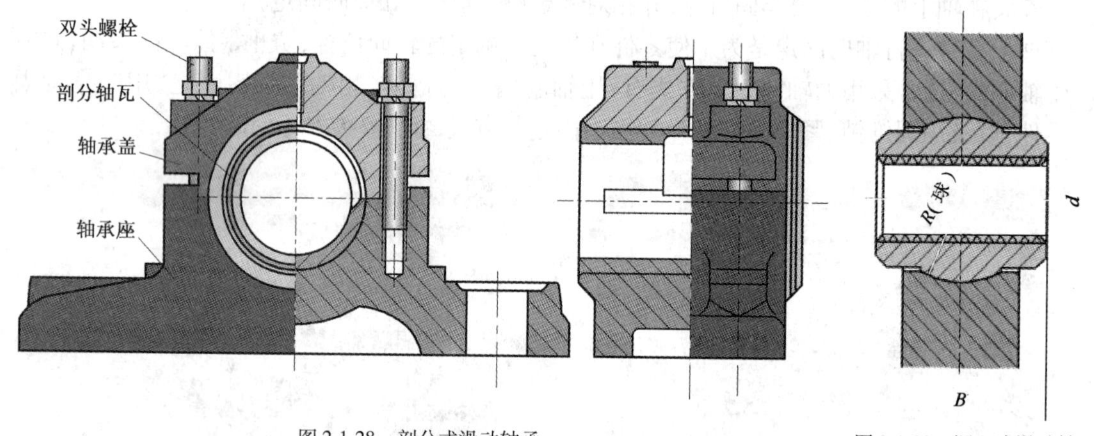

图 2-1-28　剖分式滑动轴承

图 2-1-29　调心式滑动轴承

(2)滚动轴承

滚动轴承由内圈、外圈、滚动体和保持架组成。国家标准把滚动轴承分为 10 种基本类型，如表 2-1-11 所示。

滚动轴承的分类

表 2-1-11

轴承类型	轴承类型简图	类型代号	标准号	特　性
调心球轴承		1	GB/T 281	主要承受径向荷载，也可同时承受少量的双向轴向荷载；外圈滚道为球面，具有自动调心功能，适用于弯曲刚度小的轴

续上表

轴承类型	轴承类型简图	类型代号	标准号	特　　性
调心滚子轴承	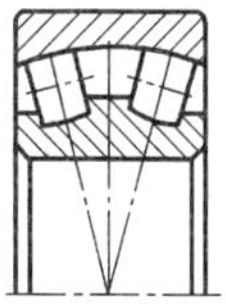	2	GB/T 288	用于承受径向荷载，其承载能力比调心球轴承大，也能承受少量的双向轴向荷载；具有调心功能，适用于弯曲刚度小的轴
圆锥滚子轴承	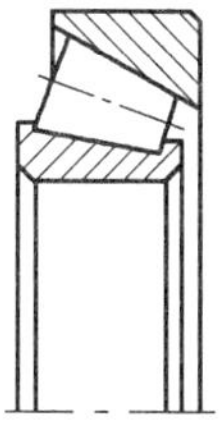	3	GB/T 297	能承受较大的径向荷载和轴向荷载；内外圈可分离，故轴承游隙可在安装时调整，通常成对使用，对称安装
双列深沟球轴承	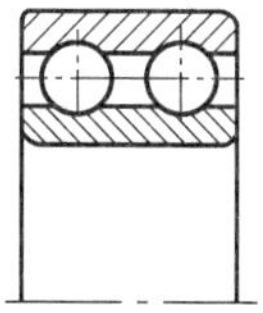	4	—	主要承受径向荷载，也能承受一定的双向轴向荷载；它比深沟球轴承具有更大的承载能力
推力球轴承	单向 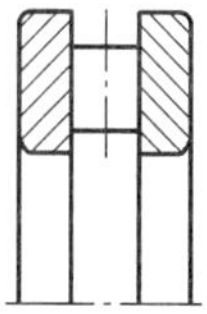	5 (5100)	GB/T 301	只能承受单向轴向荷载，适用于轴向力大而转速较低的场合
	双向 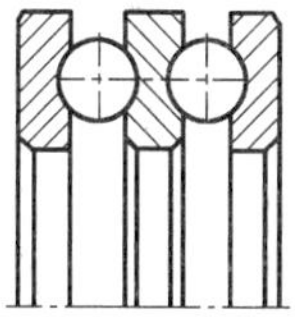	5 (5200)	GB/T 301	可承受双向轴向荷载，常用于轴向荷载大、转速不高处
深沟球轴承	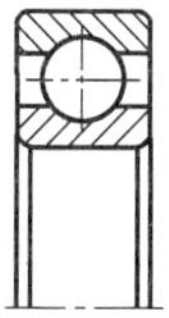	6	GB/T 276	主要承受径向荷载，也可同时承受少量双向轴向荷载；摩擦阻力小，极限转速高，结构简单，价格便宜，应用最广泛
角接触球轴承	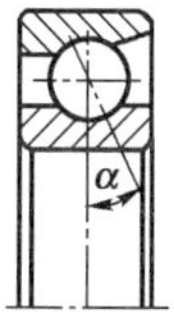	7	GB/T 292	能同时承受径向荷载与轴向荷载，接触角 α 有15°、25°、40°三种；适用于转速较高、同时承受径向和轴向荷载的场合

续上表

轴承类型	轴承类型简图		类型代号	标准号	特　　性
推力圆柱滚子轴承			8	GB/T 4663	只能承受单向轴向荷载，承载能力比推力球轴承大得多，不允许轴线偏移；适用于轴向荷载大而不需调心的场合
圆柱滚子轴承	外圈无挡边圆柱滚子轴承		N	GB/T 283	只能承受径向荷载，不能承受轴向荷载；承受荷载能力比同尺寸的球轴承大，尤其是承受冲击荷载能力大

滚动轴承代号是用字母加数字来表示轴承结构、尺寸、公差等级、技术性能等特征的产品符号。国家标准《滚动轴承　代号方法》（GB/T 272—93）规定轴承的代号由3部分组成：前置代号+基本代号+后置代号。

基本代号是轴承代号的基础。前置代号和后置代号都是轴承代号的补充，只有在遇到对轴承结构、形状、材料、公差等级、技术要求等有特殊要求时才使用，一般情况下可部分或全部省略。

基本代号表示轴承的基本类型、结构和尺寸。它由轴承类型代号、尺寸系列代号、内径代号构成。轴承类型代号用数字或字母表示不同类型的轴承；尺寸系列代号由两位数字组成，前一位数字代表宽度系列（向心轴承）或高度系列（推力轴承），后一位数字代表直径系列。尺寸系列表示内径相同的轴承可具有不同的外径，而同样的外径又有不同的宽度（或高度），由此用以满足各种不同要求的承载能力。内径代号表示轴承公称内径的大小，用数字表示。

例：

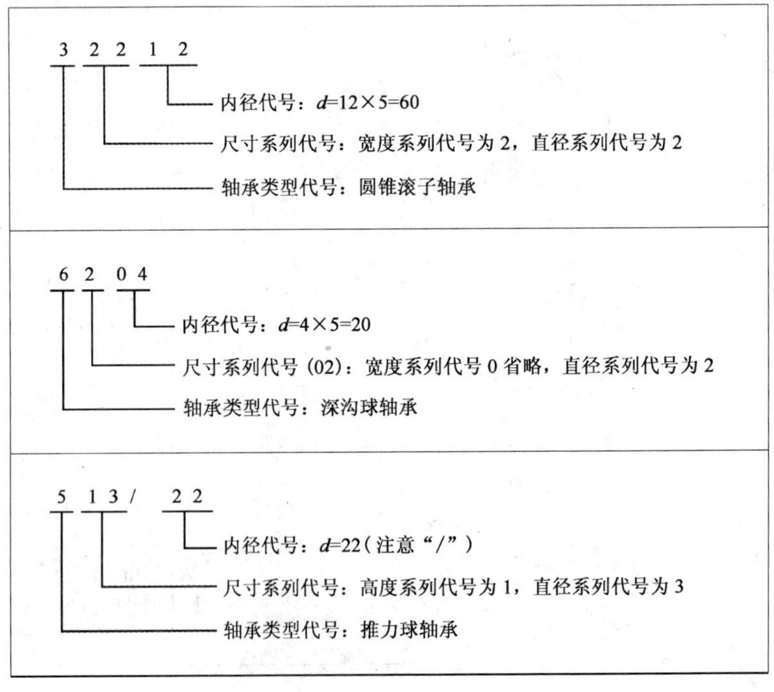

3. 键(图 2-1-30)

键连接是属可拆连接,主要用来连接轴与轴上的零件,以周向固定,可传递转矩。键连接的结构简单、工作可靠、拆装方便。根据形状的不同,键连接可分为:

(1)平键连接

根据工作情况的不同,分为普通平键和导向平键,如图 2-1-31 ~ 图 2-1-33 所示。

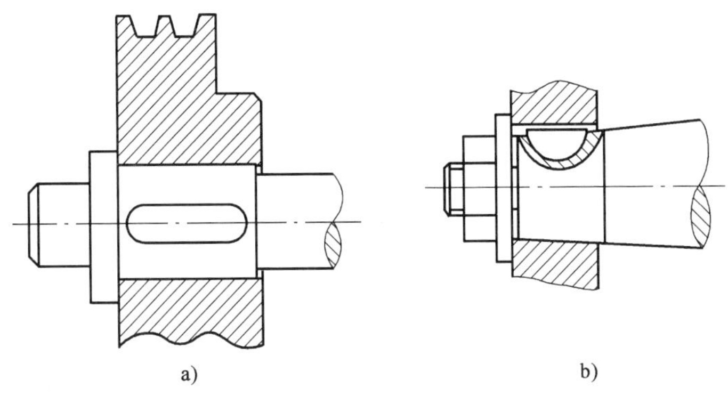

图 2-1-30 平键连接与半圆键连接

a)皮带轮与轴的平键连接;b)内燃机中锥轴与轮毂的半圆键连接

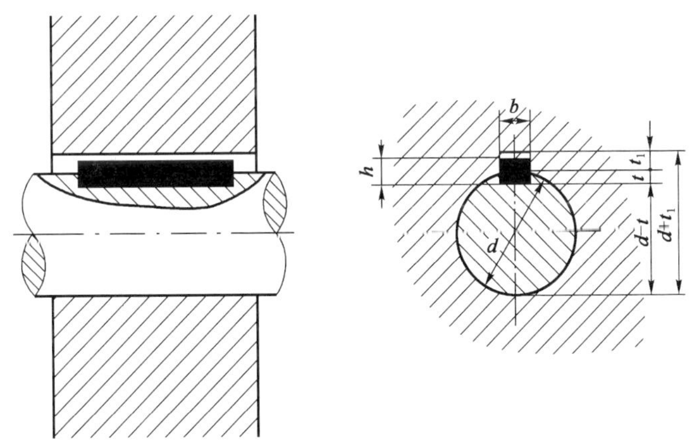

图 2-1-31 键和键槽的剖面尺寸

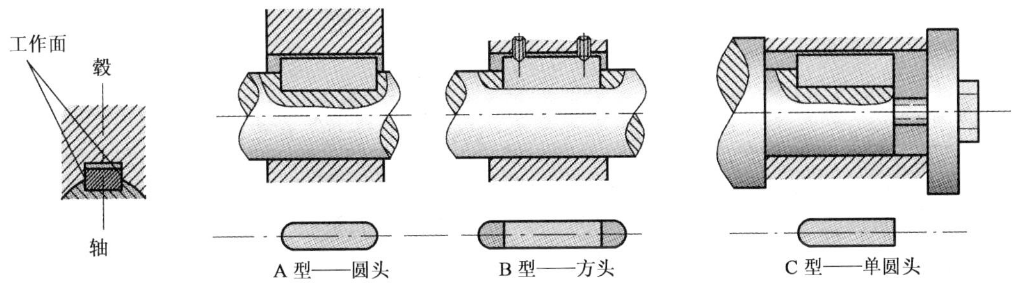

图 2-1-32 平键连接类型

（2）半圆键连接（图 2-1-34）

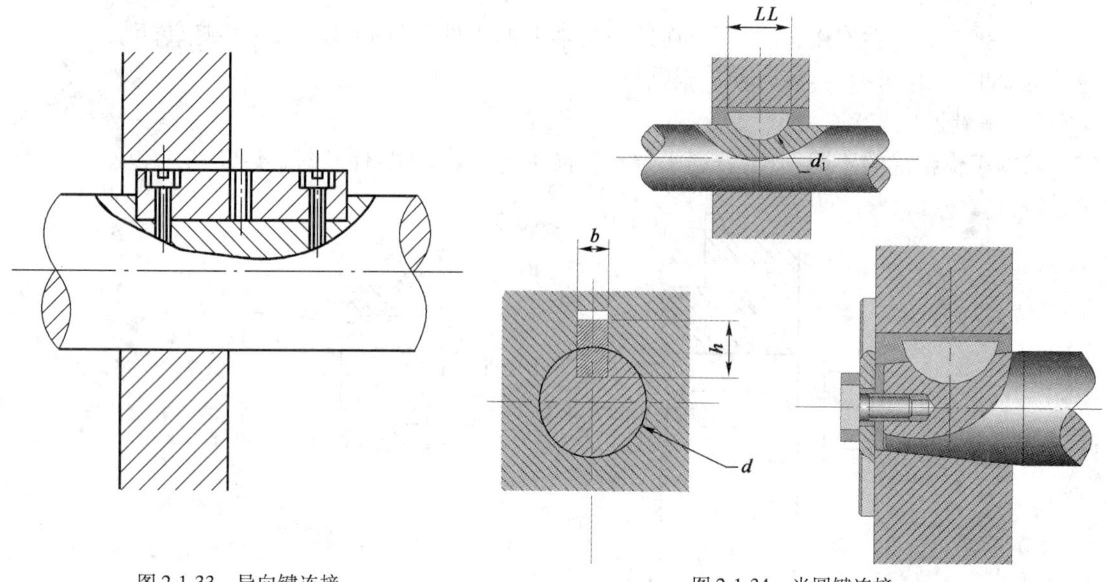

图 2-1-33　导向键连接

图 2-1-34　半圆键连接

（3）楔键和切向键连接（图 2-1-35、图 2-1-36）

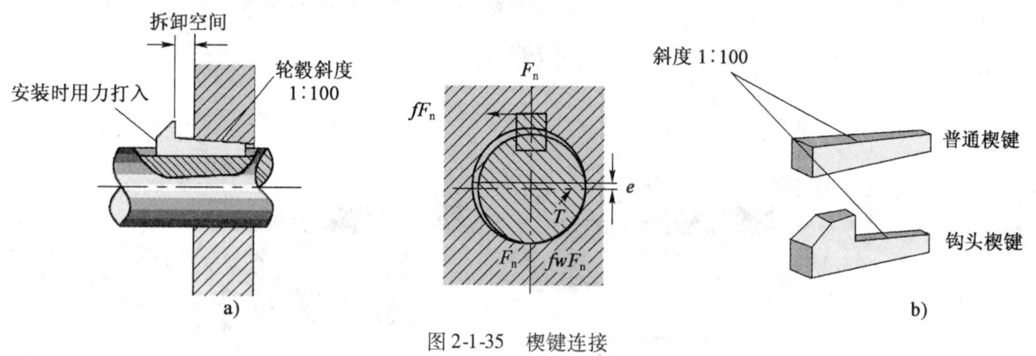

图 2-1-35　楔键连接

（4）花键连接（图 2-1-37）

花键连接按齿形的不同可分为矩形花键和渐形线花键，如图 2-1-37 所示。

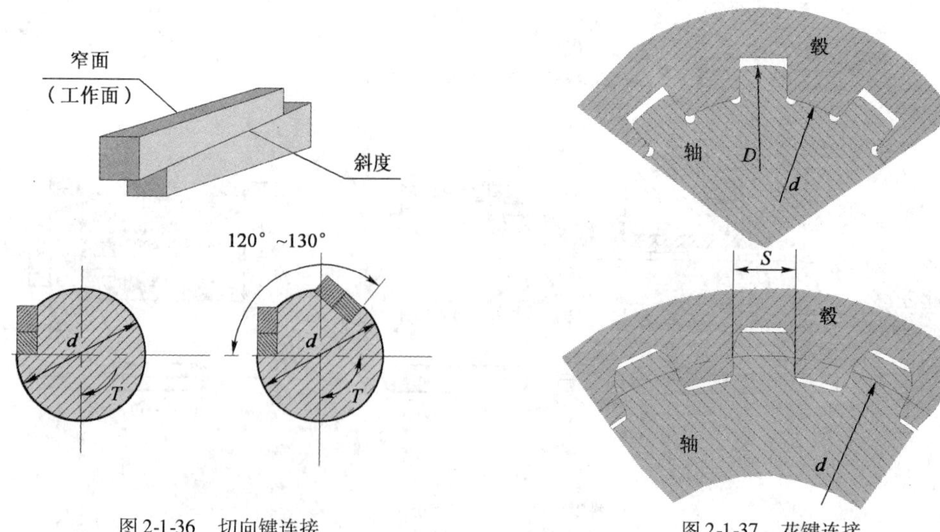

图 2-1-36　切向键连接

图 2-1-37　花键连接

思考题

1. 用三视图表示四棱台。

2. 画出下列零件的全剖视图(题图 1、题图 2)。

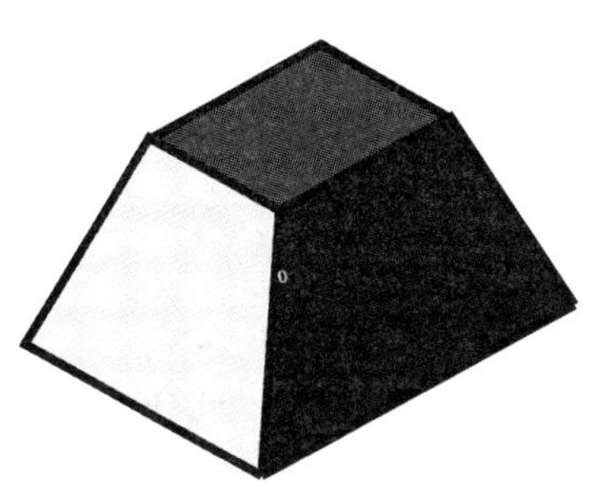

题图 1

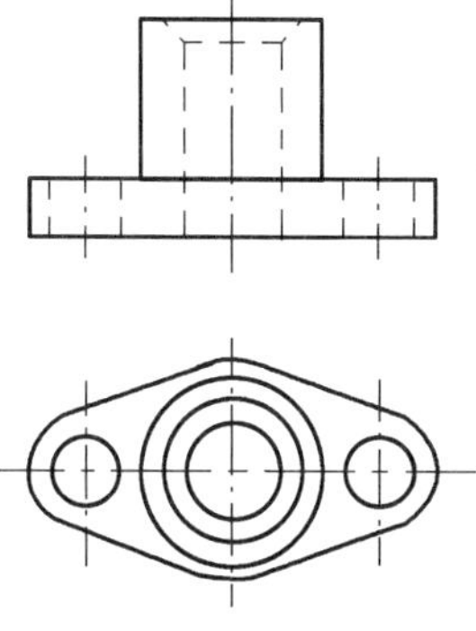

题图 2

3. 变速器输入轴转速为 4 500r/min,前进一挡的主动齿轮的齿数为 20,从动齿轮的齿数为 41,试计算变速器输出轴转速。

4. 皮带传动,小皮带轮直径为 100mm,大皮带轮直径为 180mm,当小皮带轮的转速为 1 800r/min时,试计算大皮带轮的转速。

5. 简述零件与零件之间连接的常用方式。

6. 简述轴承的种类和作用。

课题三　电工与电子基本知识

学习目标

本课题的学习内容是职业道德的基本知识。

知识要求

了解电路基本组成和串联、并联电路基本规律;能应用欧姆定律计算电路电量;能识读直流电路中的电工电子元器件;掌握控制电路控制调节基本原理。

模块一　直流电路基本知识

1. 基本直流电路

(1)构成:电源、用电设备、开关、连接导线。

(2)电路图:无电流工作状态,用标准符号表示各分体元件及它们相互关联和电流流经路线。电路图的特点是不按比例绘制;所表示的电气部件的位置和外形与实际有所不同;阅读电路图时应由上到下或由左到右。

(3)基本电量及单位：电压 U(伏特 V)、电流 I(安培 A)、电阻 R(欧姆 Ω) $=\frac{\rho \cdot l}{A}$、电功率 $P=UI$(瓦特 W)、电功 $W=Pt$(焦耳 J)。

图 2-1-38 所示为一简单电路图。

2. 直流电路定律

(1)欧姆定律 $I=U/R$ 表示电流、电压和电阻之间的关系。电路中的电流取决于电压和电阻。电阻不变时,电压越高则电流越大;电压不变时,电阻越高则电流越小。

(2)串联电路。串联电路中由若干个负载(电阻)与电源串接构成回路,并有如下规律:通过所有电阻的电流相等,即 $I=I_1=I_2=I_3$;总电阻等于各分电阻之和,即 $R=R_1+R_2+R_3$;总电压等于负载上各电压之和,即 $U=U_1+U_2+U_3$;电路中只要一个元件被损坏时,整个串联电路将断电,如图 2-1-39 所示。

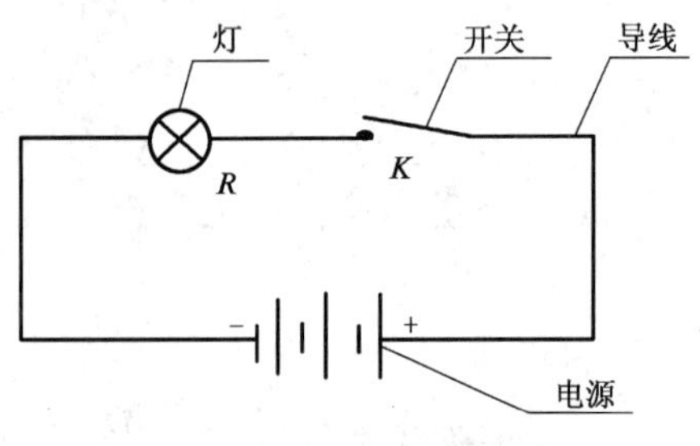

图 2-1-38 简单电路图

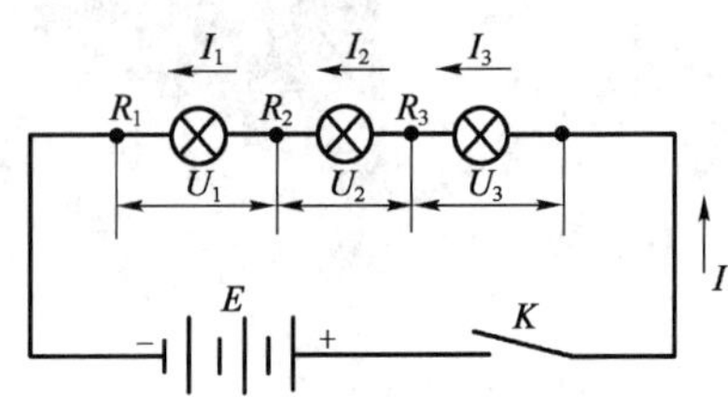

图 2-1-39 串联电路

(3)并联电路。并联电路中若干个负载(电阻)与电源并联构成回路,并有如下规律:各负载相互独立,随意开闭,互不影响;总电流等于各分电流之和,即 $I=I_1+I_2+I_3$;总电阻小于每个分电阻,即 $R=R_1R_2R_3(R_1+R_2+R_3)$;施加在各负载上的电压等于总电压且相等,即 $U=U_1=U_2=U_3$,如图 2-1-40 所示。

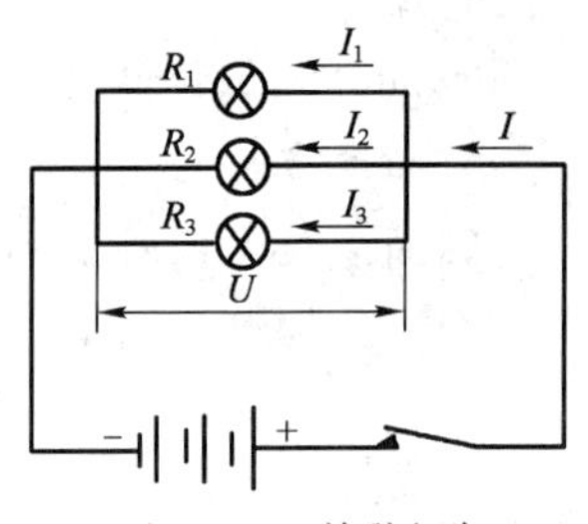

图 2-1-40 并联电路

(4)电压降。电流经过每个电阻器时的两端都存在电压降。

(5)断路。断路指电路中有断开处。

(6)短路。短路指电流绕过负载的现象。

模块二 车辆电气系统基本知识

1. 车辆上的直流电路特点

(1)单线制与搭铁。车上的钢结构件充当使电流返回蓄电池的导线。

(2)线路符号与电路图。用标准符号表示电路原理和接线关系,被认为是一张用来找寻流经电路的电流的路线图。

(3)双电源。蓄电池与发电机共同向用电设备供电。

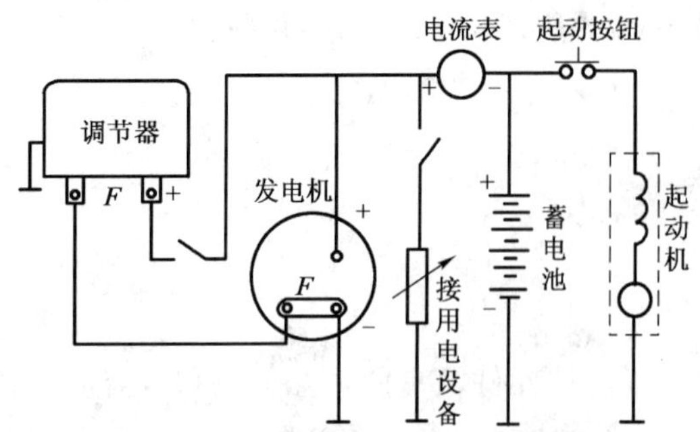

图 2-1-41 车辆直流电路示意图

图 2-1-41 所示为车辆直流电路示意图。

2. 车辆上基本电气设备组成及作用

(1)电源系。电源系由蓄电池、发电机主电压调节器组成。其主要作用是向全车用电设备提供低压直流电能。当发动机以较高的转速运转时，通过皮带传动使发电机高速转动，将机械能转换为电能，向用电设备供电以及向蓄电池充电，发动机停机或启动时就得靠蓄电池来供电。

蓄电池是储能器，充电时将电能转变为化学能来储存，放电时则将化学能转变为电能。车用蓄电池是由正极板（活性物质二氧化铅）、负极板（活性物质纯铅）隔板、电解液（由硫酸和蒸馏水配制）及壳体等组成，放电时生成水和硫酸铅，电解液密度下降；充电时还原成活性物质二氧化铅、活性物质铅和硫酸，电解液密度升高（充足时，电解液密度达1.28kg/L）。如图2-1-42和图2-1-43所示。

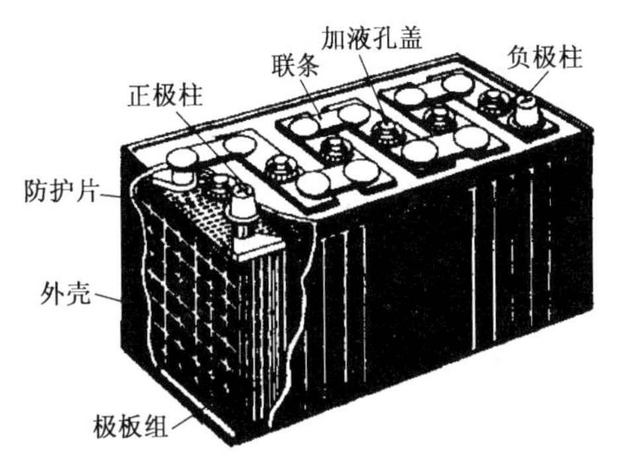

图2-1-42 蓄电池结构简图

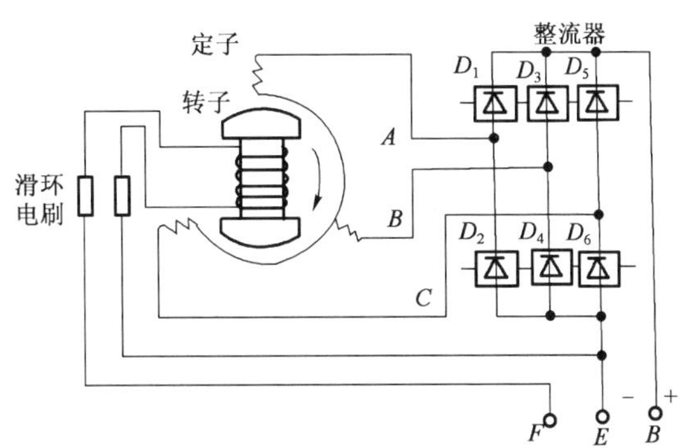

图2-1-43 硅整流发电机工作原理图

（2）起动系统。由直流电动机（起动机）及起动控制装置组成。其作用是启动发动机。起动机是由电动机（将电能转变为机械能）、传动机构和电磁开关3部分组成。当接通起动开关后，电磁开关接通电动机与蓄电池之间的电路，传动机构使起动机驱动齿轮与发动机飞轮齿环啮合，从而带动发动机曲轴达到启动所必需的转速。其工作原理如图2-1-44所示。

（3）仪表与信号系统。监测和指示发动机及液压传动系统工作状态并报警。仪表通电并与传感器元件相接即可，报警一般采用指示灯或电蜂鸣器，当监测对象达到报警限时即接通相应线路进行报警。主要包括充电电流监测、机油压力监测、温度监测、油量监测、制动指示、转向指示、运转时间指示等。

（4）照明系统。保证机械夜间施工用的照明。由于施工机械工作装置和作业特点不同，其照明灯的数量、要求和安装位置也不相同，但基本上是由电源、控制开关和照明灯所组成的。

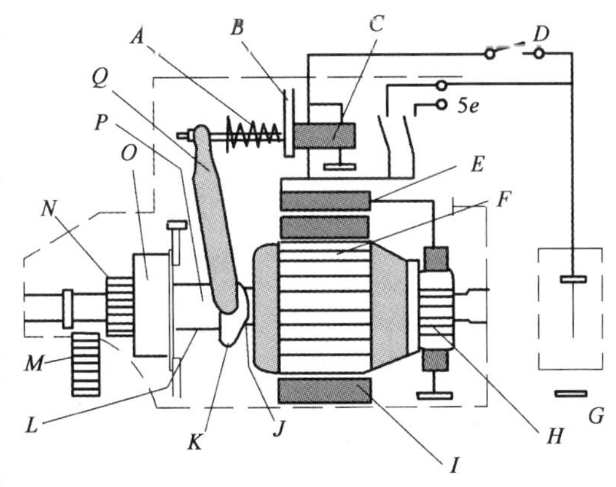

图2-1-44 起动系统工作原理图

模块三 电磁的基本知识

1. 发电机工作原理

导体在磁场内运动，切割磁力线，则导体内将产生电压，这个过程被称为导体的运动感应过程。感应电压的方向取决于导体的运动方向与磁场方向，其电流方向可通过右手定则来确定。感应电压的大小正比于下列各参数：导体在磁场内的运动速度、导体的有效长度、磁场强度。

交流电压的产生：环形导线两端分别与滑环相连，当该导线在磁场内转动时，便会感应出电压。由于在转动过程中环形导线切割的磁力线不同,因此感应电压的大小一直在变化。与此同时,感应电压的方向也在随之改变,这样的电压被称为交流电压,相对应的电流被称为交流电流。交流电压的一个周期由一个负半波和一个正半波组成,每秒钟内的周期个数被称为频率。发电机的工作原理如图 2-1-45 所示。

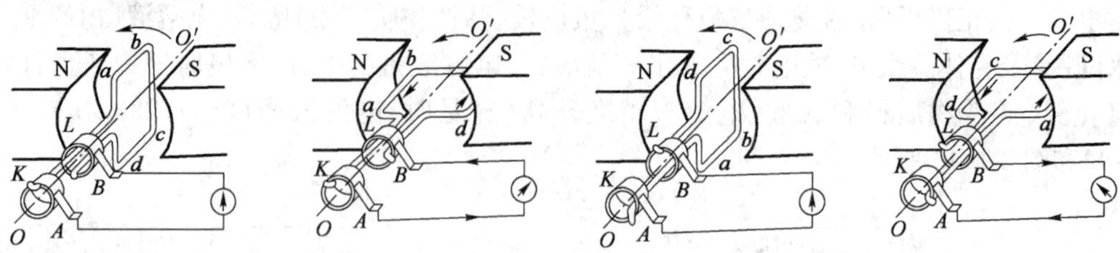

图 2-1-45　发电机工作原理图

2. 起动机工作原理

通电的导线在其周围将形成磁场。如果将该通电导线放置在另一个马蹄形磁铁的磁场内时,则这两种磁场将合成为一个总磁场。在导线的左侧,两种磁场的磁力线方向相反,相互抵消,总的磁场强度减弱。在导线右侧,两种磁场的磁力线方向相同,总的磁场强度增强。电磁力作用在导线上,使之朝着磁场减弱的方向运动。

如果将通电导线绕制成可旋转的线圈,则该线圈上将产生一个力矩,使得线圈旋转到水平位置,为了使线圈能连续旋转,则每转过 180°就必须改变一次线圈中电流的方向,这项任务由换向器来完成。换向器由两块半圆环状且互相绝缘的弓形铜环构成,弓形铜环分别连接线圈的两个线端。两个炭刷在弓形铜环表面上滑动,并且与电源相连接。换向器能够给正对 N 极或 S 极的线圈有效边一个不变的电流方向,这样线圈两条有效边上的作用力将使得线圈总是以相同的转动方向旋转。为了使电动机的输出转矩均匀平稳,直流电机内布置了许多组线圈。各线圈分别与换向器的弓形铜环相连接,线圈都被绕制在电枢上,为了产生励磁磁场,在电动机的定子内布置了励磁线圈。起动机工作原理如图 2-1-46 所示。

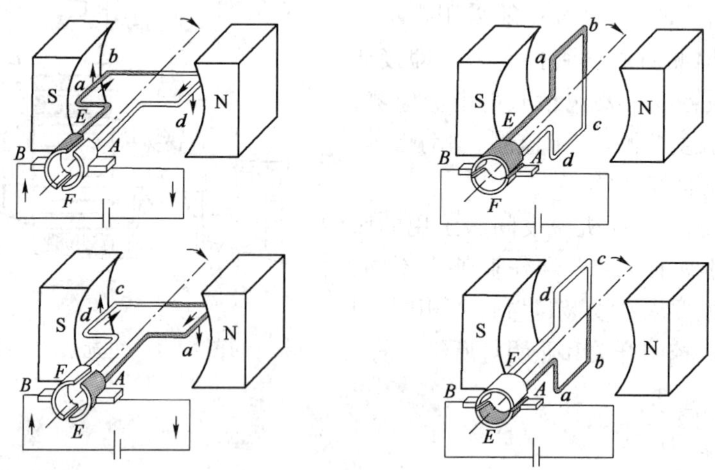

图 2-1-46　起动机工作原理图

3. 继电器工作原理

继电器是一种用小电流控制另一个大电流的电气装置。由一个铁芯和绕在铁芯外面的线圈、触点开关、回位弹簧组成,当电流通过线圈时,线圈产生磁场,引起线圈中的铁芯的移动或移动机械杆,从而带动开关闭合。例如,起动继电器的磁场线圈电流由起动开关控制,起动机的电磁开关电流由继电器触点开关控制。当启动时,闭合起动开关,线圈通电产生磁场,从而移动触点开关闭合,电流通过起动机电磁开关。继电器工作原理如图 2-1-47 所示。

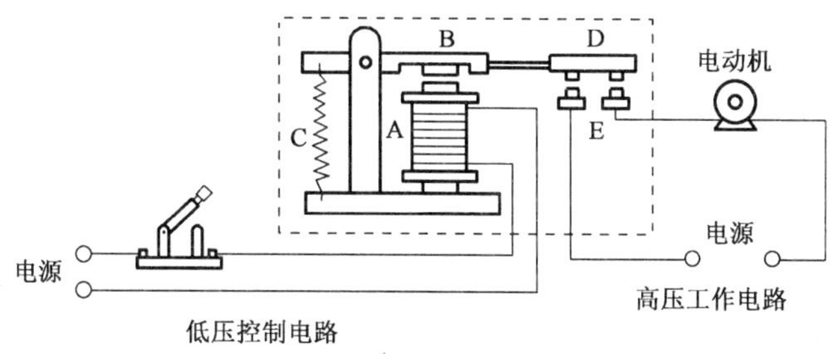

图 2-1-47　继电器工作原理图

模块四　交流电路的基本知识

1. 交流电的产生

当 3 组线圈分别以 120°的间隔布置时,转动线圈则会在各绕组中感应出正弦形的电压,而且各线圈中的电压相位差为 120°,连接各相电压便构成了所谓的三相交流电压,相应的电流被称为三相交流电流。

从一个所谓的三相交流发电机内必须引出 6 个接线柱,如果将各绕组的端头相互连接,形成星形电路接法,则可以减少接线柱的数目,从发电机内只需引出 3 个接线柱。发电机的线电压 U 与相电压 U_P 相差 1.73 倍,线电流 I 与相电流相等,如图 2-1-48 所示。

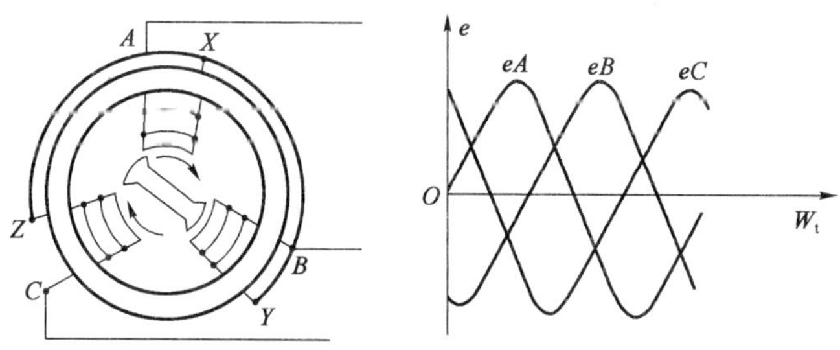

图 2-1-48　三相交流发电机工作原理图

2. 正弦交流电的表示公式

交流电电压、电流瞬时值表达式为:$I = I_m \sin\omega t$,$U = U_m \sin\omega t$。图 2-1-49 是根据电压瞬时值表达式画出的图像,从图像上可以很直观地看出交流电的最大值、周期、某一时刻电压的大小。

交流电在一周期内电压和电流最大值分别为 U_m 和 I_m。根据电流热效应的规定,让交流电和恒定电流通过相同阻值电阻,如果在相同时间内产生的热量相等,就把这一恒定电流的数值叫做这一交流电的有效值。交流电的电流、电压最大值和有效值的关系是:$I_{有} = \frac{I_m}{\sqrt{2}} = 0.707 I_m$,$U_{有} = \frac{U_m}{\sqrt{2}} = 0.707 U_m$。在三相四线电路中,相线与中线的电压为相电压;任意两相线间的电压为线电压;线电压是相电压的 $\sqrt{3}$ 倍。流过各相负载的电流为相电流;流过相线中的电流为线电流,如图 2-1-50 所示。

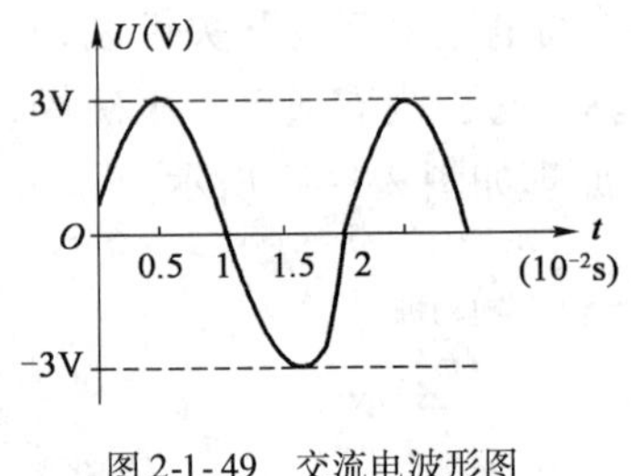

图 2-1-49　交流电波形图

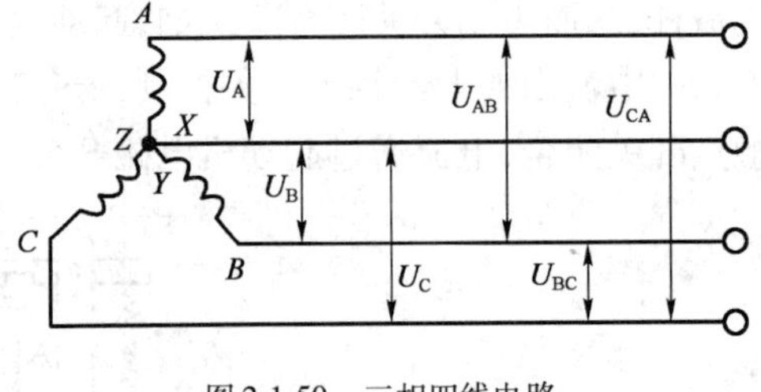

图 2-1-50　三相四线电路

模块五　常用电子元件的基本知识

1. 半导体二极管的表示符号、类型及其应用(整流电路、消弧电路、稳压电路、发光电路)

二极管由一个 P 型半导体层与一个 N 型半导体层组成。二极管的特性是电流只能在一个方向通过,在阻挠方向,二极管相当于一个开启的触点,在导通方向,二极管相当于一个闭合的触点。利用二极管的特性,其可用于整流电路、消弧电路、稳压电路、发光电路,如图 2-1-51 和图 2-1-52 所示。

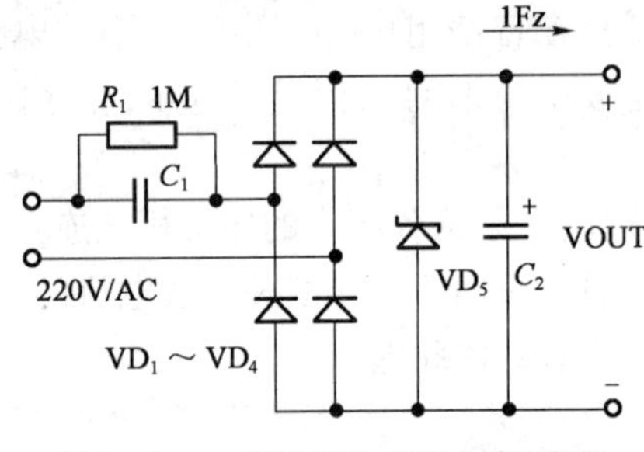

图 2-1-51　二极管整流、稳压电路原理图

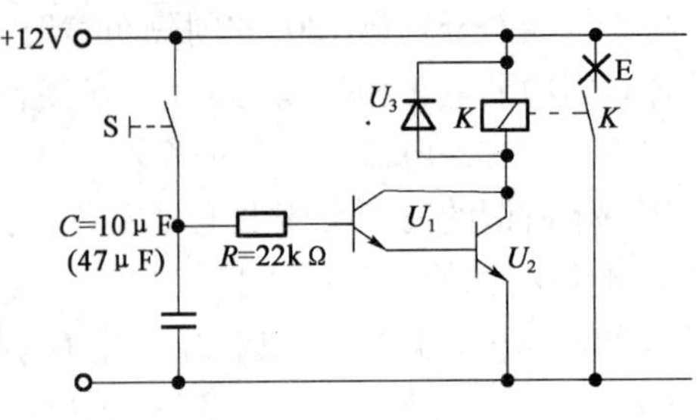

图 2-1-52　二极管消弧电路原理图

2. 半导体三极管的表示符号、类型及应用(开关电路、放大电路)

三极管由 3 个半导体层组成,根据 PN 结的结合顺序不同可分为 PNP 三极管和 NPN 三极管。三极管上有 3 个接线柱,分别是发射极 E、基极 B、集电极 C,当发射极与基极之间作用 U_{eb} 时,第一个截止层导通,在基极电流 I_b 及集电极与发射极之间的电压 U_{ec} 的作用下,第二个截止层的截止功能被解除。

三极管可作为开关工作,三极管的开和关可通过基极来控制。当基极与发射极之间的电压 $U_{eb}>0.7V$ 时,三极管导通,如果中断基极电流,则三极管被截止。

三极管也可作为放大器工作。通过很小的基极电流 I_b(控制电流)能够控制很大的集电极电流 I_C(工作电流),集电极电流与基极电流之比被称为电流放大倍数,如果单级三极管放大电路的放大倍数不够,则可将二极或多级三极管放大电路串接起来,如图 2-1-53 所示。

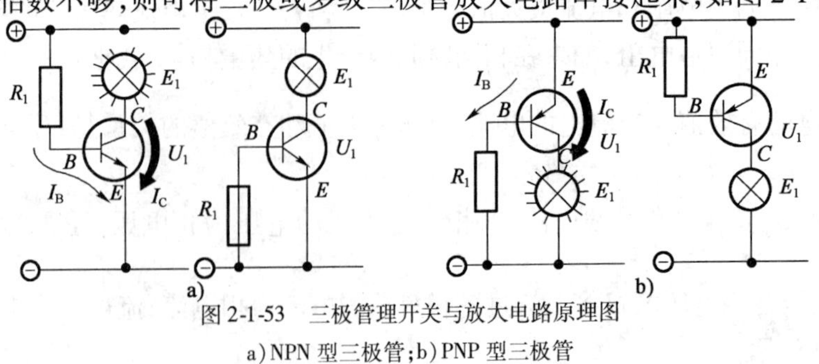

图 2-1-53　三极管理开关与放大电路原理图

a) NPN 型三极管;b) PNP 型三极管

3. 电阻的表示符号、类型及应用(限压电阻、分压电器)

电阻分为固定值电阻、可变值电阻、热敏电阻(电阻值随温度变化)、光敏电阻(电阻值随光照强度变化)。车辆电路中有些电子元件只需较小的工作电压,如果直接与蓄电池电压相连,势必烧坏元件,为了减小电流,通常在电路中串联一个附加电阻(限压电阻)。将两个电阻串接,则总电压 U 在两个电阻上的分电压分别为 U_1 和 U_2,分压比等于其电阻值之比。应用分压电路可保证负载在特定额定电压下工作。如图 2-1-54 所示。

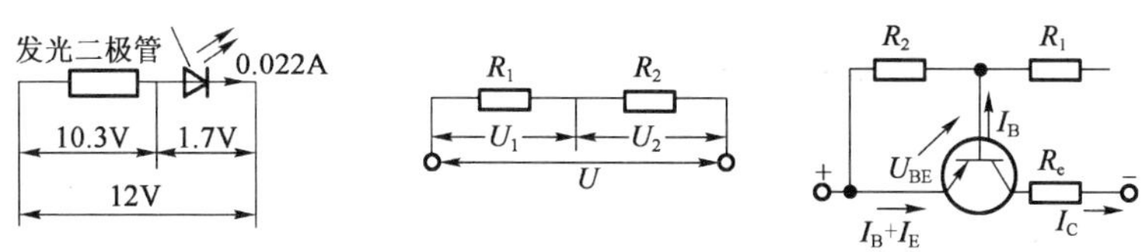

图 2-1-54　电阻限压和分压电路原理图

4. 电容器的表示符号及应用(RC 串联电路、RC 并联电路)

电容器由两块金属板或金属片所构成。两片之间通过绝缘层(介质)相隔离。电容器用于储存电荷,其储存能力被称之为电容量,电容的单位为法拉(F)。当电容器的两端加上直流电压时,则短时间内有一个充电电流流过,一旦电容器被充满,则会隔断直流。放电时的放电电流与充电电流方向相反,电阻与电容串联,组成 RC 串联电路,是一个限时器,其充电与放电时间长短正比于电阻与电容的大小。电阻与电容并联,组成 RC 并联电路,可用于给脉动直流电压滤波,避免峰值电压损坏敏感器件。其原理图见图 2-1-55。

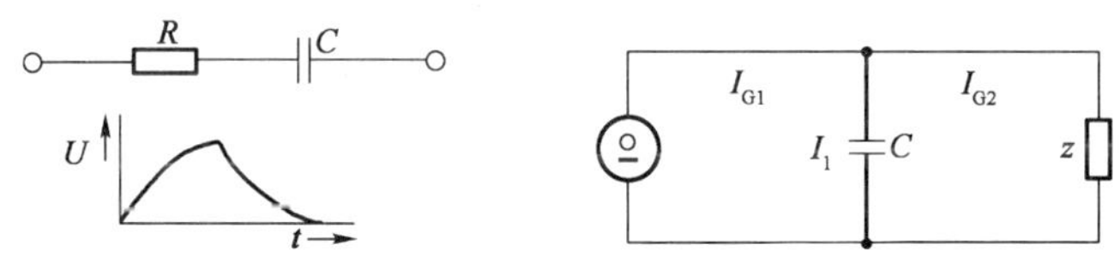

图 2-1-55　电阻与电容串联、并联电路原理图

模块六　控制电路基本知识

现代筑路机械广泛采用机电液一体化控制技术。例如,摊铺机上设有行驶电控系统、供料电控系统、自动调平电控系统等;振动压路机上设有行驶电控系统、振动电控系统等;平地机上的动力换挡电控系统、自动找平电控系统等。电控技术的应用提高了机械的作业效率和施工质量,并且极大地减轻了操作人员的劳动强度。

1. 控制通路与调节回路

(1)控制:系统中一个或几个输入变量对其他输出变量产生影响的过程。

在现实生活中,自动控制装置很多,例如自动门、自动水开关、自动照明灯等。在照明电路中,日光通过光敏电阻和继电器可以控制照明灯的开关。光敏电阻将光的强弱转换成电信号,当光线弱时,光敏电阻的阻值很高,此时电流很小,无法启动继电器,开关闭合,照明灯亮。当光线使光敏电阻阻值减小时,控制电流增大,继电器吸合使照明灯熄灭。光线影响照明灯,而照明灯也反作用于光线,控制(开环控制)的主要特征是系统各环节处于一个开放的链路中,如图 2-1-56 所示。

控制通路主要由输入环节、处理环节、执行环节和控制对象组成。

(2)调节:系统中将调节量与给定量相比较,并不断使调节量与给定量相一致的过程。

驱动轮速度传感器测量驱动轮的转速,这个测量值被送到控制器中与设定值进行比较,设定值由仪表上的电位计给定。当行驶速度较低时,控制器向电液伺服阀发出一开启电脉冲指令,变量液压泵的变量油缸位移,改变液压泵斜盘倾角,增大输出排量,改变液压马达的输出转速。

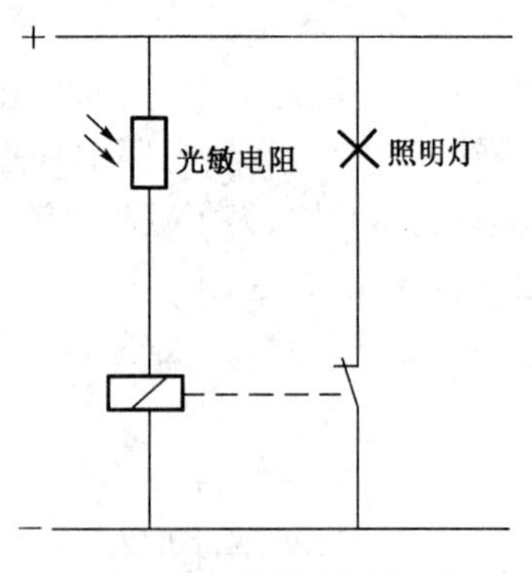

图 2-1-56　控制通路原理图

控制器不断获得传感器传来的驱动轮转速值,并对转速偏差作出反应,使实际行驶速度与设定值一致。这是摊铺机行驶恒速调节系统的基本工作原理,调节(闭环控制)的主要特征是系统各环节处于一个闭合的回路中。调节回路原理见图 2-1-57。

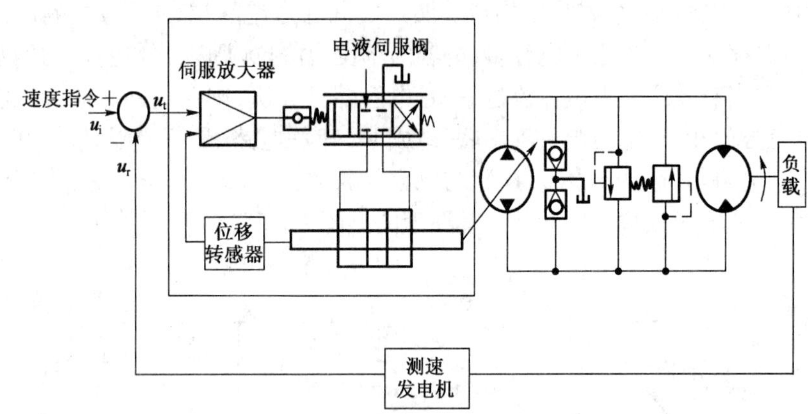

图 2-1-57　调节回路原理图

图 2-1-58　通断控制原理图

调节回路主要由输入部件(传感器)、控制器(计算机)、输出部件(执行器)组成。传感器也称转换器,它是将物理量(温度、转速、位移等)转换为电信号的装置,主要有开关型、可变电阻型、电位计型、电磁型、电压发生器型等。执行器是将电信号转变成机械动作的装置,主要有继电器、电磁阀、电动机等。

2. 控制类别

(1)按照信号类别,可将控制分为模拟控制、通断控制、数字控制。

①模拟控制。以仪表盘亮度为例,影响亮度的电流可由电位计连续调节。

②通断控制。以电控电磁方向阀为例,控制信号只有两个值,即“通”和“断”。当开关闭合时,电磁阀通电,液压油缸伸出或缩入;当开关断开时,电磁阀断电,液压油缸静止,如图 2-1-58 所示。

③数字控制。在数字控制中,二进制信号是作为编码数据进行处理的,处理环节是微处理器或微型计算机。计算机只能识别电信号“通”和“断”(1 和 0),它是以二进制方式进行工作的。以数字 10 为例,它被转换成二进制数 1010,这个数字以脉冲“通”“断”“通”“断”的形式被送入到计算机中央处理器中,经过处理后其结果被解码,并送到输出装置。

(2)按信号的处理方式可将控制分为组合逻辑控制和顺序控制。

①组合逻辑控制。组合逻辑控制中输入信号是按照输出信号产生的条件来连接的。PY180 平地机的换挡控制装置,就是通过控制不同电磁阀的通断,实现不同挡位转换的。

②顺序控制。顺序控制中,过程是逐步实现的,每一步到下一步的通断变化或者取决于时间,或者取决于过程参数。

1. 发光二极管的工作电压为 1.7V,通过的电流为 0.22A。因为整个线路电压为 12V,所以必须与发光二极管串联一个电阻,试计算串联的电阻值。

2. 柴油机预热装置中有 4 个电热塞并联,每个电热塞的电阻为 1.6Ω,两端电压为 10.5V,试计算通过每个电热塞的电流强度。

3. 根据题图 1 所示,请说明继电器的作用。

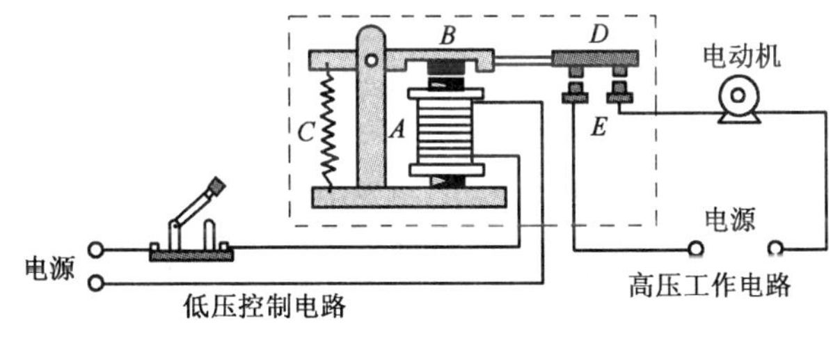

题图 1

4. 根据下列灯光延时电路图,请说明题图 2 中二极管、三极管和电容器的作用。

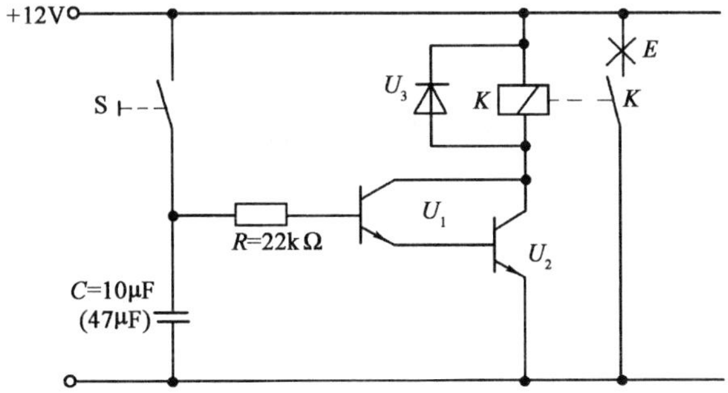

题图 2

课题四 液压与液力传动基本知识

学习目标

本课题的学习内容是液压与液力传动的基本知识。

知识要求

了解液压与液力传动的基本原理；掌握液压与液力传动系统基本组成和主要元件的作用；能识读简单液压传动原理图。

模块一　液压传动基本知识

传动是将发动机的动力通过不同方式变为工作装置各种不同的运动形式，如齿轮传动、皮带传动、链传动被称为机械传动。

液压传动是以液体为工作介质，利用密闭工作容积内的液体压力能传递机械能，其示意图见图 2-1-59。

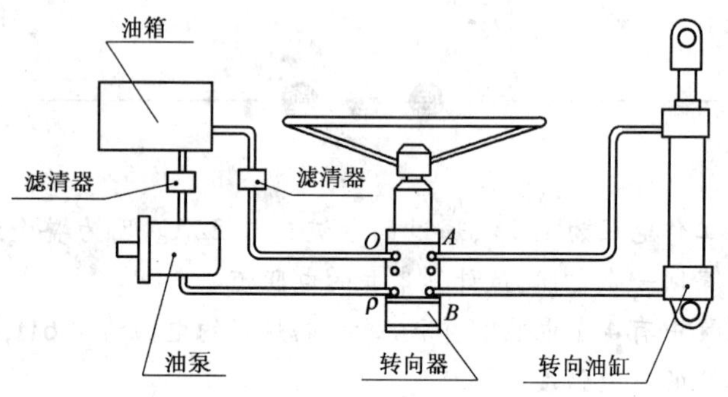

图 2-1-59　液压传动示意图

发动机输入给液压泵的转速和转矩 n、M（机械能）—液压泵产生液体的流量和压力 Q、P（液体的压力能）—液体的压力能输入给液压油缸或马达—液压油缸或马达产生力、转速或转矩 F、n、M（机械能）。

施工机械的行走系统和工作装置广泛应用于液压传动。例如，推土机的工作铲的升降、装载机的铲斗的升降与翻转、挖掘机的行走等，都是将发动机的部分动力通过液压传动系统进行能量传递、转换和驱动的。图 2-1-60 所示为施工机械全液压传动框图。

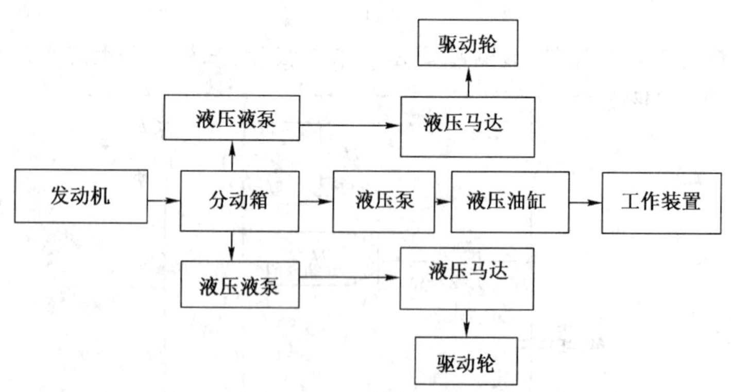

图 2-1-60　施工机械全液压传动框图

（1）液压传动基本工作原理（图 2-1-61）。液压千斤顶原理即帕斯卡定律 $F_1/A_1 = F_2/A_2$，即油液内压力处处相等原理。液压千斤顶就是用小油缸将手动的机械能转变为液体压力能，用大油缸将液体压力能转换为顶起重物的机械能。

（2）液压传动过程。发动机驱动液压泵转动，并输入转速 n 和转矩 M；液压泵将机械能变为液体压力能液体流量 Q 和压力 P；通过控制阀和油管的传递，借助于执行元件液压油缸或马达将液体的压力能转换为机械能力 F、转速 n 和转矩 M。

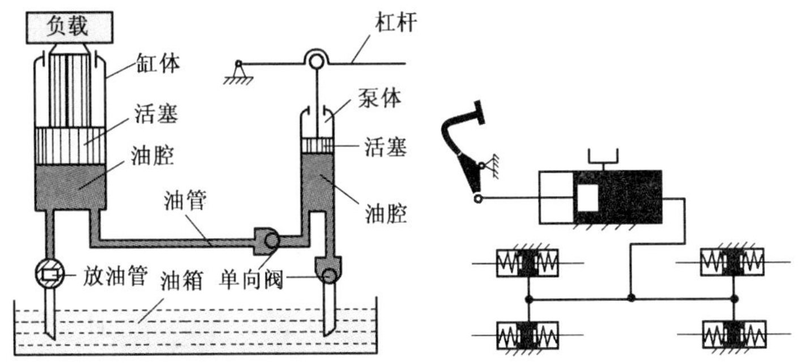

图 2-1-61　液压传动基本原理图

(3)液体压力。$P = F/A$(N/m^2 或 Pa),表压力 = 绝对压力 - 大气压力,其描述比大气压力大或小。当表压力比大气压力大时,则称为正压力;当表压力比大气压力小时,则称为负压或真空度。压力的计量单位是 Pa,标准大气压力 = 1.03kg/cm^2 = 1bar = 10^5N/m2 = 0.1MPa。

(4)液体流量。单位时间内流过管道或油缸某一截面的油液体积 $Q = vA$(液体流速与截面积的积,单位为 m^3/t)。液压系统流量 $Q = qn$ = 液压泵排量 × 驱动转速(排量 q 的单位为 L/r、转速 n 的单位为 r/min)。流量大小取决于液压泵的大小、转速和容积效率(内漏量)。

(5)液压系统压力形成。液压系统中压力的大小取决于外荷载,也就是取决于油液运动时所遇到的阻力。卸载工况压力:油泵—管路—油箱,系统中压力很小,以克服沿程液阻力;空载工况压力:系统压力为沿程液阻力 + 工作装置重力;负荷工况压力:油缸的牵引力 $P \geq$ 负荷引起的工作阻力 + 运动副间的摩擦阻力 + 回油管路中的回油阻力,见图 2-1-62。

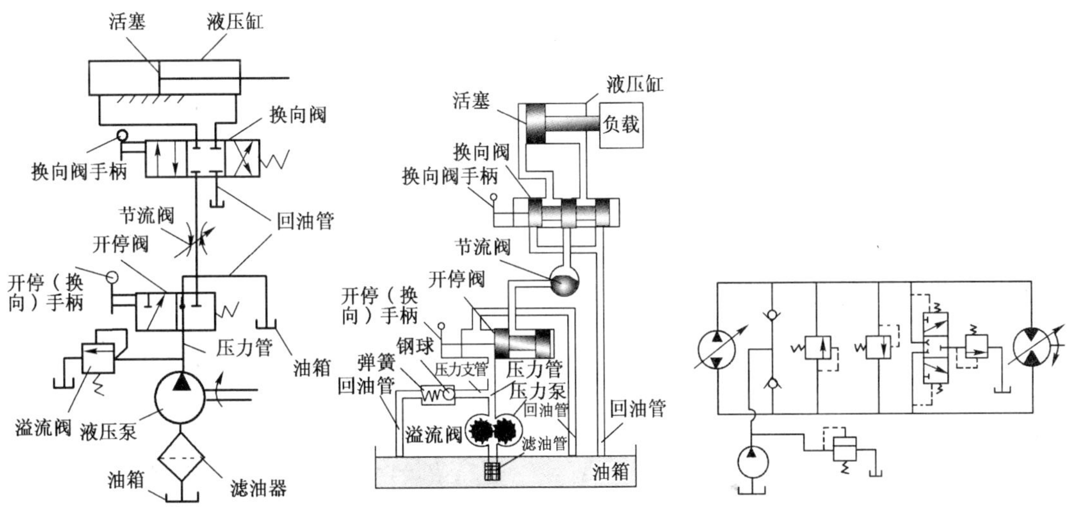

图 2-1-62　开式、闭式液压传动系统基本组成及液压原理图

(6)液压传动系统的组成。动力元件——液压泵;控制元件——油液压力、流量和方向控制阀;执行元件——液压油缸或液压马达;辅助元件——油箱、滤油器、油管等。通常为了方便地表明液压系统的组成和工作原理,用规定的符号表示液压系统中的元件,见表2-1-12。

液压系统中元件的符号　表 2-1-12

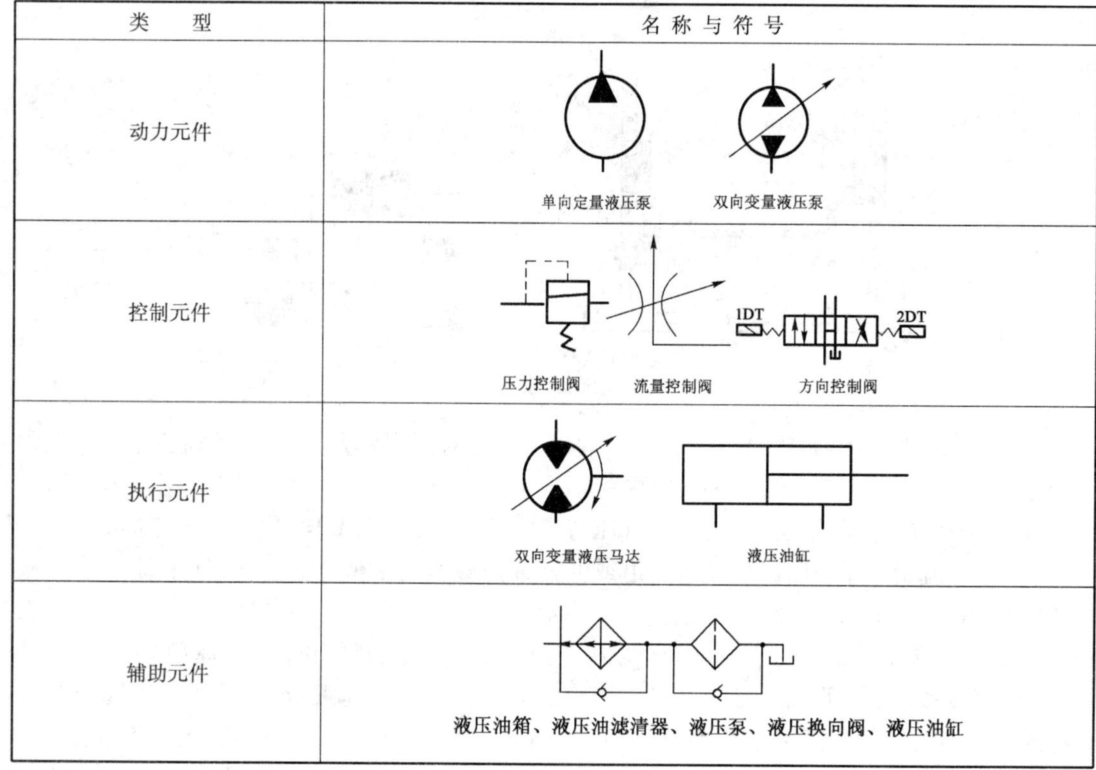

类　型	名称与符号
动力元件	单向定量液压泵　双向变量液压泵
控制元件	压力控制阀　流量控制阀　1DT　2DT　方向控制阀
执行元件	双向变量液压马达　液压油缸
辅助元件	液压油箱、液压油滤清器、液压泵、液压换向阀、液压油缸

模块二　液压系统主要元件作用及工作原理

1. 液压泵

液压泵的作用是将机械能转换为液体的压力能，输入的是转速 n 和转矩 M，输出的是压力 P 和流量 Q。液压泵是利用密封容积大小的交替变化进行吸油和压油，输油量与密封容积的变化率和变化次数成正比(结构尺寸及驱动转速)；输油压力取决于外界负载。液压泵类型按结构可分为齿轮泵(图 2-1-63)、叶片泵、柱塞泵(图 2-1-64)，按排量可分为定量泵和变量泵，按额定压力可分为低压泵、中压泵和高压泵。液压泵的主要参数为额定压力 P(与外荷载有关)和额定流量 Q(与驱动转速有关)。

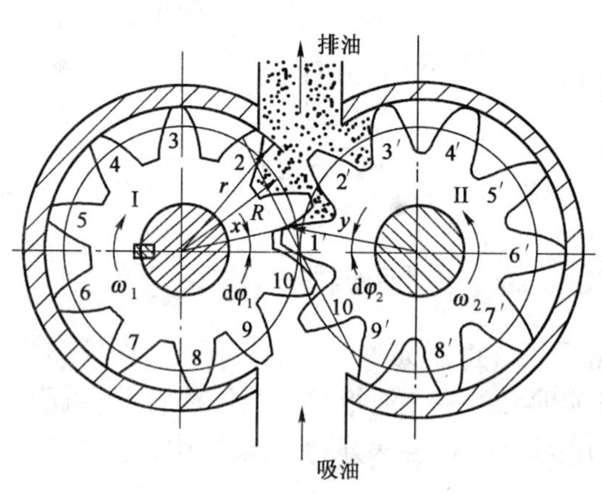

图 2-1-63　齿轮泵工作原理图

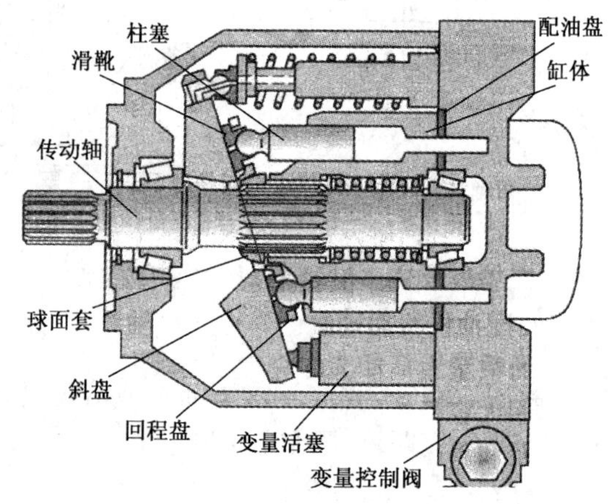

图 2-1-64　柱塞泵工作原理图

2. 液压控制阀

液压系统中的控制元件可分为压力、流量和方向控制阀。压力控制阀是利用油压力对阀芯产生推力与弹簧弹力平衡在不同的位置上，以控制阀口的开度来实现压力控制，压力控制阀可分为溢流阀（限制最高压力，防止系统过载）、减压阀（减少支路压力）、顺序阀（控制两个执行元件的先后动作）、限速阀（限制负载的下降速度），其工作原理见图 2-1-65。流量控制阀是依靠改变通流面面积的大小来调节流量，可分为节流阀、调速阀、同步阀。方向控制阀控制液流方向，可分单向阀、液控单向阀、转动换向阀（靠转动阀芯改变液流方向）、滑动换向阀（靠阀杆在阀体内轴向移动改变液流方向）。换向阀的操纵分为手动、电磁、先导、随动，其工作原理见图 2-1-66。

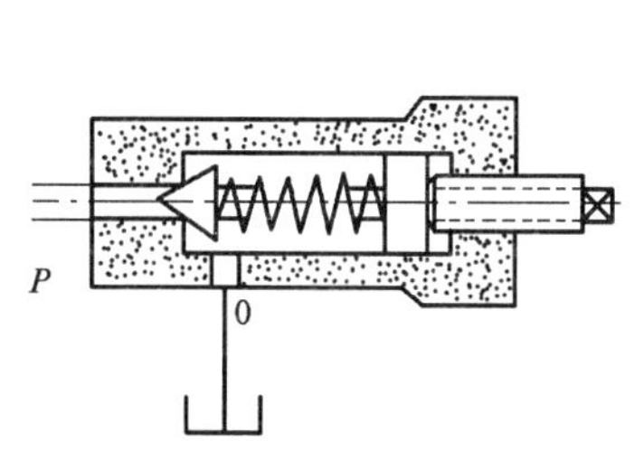

图 2-1-65 压力控制阀工作原理图

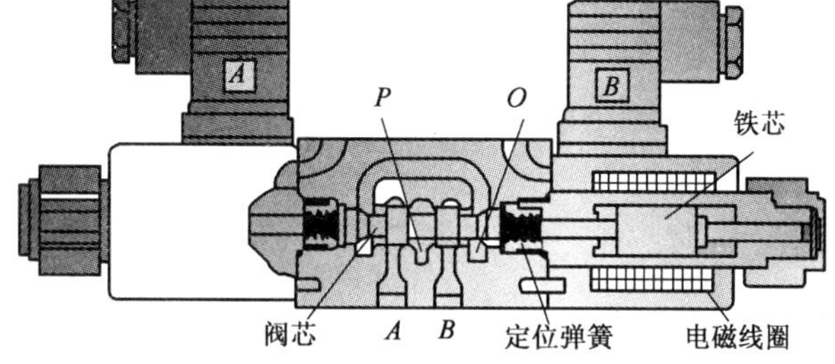

图 2-1-66 方向控制阀工作原理图

3. 液压油缸和液压马达

液压系统中的执行元件可将油液的压力能转换为机械能，是驱动工作装置动作的装置。液压油缸可将油液的压力能转换为力 F 和速度 v；液压马达可将油液的压力能转换为转速 n 和转矩 M。图 2-1-67 所示为液压油缸结构图，图 2-1-68 所示为液压马达的工作原理。

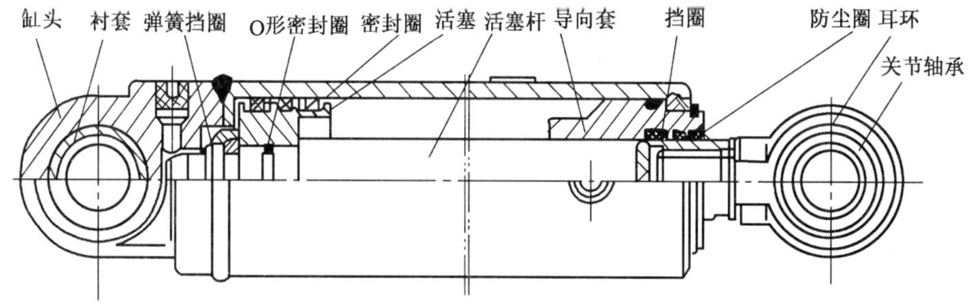

图 2-1-67 液压油缸结构图

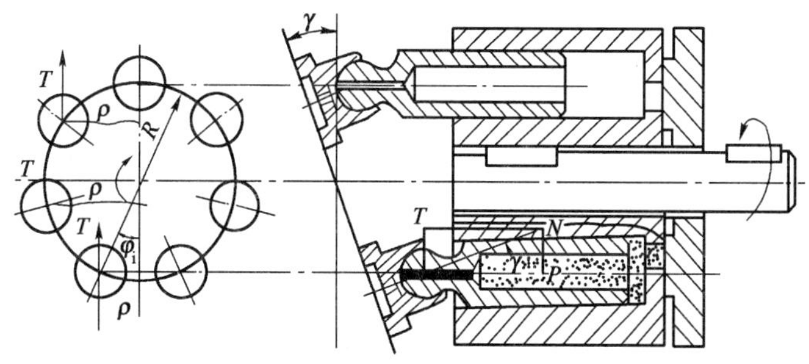

图 2-1-68 液压马达工作原理图

4. 变量泵和变量马达组成的典型闭式液压回路工作原理分析(图2-1-69)

(1)斜盘式双向变量轴向柱塞泵工作原理。传动轴带动柱塞泵缸体转动,柱塞也转动。由于柱塞压紧在斜盘上,且斜盘相对于缸体是倾斜的,因此柱塞在柱塞缸体转动的同时,还在缸体上的柱塞孔中做往复运动,产生吸油和压油过程,通过配油盘进出油口,实现进油或出油。改变斜盘倾斜方向,即可改变泵的输出油液的方向,实现双向泵的功能。改变斜盘斜角的大小,即可改变泵的输出排量,实现泵的变量功能。

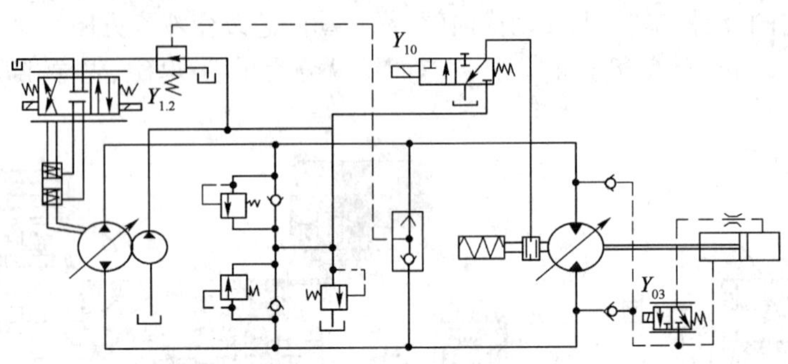

图2-1-69　闭式液压回路工作原理图

(2)双向变量轴向柱塞马达。液压马达高低速(排量)的转换,由二位电磁阀(液压伺服阀)控制。电磁阀断电时,通过变量机构,使马达在低速大转矩工况下工作;通电时,通过变量机构,使马达在高速小转矩工况下工作。

(3)液压泵变量机构的工作原理。当电液伺服阀处于中位时,伺服油缸在弹簧作用下推动主泵斜盘,使之倾角为零,液压泵输出油液流量为零,相当于停止工作。

当电液伺服阀处于左或右位置时,伺服油缸接通过补油泵的压力油(一腔进油,另一腔回油),从而推动液压泵斜盘改变其倾角,油压泵的排量与操作手柄位移或输入电流大小成正比。从而实现液压马达正转或反转和转速快慢的变化。

常用液压泵变量机构可分为电液伺服阀变量、液压伺服阀变量、手动比例遥控伺服阀变量。电液伺服阀变量可使斜盘倾角与输入电流大小成比例;液压伺服阀变量可使斜盘倾角与阀芯移动位移大小成比例;手动比例遥控伺服阀变量可使斜盘倾角与操作手柄的倾角大小成比例。电流的输入方向、阀芯的移动方向和手柄的操作方向的改变,可实现液压马达正转或反转。

(4)主溢流阀。限定系统最高压力,对系统起保护作用。

(5)补油阀。保证补油泵输出的清洁、冷却后的压力油进入主油路低压腔。

(6)补油泵低压溢流阀。补油压力由此阀调定,不小于1.2MPa。

(7)梭形阀。可使液压马达回油部分低压油经背压阀、马达壳体、液压泵壳体回油箱,实现补油泵正常补油,保证主油路油液清洁和油温正常。

(8)补油泵。先导压力油接通伺服阀进口,另外补油,回路上接有滤清器(滤油精度为10μm)。

模块三　液力传动基本知识

1. 液力传动的定义

液力传动即以液体为工作介质,利用液体的动能来传递机械能。

2. 液力变矩器的组成及工作原理

在发动机与变速器之间装一个由泵轮、涡轮、导轮组成的内部充满油液的液力变矩器，泵轮与发动机连接，涡轮与变速器输入轴连接，单向自由机构的导轮安装在泵轮与导轮之间（图2-1-70）。发动机驱动泵轮旋转，输入给液力变矩器转速 n 和转矩 M—旋转的泵轮使液力变矩器中液体产生动能 $1/2mv^2$—液体的动能使涡轮及导轮产生随外阻力而变化的 n 和 M，并能通过输出轴向外输出，如图2-1-71所示。

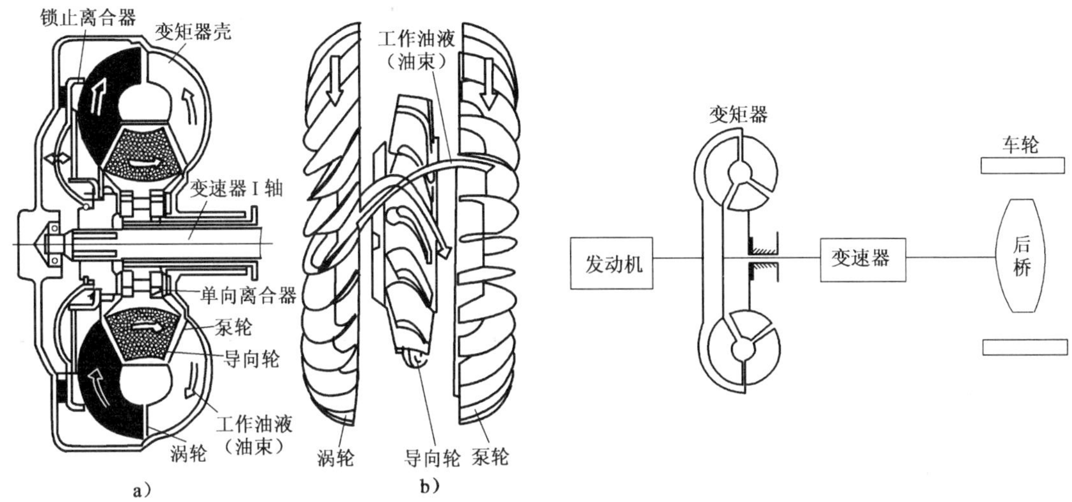

图2-1-70　液力变矩器组成

图2-1-71　液力变矩器工作原理简图

3. 液力传动特点

（1）自动适应外阻力的变化，无级变更其输出轴的转矩与转速。

（2）泵轮与涡轮之间不是刚性连接，而是通过液力传递动力，能低速行驶或起步，并能避免车辆超载时发动机熄火。

（3）由于变矩器本身是一个无级变速器，因此可简化变速器挡位及换挡次数。

（4）传动效率低，造价高。

4. 液力变矩器工况

（1）起步。涡轮的转速为0，液流沿叶片流出涡轮并冲向导轮，经导轮叶片的导向作用反向流回泵轮，经液流的循环冲击作用，涡轮开始转动。此时，涡轮扭矩升高到最大值，相当于发动机扭矩的2～2.5倍，但效率很低。

（2）速度上升。随着涡轮转速的上升，液流不再全部冲向导轮叶片，变矩比下降。

（3）速度继续上升。当泵轮与涡轮的转速接近相等时，液流流向导轮叶片的反侧，导轮脱离锁止自由旋转，变矩比为1∶1。

（4）变矩器锁止。当泵轮与涡轮转速接近时，变矩器锁止离合器将泵轮与涡轮锁止为一体，相当于直接传动。

（5）结论。泵轮与导轮转速差越高，则经涡轮叶片折回冲向导轮叶片的液流越多，扭矩升高越明显。

5. 液力变矩器液压油补偿系统

（1）组成：油箱—滤清器—油泵—进油压力阀—散热器—变矩器进口—变矩器—变矩器出口—出油压力阀—油箱。

(2)功用:散热、保持变矩器内有一定的压力(防止产生气蚀)、滤清。

(3)液力机械传动组成见图2-1-72。

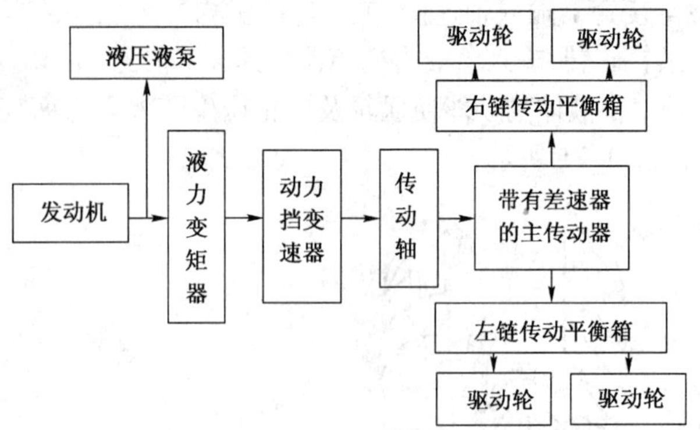

图2-1-72　液力机械传动路线框图

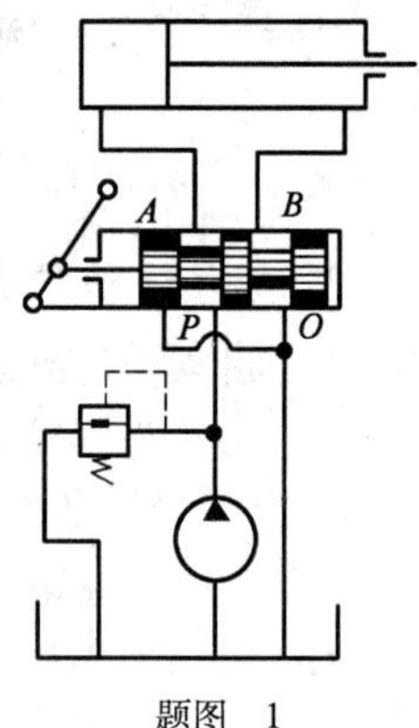

题图　1

1. 读懂液压原理图(题图1),回答下列问题。

(1)此液压系统是由(　　)、(　　)、(　　)、(　　)元件组成;

(2)在此图示状态下,执行元件的运动方向是(　　);

(3)若系统额定压力为5MPa,液压缸活塞直径为200mm,其液压缸产生的最大推力为(　　)N。

(4)图中溢流阀的作用是什么?

2. 根据液压传动原理,回答下列问题。

(1)对于液压油泵来讲,输入能量的形式是什么?

(2)对于液压马达来讲,输出能量的形式是什么?

(3)液压油泵在实际工作时输出油液的压力P的大小取决于什么?

课题五　钳工基本知识

学习目标

本课题的学习内容是钳工的基本知识。

知识要求

了解钳工常用设备、工具、量具的名称和用途;掌握常用手工具和量具的使用方法。

模块一　钳工常用设备基本知识

1. 钻床

钻床是主要用钻头在工件上加工孔的机床。钻床有台式钻床(简称台钻)、立式钻床(简称立钻)、摇臂钻床等类型。

台式钻床简称台钻,是可安放在作业台上,主轴垂直布置的小型钻床,它结构简单,操作方便,常用于小型工件钻、扩孔,直径在 12mm 以下。台式钻床的主要结构如图 2-1-73 所示。

2. 砂轮机

砂轮机是用来刃磨各种刀具、工具的常用设备,由电动机、砂轮机座、托架和防护罩等部分组成,见图 2-1-74。

3. 千斤顶

千斤顶是顶举重物的轻小型起重设备。千斤顶以人力驱动为主,起重量范围大,顶举高度一般不超过 400mm,广泛应用于设备检修和安装,见图 2-1-75。

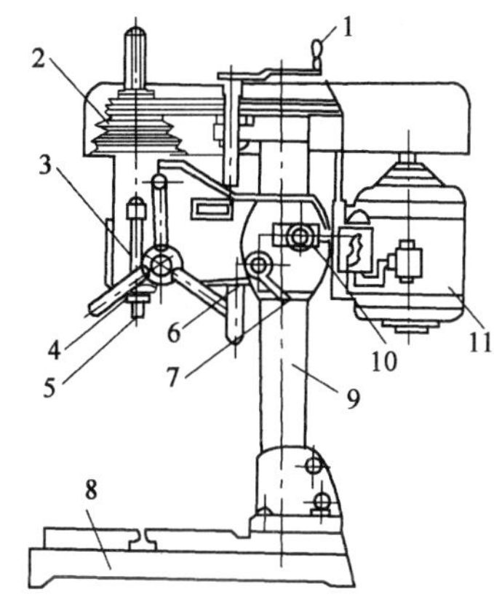

图 2-1-73 台式钻床

1-机头升降手柄;2-V 带轮;3-头架;4-紧螺母;5-主轴;6-进给手柄;7-紧手柄;8-底座;9-立柱;10-紧固手柄;11-电动机

图 2-1-74 砂轮机

图 2-1-75 千斤顶

模块二 钳工工具、量具、仪表

1. 钳工常用手工具

(1)扳手(图 2-1-76)

扳手是利用杠杆原理拧转螺栓、螺钉、螺母和其他螺纹紧持螺栓或螺母的开口或套孔固件的手工工具。按其结构的不同,可分为呆扳手、梅花扳手、两用扳手和套筒扳手,另外还有敲击扳手等特殊用途的扳手。

(2)锤(图 2-1-77)

锤是用于敲击或锤打物体的手工工具。锤由锤头和握持手柄两部分组成。锤的使用极为普遍,形式、规格很多。常见的有圆头锤、羊角锤、斩口锤和什锦锤等。

(3)螺钉旋具(图 2-1-78)

螺钉旋具是一种用以拧紧或旋松各种尺寸的槽形机用螺钉、木螺丝以及自攻螺钉的手工工具,又称为螺丝刀、旋凿、改锥。

(4)钳(图 2-1-79)

钳是一种用于夹持、固定加工工件或者扭转、弯曲、剪断金属丝线的手工工具。

(5)拉拔器(图 2-1-80)

拉拔器是用来拉拔轴上零件或轴承的一种工具,主要用于在机械拆装中拉拔。

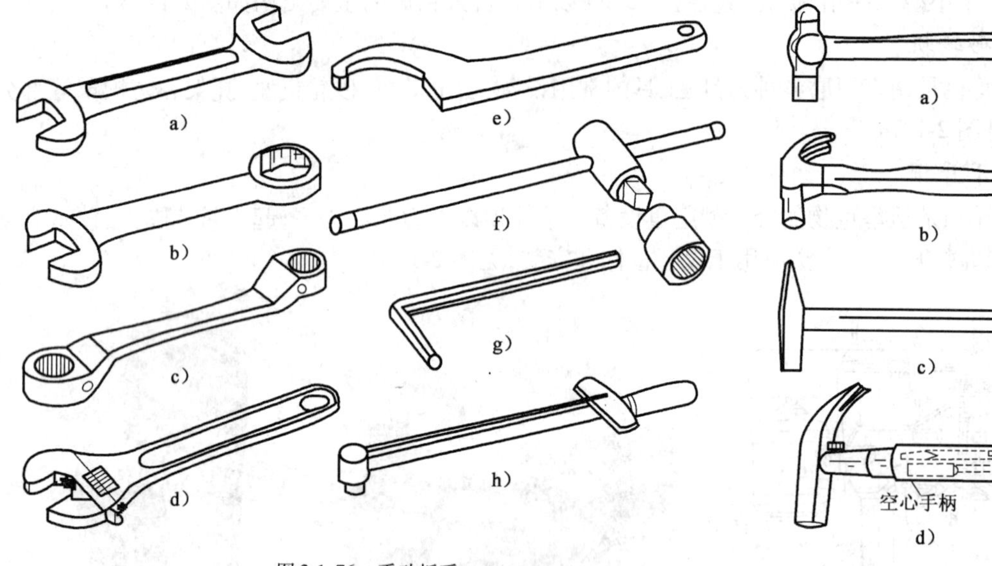

图 2-1-76　手动扳手

a)呆板手;b)两用扳手;c)梅花扳手;d)钳扳手;e)钩形扳手;f)套筒扳手;g)内六角扳手;h)扭力扳手

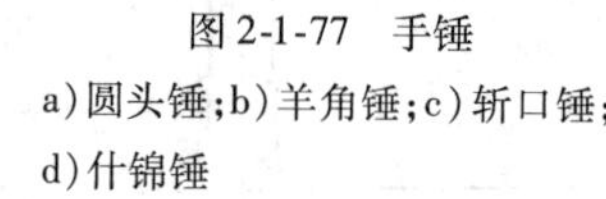

图 2-1-77　手锤

a)圆头锤;b)羊角锤;c)斩口锤;d)什锦锤

图 2-1-78　螺钉旋具

图 2-1-79　手钳子

(6)丝锥与板牙

①丝锥(图 2-1-81)。丝锥是在孔内加工出螺纹的一种刀具,也叫螺丝攻。丝锥根据其形状可分为直槽丝锥和螺旋槽丝锥。丝锥按其用途的不同又可分为手丝锥和机用丝锥。

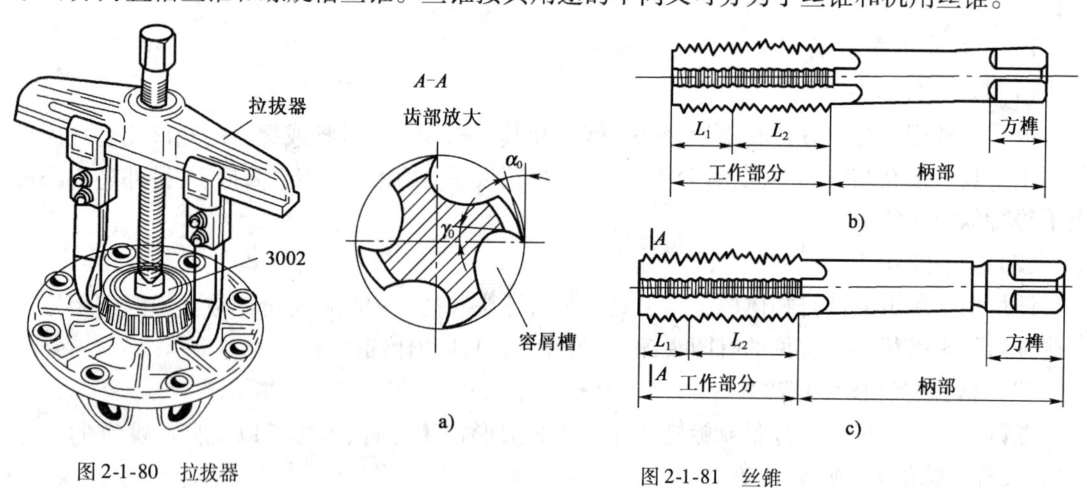

图 2-1-80　拉拔器

图 2-1-81　丝锥

②板牙。板牙是一切削外螺纹的刀具。按其外形和用途可分为圆板牙、方板牙、六角板牙和管形板牙(图 2-1-82)。

（7）錾子与样冲

錾子是錾削时的加工工具，錾削是用手锤打击錾子对金属工件进行切削加工的方法，钳工常用的錾子有阔錾（扁錾）、狭錾（尖錾）、油槽錾和扁冲錾 4 种（图 2-1-83）。阔錾用于錾切平面，切割和去毛刺，狭錾用于开槽，油槽錾用于切油槽，扁冲錾用于打通两个钻孔之间的间隔。

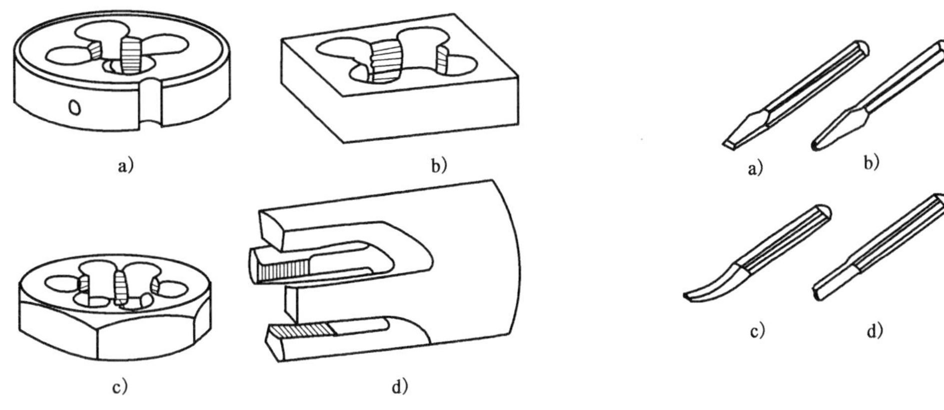

图 2-1-82　板牙

a）圆板牙；b）方板牙；c）六角板牙；d）管形板牙

图 2-1-83　錾子

样冲用于在工件所划的加工线条上打样冲眼，作为加强界限标志或作为划圆弧或钻孔时的定位冲心打眼。它一般用工具钢制成，尖端处淬硬（图 2-1-84）。

（8）锯

锯是一种用于切割钢材、木料等的手工工具。手锯由锯弓和锯条组成，锯弓的作用是用来安装并张紧锯条，锯条是用来直接锯削材料或工件的工具（图 2-1-85）。

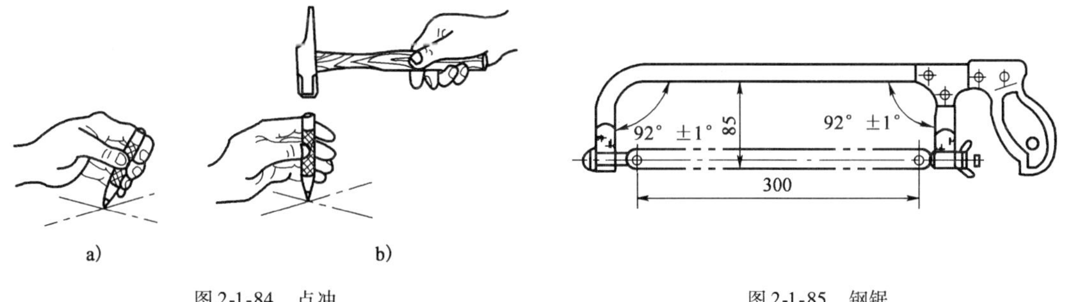

图 2-1-84　点冲

图 2-1-85　钢锯

（9）锉

锉是一种用于对金属等材料进行锉削、修整或磨光等表面加工的手工工具。钳工锉按其断面形状又可分为扁锉（板锉）、方锉、三角锉、半圆锉和圆锉等 5 种。锉刀的规格分尺寸规格和齿纹粗细规格两种。每种锉刀都有其主要的用途，应根据工件表面形状和尺寸大小来选用，其具体选择见图 2-1-86。

2. 钳工常用量具及仪表

（1）扭力扳手

扭力扳手是一种用来以规定的力矩拧紧螺栓及螺母的扳手，详细介绍见扳手。

（2）千分尺

千分尺是测量中最常用的精密量具之一。千分尺的种类较多，按其用途的不同可分为外径千分尺、内径千分尺、深度千分尺、内测千分尺和螺纹千分尺等。千分尺的测量精度为0.01mm。

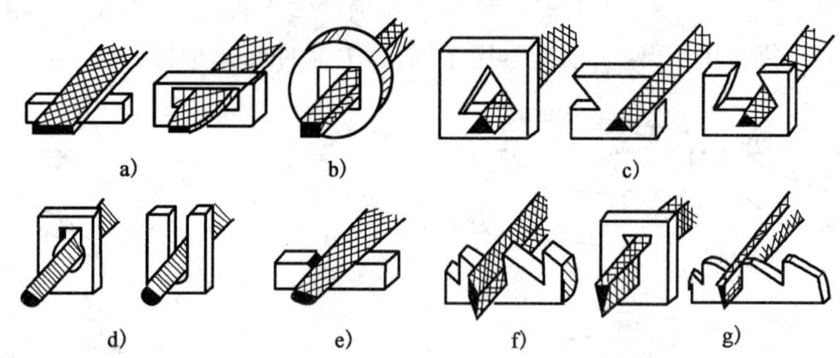

图 2-1-86 锉刀的选用

外径千分尺的读数方法是先读出固定套管上露出刻线的整毫米及半毫米数。再看微分筒哪一刻线与固定套管的基准对齐，读出不足半毫米的小数部分。最后将两次读数相加，即为工件的测量尺寸，如图 2-1-87 和图 2-1-88 所示。

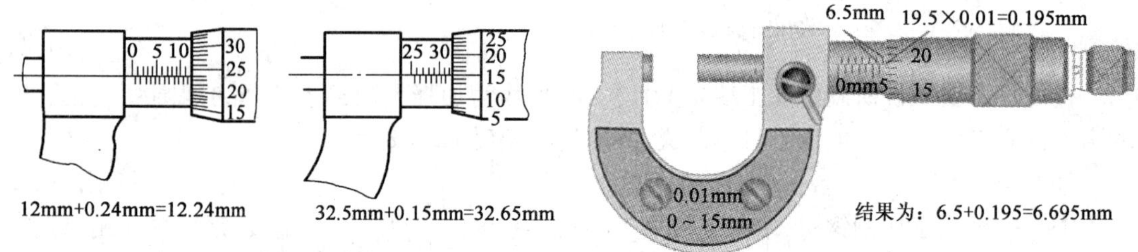

图 2-1-87 千分尺的读数方法

图 2-1-88 千分尺认读

(3)游标卡尺

游标卡尺可用来测量长度、厚度、外径、内径、孔深和中心距等。游标卡尺的精度有0.1mm、0.05mm、0.02mm 三种。

①游标卡尺的结构如图 2-1-89 所示，图示为三用游标卡尺，它由尺身、游标、内量爪、外量爪、深度尺和紧固螺钉等部分组成。

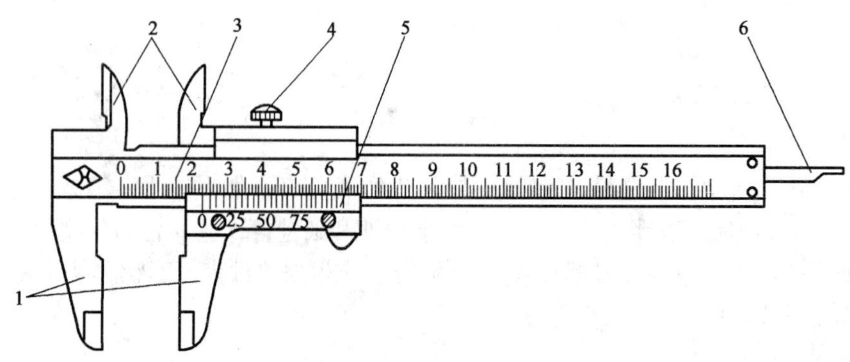

图 2-1-89 三用游标卡尺

1-外量爪；2-内量爪；3-尺身；4-紧固螺钉；5-游标；6-深度尺

②游标卡尺的读数方法，首先在尺身上读出位于游标零线左边最接近的整毫米数值，再看游标尺从零线开始第几条刻度与尺身某一刻线对齐，用游标上与尺身刻线对齐的刻线格数乘

以游标卡尺的测量精度值，读出小数部分，最后将整毫米与小数相加就是测得的实际尺寸，如图 2-1-90 所示。

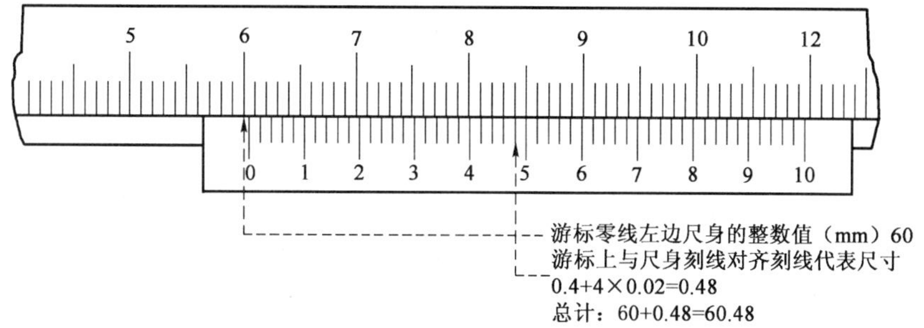

图 2-1-90 游标卡尺识读

(4)百分表

百分表是零件加工和机器装配中，检查零件尺寸和形状的细微偏差的主要量具，测量精度为 0.01mm。当测量精度为 0.001mm 或 0.005mm 时，称为千分表，它常被用来测量零件表面的平直度、零件两平面间的平行度、圆形零件的圆度和圆柱度等，图 2-1-91 所示为钟面百分表结构图。

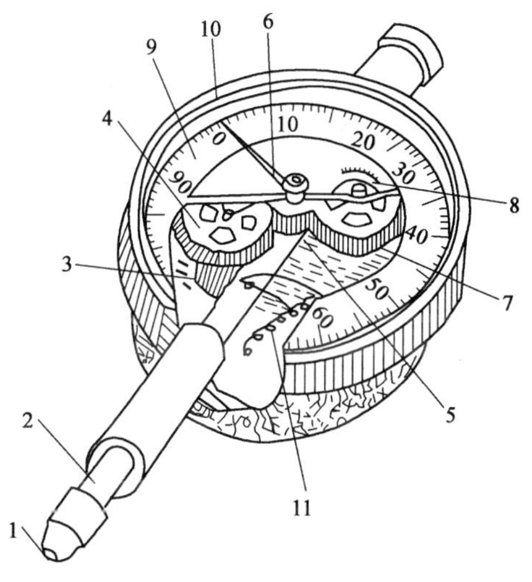

图 2-1-91 钟面百分表的结构图

1-测头；2-齿杆；3-小齿轮；4、7-大齿轮；5-中间小齿轮；6-长指针；8-短指针；9-表盘；10-表圈；11-拉簧

(5)塞尺

塞尺也叫厚薄规或间隙规，是经常用来检验两个结合面之间间隙大小的片状量规(图 2-1-92)。

(6)压力表

压力表是用于计量流体(气体、液体)压力的仪表(图 2-1-93)。压力表按其测量范围，一般分为真空表和压力表，真空表用于测量小于大气压力的压力值；压力表用于测量大于大气压力的压力值，机械维修人员常用此类表测量液压系统压力、真空度等。

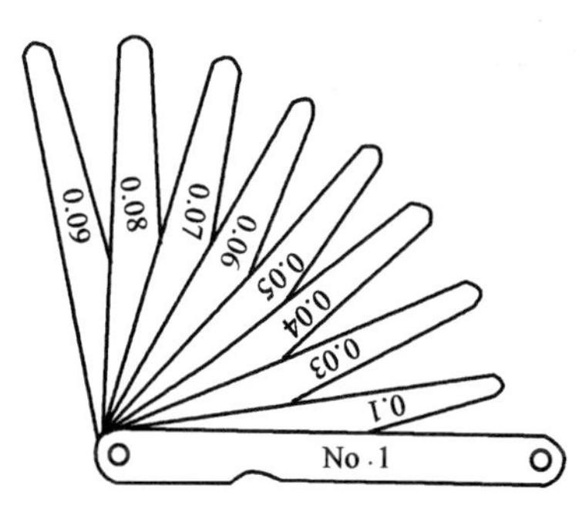

图 2-1-92 塞尺

图 2-1-93 压力表

思考题

1. 常用拆装机械用的工具有哪些？
2. 常用钳工工具有哪些？
3. 常用的量具有哪些？
4. 压力表和压力真空表在使用上有哪些区别？

课题六　筑路机械基本知识

学习目标

本课题的学习内容是筑路机械的基本知识。

知识要求

了解筑路机械的种类和基本组成；掌握筑路机械传动系统的类型和组成；掌握筑路机械常用金属材料和油料的名称及用途。

模块一　筑路机械的种类与用途

自行式施工机械是指广泛应用于建筑、水利、矿山、筑路港口等建筑施工中的各种机械，其中包括有土方机械和专业用机械。土方机械主要包括铲运机、推土机、挖掘机、装载机等机械；专用机械主要包括平地机、沥青混凝土摊铺机、压路机、翻斗车等机械。各种机械都是属于自行式机械，并分为轮式和履带式两大类，主要由发动机、底盘、液压传动系统、工作装置组成，都具有自行行驶和完成特殊施工作业项目的功能。图 2-1-94 所示为平地机结构图。

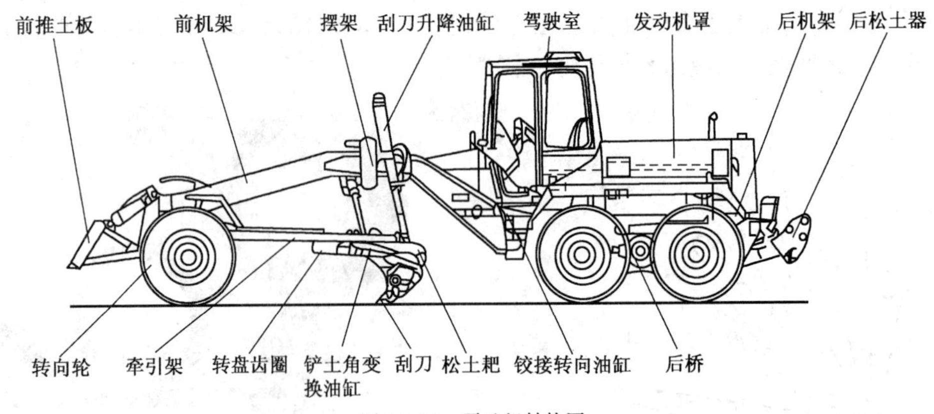

图 2-1-94　平地机结构图

模块二　筑路机械的总体构造

自行式施工机械虽然因机种和类型不同，其总体构造也各有特点，但是基本上都可划分为动力装置(发动机)、底盘、工作装置、控制系统4大部分。图2-1-95所示为沥青混凝土摊铺机。

1. 柴油机

柴油机是内燃机的一种,由于其经济性与动力性较汽油机好,因此施工机械广泛采用,其功用是将供给的燃油燃烧而转变为机械能(转速 n 和转矩 M),并通过传动系与行驶系驱动机械行驶,通过液压传动系统驱动工作装置进行作业。

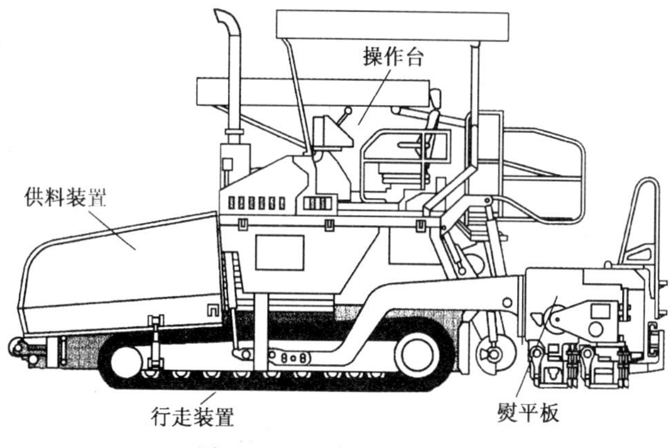

图2-1-95 沥青混凝土摊铺机

2. 底盘

底盘的功用是将发动机的动力进行适当的转化与传递,使之适合机械行驶和作业的需要。底盘又是整机的基础,所有部件或总成都安装在底盘上。底盘一般由传动系统、行驶系统(支承和保证机械行驶)、转向系统(保证机械行驶时转向)和制动系统(控制机械的行驶速度,使之按需要减速或停车,以确保安全)等组成。

(1)传动系

传动系的功用是将发动机的动力进行适当改变后传给驱动轮,主要由离合器或液力变矩器、变速器、万向传动轴、驱动桥、最终传动等部件组成。传动系按传动方式可分为机械传动、液力机械传动和液压传动,如图2-1-96~图2-1-98所示。

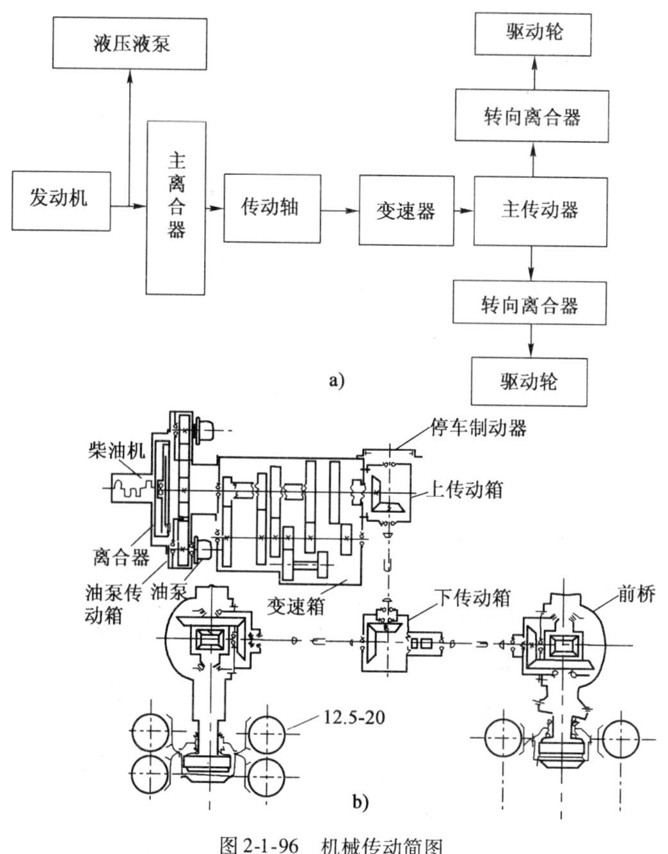

图2-1-96 机械传动简图

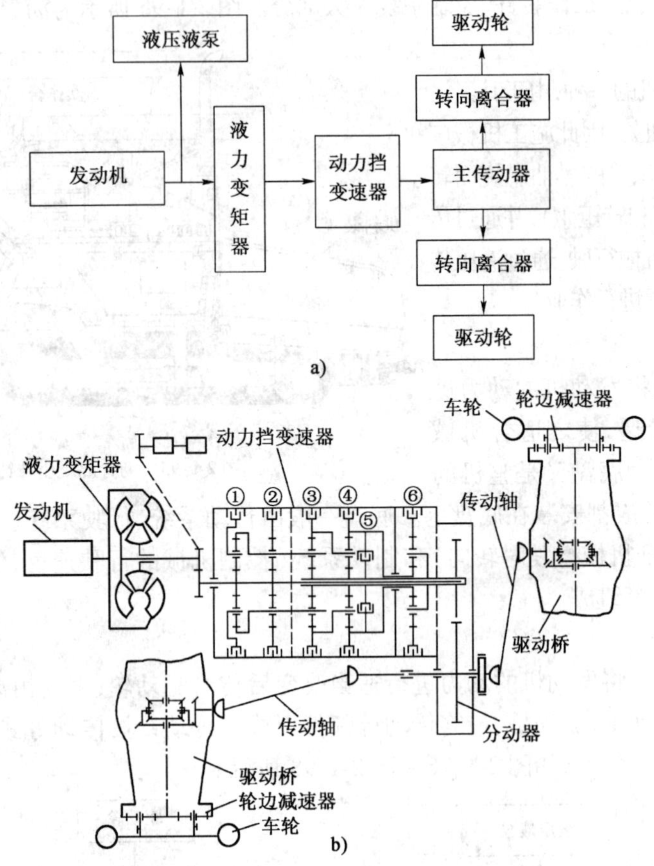

图 2-1-97　轮式施工机械液力传动简图

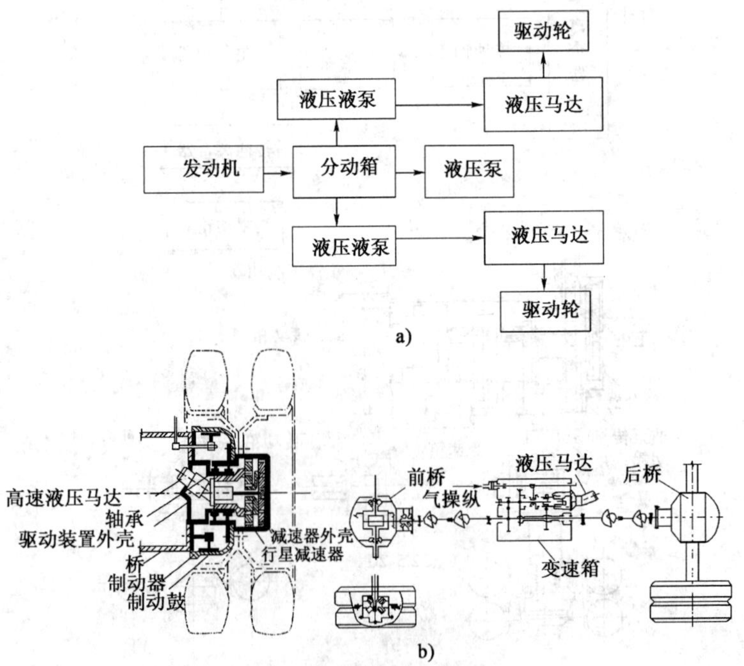

图 2-1-98　液压传动简图

(2)行驶系

行驶系可分为轮式行驶系和履带式行驶系，主要由车架和车轮或履带组成，起支承底盘各部件和保证机械行驶的功能。

(3)转向系

转向系是保证机械行驶时转向用的。转向系类型较多，轮式机械转向系可分为偏转车轮转向式和铰接车架转向式。履带式机械转向原理与轮式完全不同，它是靠分离一侧转向离合器或操作液压行走马达，使两条履带获得不同的牵引力而实现转向的，见图 2-1-99。

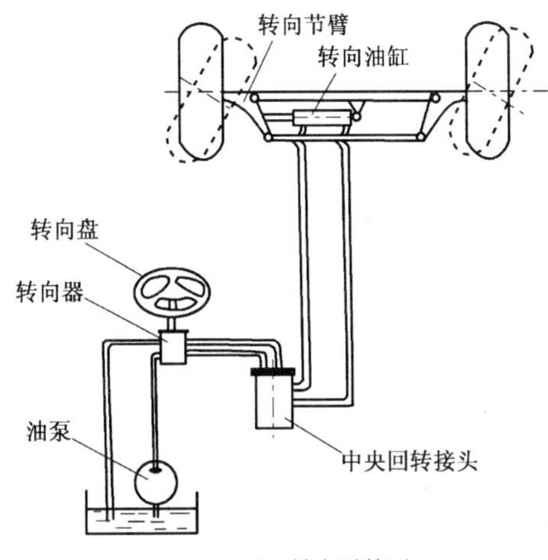

图 2-1-99　转向系简图

(4)制动系

制动系的功用是控制机械行驶速度，使之按需要减速或停车，以确保安全。

3. 工作装置

工作装置是施工机械进行各种作业的装置，主要由机械部分和液压系统等构件组成。各种施工机械的工作装置因作业特点不同，其构造是不同的，但都是由发动机的动力通过液压传动系统的传递由液压执行元件(液压油缸和液压马达)驱动的。

人们设计和制造各种施工机械是为了完成不同施工作业，减轻人的劳动强度和提高施工质量及效率。不同的施工机械由于作业特点不相同，其功能和构造也不相同。平地机的工作装置是刮土铲，用于路基和场地精度较高的平整作业；推土机的工作装置是推土铲，其行驶过程中通过操纵推土铲可完成推运、开挖、回填土石方以及其他散粒物料的作业；装载机的工作装置是铲斗，通过操作铲斗，可完成各种土方和散粒物料的装卸作业。挖掘机的工作装置是挖掘铲斗，用于挖掘沟渠、基坑并与车辆配合装运物料。沥青混凝土摊铺机的工作装置是熨平板，可将拌制好的沥青混合料均匀地摊铺在路面基层上，并保证摊铺层的宽度、厚度、路面拱度、平整度和密实度符合技术要求；压路机的工作装置是碾压轮，通过碾压轮的重力和振动压实各种筑路材料，以提高被压实材料的密实度。

模块三　筑路机械常用金属材料的种类、牌号

自行式筑路机械主要由发动机、底盘、工作装置和控制系统组成，而这些机构总成又分别由许多零件构成，大部分零件都是由金属材料制成。金属材料分为黑色金属和有色金属，通常把钢铁材料称为黑色金属，而把其他的金属材料称为有色金属。在现代制造业中，纯金属应用的很少，大量应用的是合金。合金是由一种金属元素与另一种或多种金属元素组成的物质。钢铁材料是钢和铸铁的总称，指所有的铁碳合金。下面就依次对这些金属材料进行介绍。金属材料分类如图 2-1-100 所示。

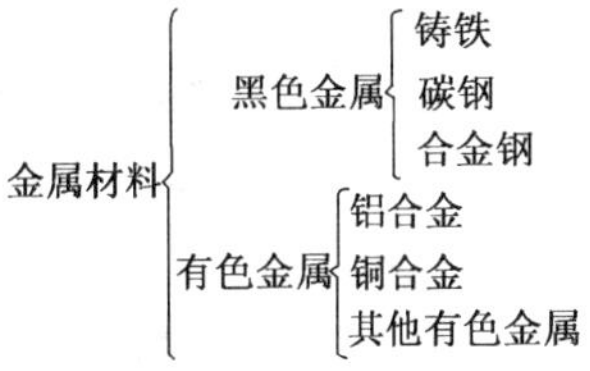

- 金属材料
  - 黑色金属
    - 铸铁
    - 碳钢
    - 合金钢
  - 有色金属
    - 铝合金
    - 铜合金
    - 其他有色金属

图 2-1-100　金属材料的分类

1. 铸铁

铸铁是铁(Fe)、碳(C)合金，碳含量大于 2.11%。铸铁成型制成零件毛坯只能用铸造方法，不能用锻造或轧制方法。例如，发动机汽缸体、变速器箱体都是用铸铁铸造而成的。

铸铁按其组织和生产方式的不同,可分为白口铸铁、灰口铸铁、球墨铸铁、可锻铸铁和合金铸铁等。

灰口铸铁的牌号用"灰铁"两字汉语拼音的第一个字母"HT"后面加最低抗拉强度值表示。如:HT150 表示灰口铸铁,最低抗拉强度为 150MPa。

石墨呈球状分布的铸铁,称为球墨铸铁。球墨铸铁的牌号用"QT"加两组数字(分别表示最低抗拉强度和最低延伸率)表示。

2. 钢

钢也是铁(Fe)、碳(C)合金,碳含量小于 2.11%。钢的种类很多,有多种分类方法。

(1)按化学分,有碳素钢和合金钢。

(2)按含碳量分,有低碳钢($C\% \leq 0.25\%$)、中碳钢($C\% = 0.25\% \sim 0.60\%$)和高碳钢($C\% > 0.6\%$)。

(3)按质量分(主要根据钢中有害杂质硫、磷含量的高低),有普通钢($S\% \leq 0.055\%$,$P\% \leq 0.045\%$)、优质钢($S\%$、$P\% \leq 0.040\%$)和高级优质钢($S\% \leq 0.030\%$,$P\% \leq 0.035\%$)。

(4)按冶炼时脱氧程度,可将钢分为沸腾钢(脱氧不完全)、镇静钢(脱氧较完全)和半镇静钢三类。

(5)按用途分,有结构钢、工具钢、特殊钢。

结构钢又分为工程构件用钢和机器零件用钢两部分。工程构件用钢包括建筑工程用钢、桥梁工程用钢、船舶工程用钢、车辆工程用钢。机器用钢包括调质钢、弹簧钢、滚动轴承钢、渗碳和渗氮钢、耐磨钢等。这类钢一般属于低、中碳钢和低、中合金钢。

工具钢分为刃具钢、量具钢、模具钢。主要用于制造各种刃具、模具和量具,这类钢一般属于高碳、高合金钢。

特殊性能钢分为不锈钢、耐热钢等。这类钢主要用于各种有特殊要求的场合,如化学工业用的不锈耐酸钢、核电站用的耐热钢等。

在给钢的产品命名时,往往把成分、质量和用途几种分类方法结合起来。如碳素结构钢、优质碳素结构钢、碳素工具钢、高级优质碳素工具钢、合金结构钢、合金工具钢、高速工具钢等。

为了管理和使用的方便,每一种合金钢都应该有一个简明的编号。世界各国钢的编号方法不一样。钢编号的原则主要有两条:

①根据编号可以大致看出该钢的成分。

②根据编号可大致看出该钢的用途。

我国的钢材编号是采用国际化学元素符号和汉语拼音字母并用的原则,即钢号中的化学元素采用国际化学元素符号表示,如 Si、Mn、Cr、W 等,其中,只有稀土元素,由于其含量不多,种类不少,不易一一分析出来,因此用"Re"表示其总含量。而产品名称、用途和浇铸方法等则采用汉语拼音字母表示。具体的编号方法如下:

(1)普通碳素结构钢

普通碳素结构钢的牌号以"Q + 数字 + 字母 + 字母"表示。其中,"Q"是钢材的屈服强度"屈"字的汉语拼音首字母,紧跟后面的是屈服强度值,再其后分别是质量等级符号和脱氧方法。例如,Q235AF 即表示屈服强度值为 235MPa 的 A 级沸腾钢。

牌号中规定了 A、B、C、D 四种质量等级,A 级质量最差,D 级质量最好。

按脱氧制度,沸腾钢在钢号后加"F",半镇静钢在钢号后加"b",镇静钢则不加任何字母。

(2)优质碳素结构钢与合金结构钢

优质碳素结构钢与合金结构钢编号的方法是相同的,都是以“两位数字+元素+数字+…”的方法表示。钢号的前两位数字表示平均含碳量的万分之几,沸腾钢、半镇静钢以及专门用途的优质碳素结构钢,应在钢号后特别标出。合金元素以化学元素符号表示,合金元素后面的数字则表示该元素的含量,一般以百分之几表示。凡合金元素的平均含量小于1.5%时,钢号中一般只标明元素符号,而不标明其含量。如果平均含量分别≥1.5%、≥2.5%、≥3.5%…时,则相应地在元素符号后面标以2、3、4…。如为高级优质钢,则在其钢号后加“高”或“A”。钢中的V、Ti、Al、B、Re等合金元素,虽然它们的含量很低,但在钢中能起相当重要的作用,故仍应在钢号中标出。如45钢表示平均含碳量为0.45%的优质碳素结构钢;20CrMnTi表示平均含碳量为0.20%,主要合金元素Cr、Mn含量均低于1.5%,并含有微量Ti的合金结构钢;60Si2Mn表示平均含碳量为0.60%,主要合金元素Mn含量低于1.5%,Si含量为1.5%~2.5%的合金结构钢。

(3)碳素工具钢

碳素工具钢的牌号以“T+数字+字母”表示。钢号前面的“碳”或“T”表示碳素工具钢,其后的数字表示含碳量的千分之几。如平均含碳量为0.8%的碳素工具钢,其钢号为“碳8”或“T8”。

含锰量较高者,在钢号后标以“锰”或“Mn”,如“碳8锰”或“T8Mn”。如为高级优质碳素工具钢,则在其钢号后加“高”或“A”,如“碳10高”或“T10A”。

(4)合金工具钢与特殊性能钢

合金工具钢的牌号以“一位数字(或没有数字)+元素+数字+…”表示。其编号方法与合金结构钢大体相同,区别在于含碳量的表示方法,当碳含量≥1.0%时,则不予标出。如平均含碳量<1.0%时,则在钢号前以千分之几表示它的平均含碳量,如9CrSi钢表示平均含碳量为0.90%,主要合金元素为铬、硅,含量都小于1.5%。又如Cr12MoV钢表示含碳量为1.45%~1.70%(大于1.0%),主要合金元素为11.5%~12.5%的铬,0.40%~0.60%的钼和0.15%~0.30%的钒。而对于含铬量低的钢,其含铬量以千分之几表示,并在数字前加“0”,以示区别。如平均Cr=0.6%的低铬工具钢的钢号为“Cr06”。

在高速钢的钢号中,一般不标出含碳量,只标出合金元素含量平均值的百分之几。如“钨18铬4矾”(W18Cr4V,简称18-4-1)、“钨6钼5铬4矾2”(W6Mo5Cr4V2,简称6-5-4-2)等。

特殊性能钢的牌号和合金工具钢的表示相同,如不锈钢2Cr13表示含碳量为0.20%,含铬量为12.5%~13.5%。但也有少数例外,例如耐热钢20Cr3W3NbN,其编号方法和结构钢相同,但这种情况极少。

(5)专用钢

这类钢是指某些具有专门用途的钢种。它是以其用途名称的汉语拼音第一个字母表明该钢的类型,以数字表明其含碳量;用化学元素符号表明钢中含有的合金元素,其后的数字表明合金元素的大致含量。

例如,滚珠轴承钢在编号前标以“G”字,其后为铬(Cr)+数字,数字表示铬含量平均值的千分之几,如“滚铬15”(GCr15)。这里应注意,牌号中铬元素后面的数字是表示含铬量为1.5%,其他元素仍按百分之几表示,如GCr15SiMn表示含铬为1.5%,Si、Mn含量均小于1.5%的滚动轴承钢。

又如，易切钢前标以“Y”字，Y40Mn表示含碳量约0.4%，含锰量小于1.5%的易切钢。还有如20G表示含碳量为0.20%的锅炉用钢；16MnR表示含碳量为1.6%，含锰量小于1.5%的容器用钢。

3.有色金属

除钢、铁等黑色金属以外，其他金属都是有色金属。机械制造中常用的有色金属有以下几种：

(1)铝及其合金

纯铝是一种银白色的轻金属，熔点为660℃，它的密度较小(只有2.72g/cm^3)；导电性好，仅次于银、铜和金；导热性好，比铁几乎大3倍。

纯铝的强度很低，在机器制造业中很少应用，而广泛使用的是铝合金(铝、硅、锰、铜、镁)，例如，铝硅合金具有导热性好、质量轻小、易铸造、耐腐蚀的特点，常用作发动机的汽缸盖、活塞。

根据铝合金的成分、组织和工艺特点，可以将其分为铸造铝合金与变形铝合金两大类。铸造铝合金按加入的主要合金元素的不同，分为Al-Si系、Al-Cu系、Al-Mg系和Al-Zn系4种合金。合金牌号用“铸铝”二字汉语拼音字首“ZL”后跟3位数字表示。第一位数表示合金系列，1为Al-Si系合金；2为Al-Cu系合金；3为Al-Mg系合金；4为Al-Zn系合金。第2、3位数表示合金的顺序号。如ZL201表示1号铝铜系铸造铝合金，ZL107表示7号铝硅系铸造铝合金。

(2)铜及其合金

纯铜是玫瑰红色金属，其表面形成氧化铜膜后，外观呈紫红色，故常称为紫铜。纯铜导电性、导热性极佳；铜的抗腐蚀能力也很高；铜是抗磁性物质。

铜锌合金或以锌为主要合金元素的铜合金称为黄铜，除黄铜外所有的铜合金都叫青铜。普通黄铜分为单相黄铜和双相黄铜两种类型，从变形特征来看，单相黄铜适宜于冷加工，而双相黄铜只能采用热加工。常用的单相黄铜牌号有H80、H70、H68等，“H”为黄铜的汉语拼音字首，数字表示平均含铜量。

青铜原指铜锡合金，但是，工业上习惯把铜基合金中不含锡而含有铝、镍、锰、硅、铍、铅等特殊元素组成的合金也叫青铜。所以，青铜实际上包含锡青铜、铝青铜、铍青铜和硅青铜等。青铜也可分为压力加工青铜(以青铜加工产品供应)和铸造青铜两类。青铜的编号规则是：“Q+主加元素符号+主加元素含量(+其他元素含量)”，“Q”表示青的汉语拼音字头。如QSn4-3表示成分为4%Sn、3%Zn、其余为铜的锡青铜。铸造青铜的编号前加“Z”。

(3)滑动轴承合金

滑动轴承合金是指用于制造滑动轴承轴瓦及内衬的材料。常用的轴承合金按主要化学成分可分为锡基、铅基、铝基和铜基等，前两种称为巴氏合金，其编号方法为：“ZCh+基本元素符号+主加元素符号+主加元素含量+辅加元素含量”，其中“Z”、“Ch”分别是“铸”造轴“承”的汉语拼音字首。例如，ZChSnSb11-6表示含11.0%Sb、6%Cu的锡基轴承合金。

模块四 燃油、润滑油、液压油基本知识

1.燃油

目前，发动机使用的燃料有汽油和柴油两种。它们都是石油中蒸馏出来的碳氢化合物。

(1)汽油

汽油按辛烷值分为90、93、97等牌号。汽油的选用应根据发动机压缩比而定。压缩比低，

则选用低牌号的汽油；压缩比高，则选用高牌号的汽油。汽油的性能主有挥发性（有利于低温启动，但也容易在夏季高温天气下在管路中产生气阻）和抗爆性（自燃温度，可用辛烷值评价）。

（2）柴油

汽车及工程机械使用的都是高速柴油机。柴油按质量分为优级品、一级品和合格品3个等级，每个等级的柴油按其凝点又可分为10号、0号、-10号、-20号、-35号、-50号6种牌号。10号柴油表示其凝点不高于10℃，依此类推。柴油的主性能为发火性（与汽油相比，柴油必须容易发火燃烧。其评价指标为：十六烷值，其值越高，发火性越好，一般为50~55）和耐寒性（低温下柴油中会析出石蜡，阻塞油路，因此冬季要在柴油中加入添加剂防止石蜡析出）。

我国现行的柴油标准，是以柴油的凝点作为划分柴油牌号的依据。由于柴油的冷凝点最接近柴油的实际使用温度，因此，应根据当地的气温条件，选择具有相应冷凝点的柴油。只要选用冷凝点低于当地最低气温的柴油，就能保证柴油的正常使用。

2.机油、齿轮油和润滑脂

（1）发动机机油

①要求：凝点低，较大温度范围润滑性好，形成承载能力高、不易破坏的油膜，耐老化、无沉积物。

②类型：主要分为矿物油和合成油。

③机油添加剂的作用：降低温度对性能的影响；降低凝点；改善润滑油膜的强度；抑制泡沫生成；延缓机油的老化过程；减少杂质沉积及对机件的腐蚀。

④分类：按SAE级机油的黏度划分，此标准只表明了机油的使用温度范围，不表明其润滑性能。如适合于冬季使用的10W、15W、20W和适合于夏季的20、30、40、50，还有多级的15W/40的环境温度，如表2-1-13所示。

不同黏度牌号对应的使用环境 表2-1-13

黏度牌号	使用环境温度	黏度牌号	使用环境温度
40	0~40℃	10W/30	-25~30℃
30	-5~30℃	5W/30	-30~30℃
15W/40	-20~40℃	5W/20	-40~20℃

按API机油的质量分类，分汽油机润滑油和柴油机润滑油两种。汽油机润滑油和柴油机润滑油使用性能的润滑侧重点及添加剂配方不同，应区别使用。汽机油分为SC、SD、SE、SF四个等级，柴机油分为CC、CD、CE、CF四个等级。

适时更换润滑油是发动机可靠润滑的保证。润滑油在使用过程中，由于污染、氧化等原因，质量会逐渐下降，同时也会有一些消耗，使数量减少，不断向润滑系中添加一些新油，只能弥补数量上的不足，而不能完全补偿润滑油性能的损失。随着时间的延长，润滑油的性能会变得越来越差，以致给发动机带来严重影响。如使发动机内沉积物急剧增多，其动力性能将下降，产生零件早期磨损，最终导致功能故障的产生。为了确保发动机长期正常运行，降低磨损，则必须按规定及时更换润滑油。

（2）齿轮油

①要求：具有良好的油性（黏附性）和极压抗磨性（在齿面接触压力极高及滑动速度高的条件下能形成坚固油膜的能力），这些都取决于所加入的添加剂。

②分类:根据我国车辆齿轮油的组成特性和作用要求分为 CLC 普通车辆齿轮油、CLD 中负荷车辆齿轮油、CLE 重负荷车轮齿轮油 3 个品种,分别相当于 API 分类的 GL-3、GL-4、GL-5。其中,CLC 用于手动变速器、螺旋伞齿轮的驱动桥。CLD 用于手动变速器、螺旋伞齿轮使用条件不太苛刻的准双曲面齿轮的驱动桥。CLE 用于使用条件苛刻的准双曲面齿轮及其他条件齿轮的驱动桥。

车辆齿轮油按 100℃运动黏度和表观黏度为 150 000mPa · s 时最高使用温度规定,分为 75W、75W/90、80W/90、85W/90、90、85W/140 和 140 七个黏度等级(牌号)。

③选用:车辆齿轮油的选用原则主要根据驱动桥类型、工况条件、负荷及速度等确定油品使用的质量等级,根据最低环境使用温度和传动装置最高操作温度来确定油品黏度等级。

一般情况下,螺旋伞齿轮驱动选用 GL-3;中等速度和负荷的单级准双曲面齿轮,齿面平均接触应力在 1 500MPa 以下,选用 GL-4 或 GL-5 车辆齿轮油;高速重载双曲线齿轮、齿面接触应力高达 2 000 ~ 4 000MPa,滑动速度为 10m/s,必须选用 GL-5 车辆齿轮油。

原则上,在气温低、负荷小的条件下,可选用黏度较小的车辆齿轮油;在气温较高、负荷较大的条件下,可选用黏度较大的油品。在环境温度不低于 0℃的地区,可选 90,85W/140;在环境温度不低于 -20℃的地区,可选用 85W/90,85W/140;在环境温度不低于 -35℃的地区,须选用 80W/90;在环境温度达到 -45℃的地区,须选用 75W。

(3)润滑脂

①润滑脂:由润滑油、稠化剂和添加剂组合而成。

②工作条件:摩擦部位难以密封,低速、重负荷、冲击力较大。

③分类与选用:钙基质润滑脂:使用温度为 70 ~ 80℃;锂基质润滑脂(工作温度、速度、环境潮湿或水分)使用温度超过 100℃。

3. 制动液和液压油

(1)制动液

①工作要求:流动性好、高沸点(不产生气阻)、安定性好(寿命长)、不腐蚀橡胶制品。

②种类:醇型(植物油 + 酒精)、合成型(719、746)、矿物油型(有溶胀橡胶的作用)。

③选用:不同型号不能混用,不能混入水,并防火,按规定添加或更换。

(2)液压油

①要求:抗乳化性、泡沫性、清洁好和黏温性、润滑、抗氧化性好。

②分类与牌号:分为机械油、汽轮机油、普通液压油和专用液压油(抗磨、低凝等)。牌号如 L-HM-22(类别—品种—黏度等级)。

(3)液压油选用:施工机械使用的液压油多为 L-HM-46 抗磨液压油,选用液压油应根据机械制造厂家的机械使用说明书的规定牌号选用,两种类型的液压油不能混加。

思考题

1. 筑路机械基本组成有哪些?

2. 筑路机械传动系类型及组成是什么?

3. 钢的分类方法有哪些?

4. 筑路机械常用润滑油名称和规格是什么?

课题七　沥青混凝土摊铺机基本组成及工作原理

学习目标

本课题的学习内容是沥青混凝土摊铺机的基本组成及其基本工作原理。

知识要求

掌握柴油发动机工作原理和基本组成；掌握沥青混凝土摊铺机的基本组成和基本工作原理。

模块一　柴油发动机工作原理

1.单缸四行程柴油机基本组成及运动特点

发动机是一种将燃料的化学能换变为机械能的动力装置，主要由汽缸体、汽缸、活塞、连杆和曲轴、汽缸盖、进排气机构、燃油供给系统所组成。通过活塞在汽缸内上下运动，连杆和曲轴将活塞的往复运动变为旋转运动。汽缸上端由汽缸盖封闭，汽缸盖上安装有进、排气门和喷油器，曲轴一端装有飞轮，见图2-1-101。

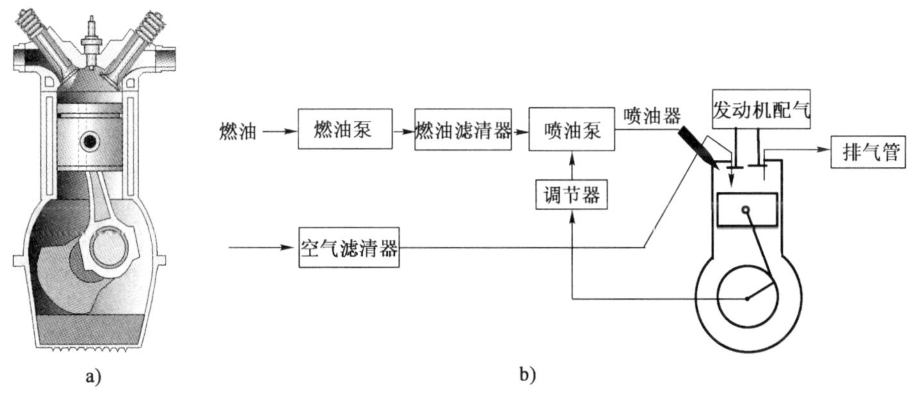

2-1-101　单缸柴油发动机示意图

2.发动机技术名词(图2-1-102、表2-1-14)

发动机技术名词　　表2-1-14

止点	冲程	汽缸工作容积、压缩容积、压缩比	曲轴转角	发动机排量
活塞运动的折返点，分为上止点(OT)和下止点(UT)	活塞从上止点到下止点之间的距离	汽缸工作容积是上止点和下止点间的容积； 压缩容积是上止点以上的容积； 压缩比是汽缸工作容积+压缩容积/压缩容积	曲轴转角是以“度”来描述曲轴轴颈相对上止点和下止点的位置	发动机排量是汽缸工作容积×缸数

3.柴油机工作原理(表 2-1-15)

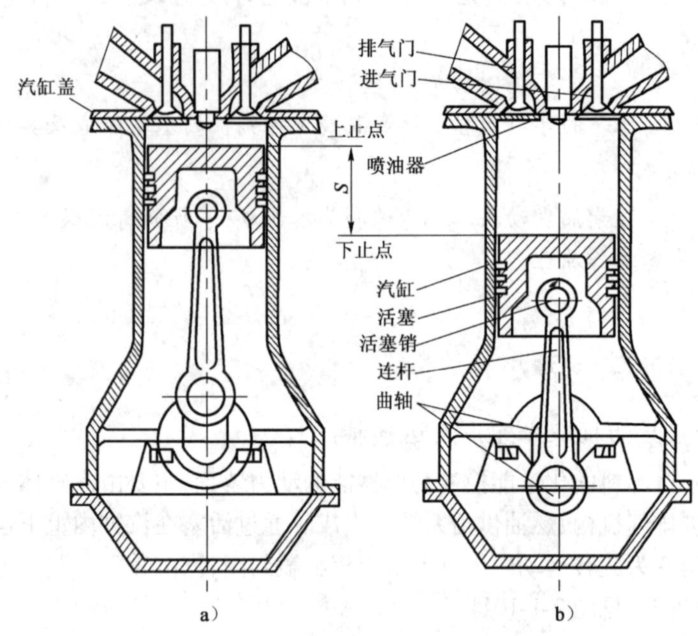

图 2-1-102　单缸发动机结构示意图

柴油机工作原理　　表 2-1-15

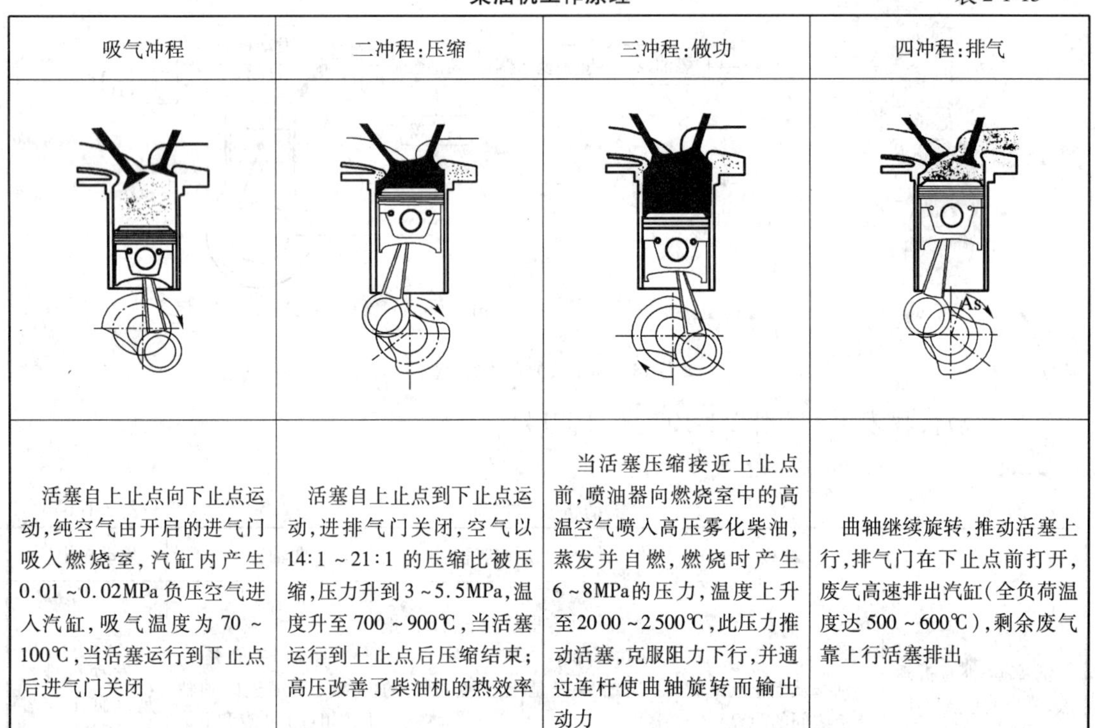

吸气冲程	二冲程:压缩	三冲程:做功	四冲程:排气
活塞自上止点向下止点运动,纯空气由开启的进气门吸入燃烧室,汽缸内产生0.01~0.02MPa负压空气进入汽缸,吸气温度为70~100℃,当活塞运行到下止点后进气门关闭	活塞自上止点到下止点运动,进排气门关闭,空气以14:1~21:1的压缩比被压缩,压力升到3~5.5MPa,温度升至700~900℃,当活塞运行到上止点后压缩结束;高压改善了柴油机的热效率	当活塞压缩接近上止点前,喷油器向燃烧室中的高温空气喷入高压雾化柴油,蒸发并自燃,燃烧时产生6~8MPa的压力,温度上升至2000~2500℃,此压力推动活塞,克服阻力下行,并通过连杆使曲轴旋转而输出动力	曲轴继续旋转,推动活塞上行,排气门在下止点前打开,废气高速排出汽缸(全负荷温度达500~600℃),剩余废气靠上行活塞排出

4.多缸柴油机的组成及工作过程

因为单缸发动机曲轴转两圈才有一个做功冲程,所以发动机运转不平稳,为了获得更大的功率就要有更多缸的发动机。多缸柴油机一般由机体和曲柄连杆机构、配气机构、燃油供给系、润滑系、冷却系、电源起动系两大机构四大系统所组成。图 2-1-103 所示为直列四缸四行冲程发动机。

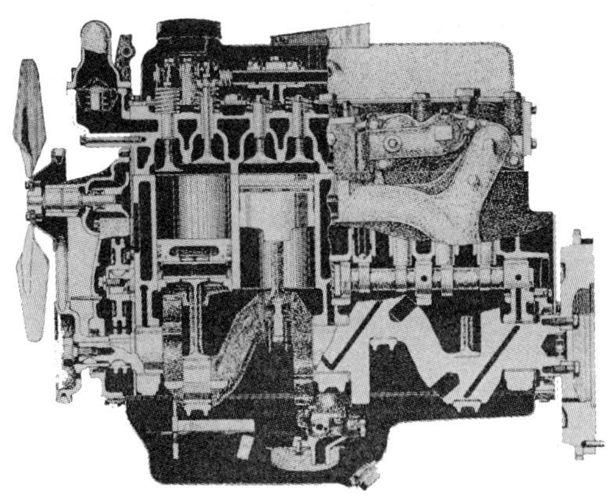

图 2-1-103　直列四缸四行冲程发动机

多缸发动机各缸的做功冲程均匀分配在曲轴旋转的两周内,图 2-1-104 所示直列六缸柴油机的各缸的做功顺序是 1—5—3—6—2—4,基本保证每隔 120°有一缸做功;图 2-1-105 所示的直列四缸柴油机的各缸的做功顺序是 1—3—4—2,基本保证每隔 180°有一缸做功,所以,多缸发动机运转平稳,输出功率大。

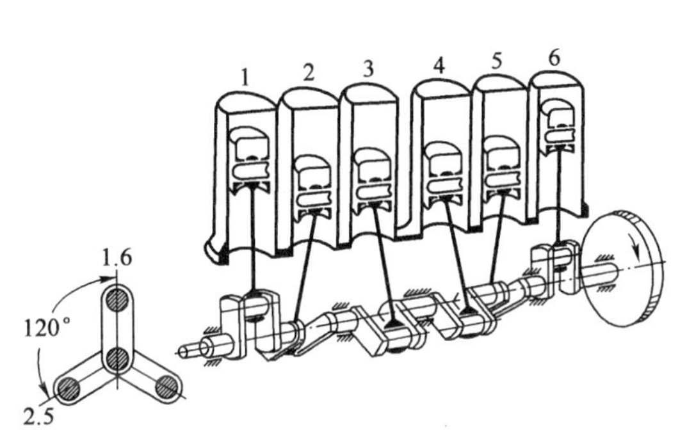

图 2-1-104　直列六缸四行冲程柴油机做功次序示意图

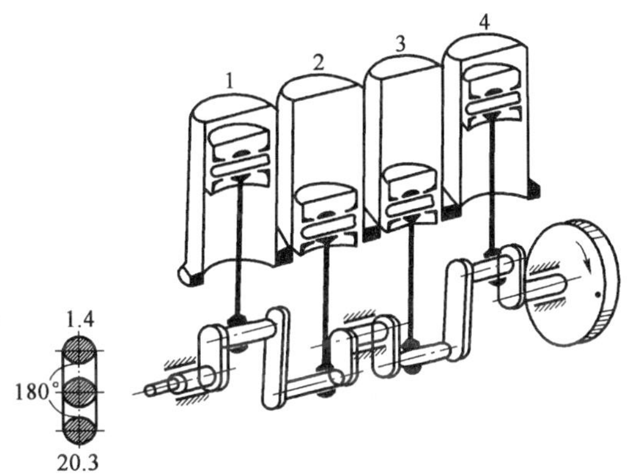

图 2-1-105　直列四缸四行程发动机做功顺序简图

模块二　柴油机的基本组成

1. 曲柄连杆机构功用与组成

(1)功用:将活塞的直线往复运动变成曲轴的旋转运动,使燃气压力转变为扭矩输出做功。

(2)组成:曲轴飞轮组(曲轴、飞轮、扭转减振器、皮带轮、正时齿轮等)、活塞连杆组(活塞、连杆、活塞销、连杆螺栓、活塞环),见图 2-1-106。

2. 配气机构的功用与组成

(1)功用:定时开启和关闭进、排气门,保证换气和连续工作,见图 2-1-107。

(2)组成:气门组(气门、弹簧、弹簧座和锁块、气门杆油封)和气门传动组(正时齿轮、凸轮轴、挺杆和推杆、摇臂轴和摇臂及调整螺栓),见图 2-1-108。

(3)进排气系统组成:空气滤清(干式双芯)、废气涡轮增压器(额定工况下废气叶轮转速达 110 000r/min)、中冷器(冷却进入空气的温度)、进气阻力报警器、进排气歧管、消声器。废气涡轮增压器(图 2-1-109)的功用:提高进气压力,增加进气量,提高柴油机功率。

3. 燃油供给系的功用与组成

(1)功用:按时、按量将高压柴油喷入汽缸。

(2)组成:油箱、输油泵(膜片式和柱塞式,由凸轮驱动)、滤清器(旋装式和双级串联式)、直列柱塞式喷油泵(图2-1-111)(VE分配式喷油泵或PT泵)、喷油器(采用孔针式,标准喷油压力为24.5～25.3MPa)、输油管、调速器(根据外界负荷变化,能自动调节供油量,使柴油机能稳定运转),如图2-1-110所示。

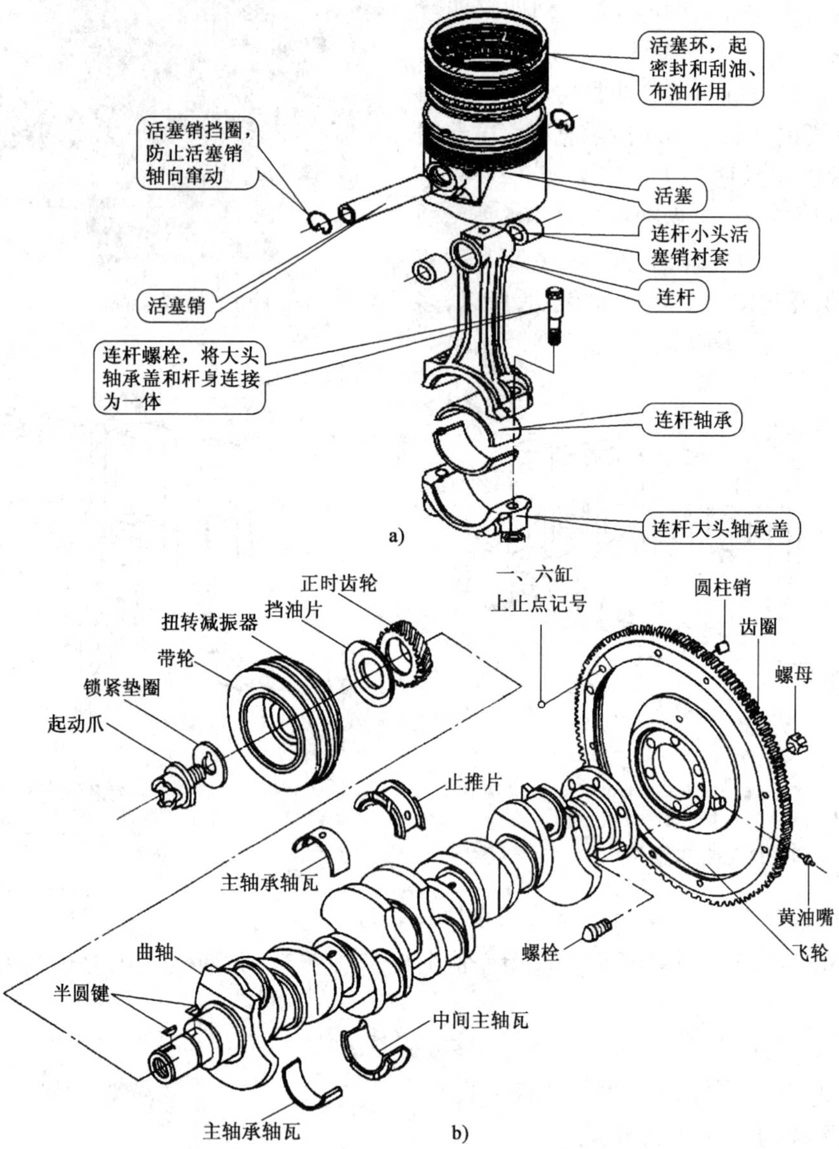

图2-1-106　曲柄连杆机构

4. 润滑系的功能与组成

(1)功用:润滑、散热、清洁和密封。

(2)组成:机油盘、机油泵、滤清器(过滤式和离心式)、机油散热器、机油节温器、机油压力调节器(压力不超过0.5MPa)。

(3)特点:压力循环与飞溅式润滑。

润滑系的工作原理如图2-1-112所示。

5. 冷却系的功能与组成

(1)功能:吸收热量散发至大气中,保持柴油机能在适宜的温度状态下连续工作。

摇臂
摇臂轴
支座
推杆
挺杆
凸轮轴
弹簧座
气门锁夹
气门弹簧
气门导管
气门
a)
b)

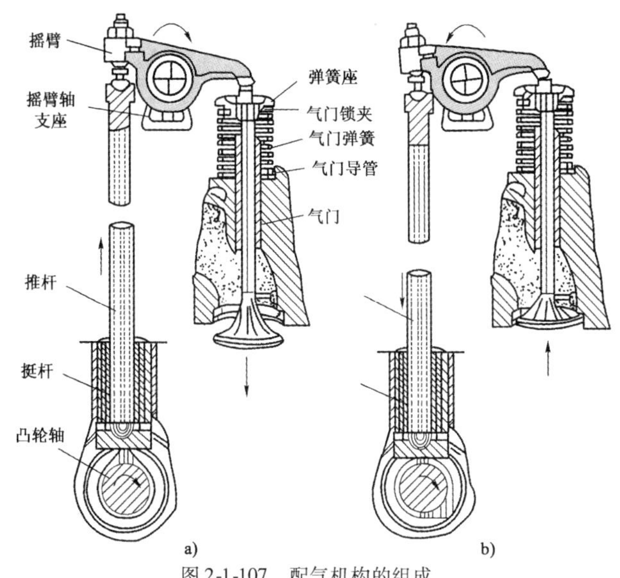

图 2-1-107　配气机构的组成

a)气门开启;b)气门关闭

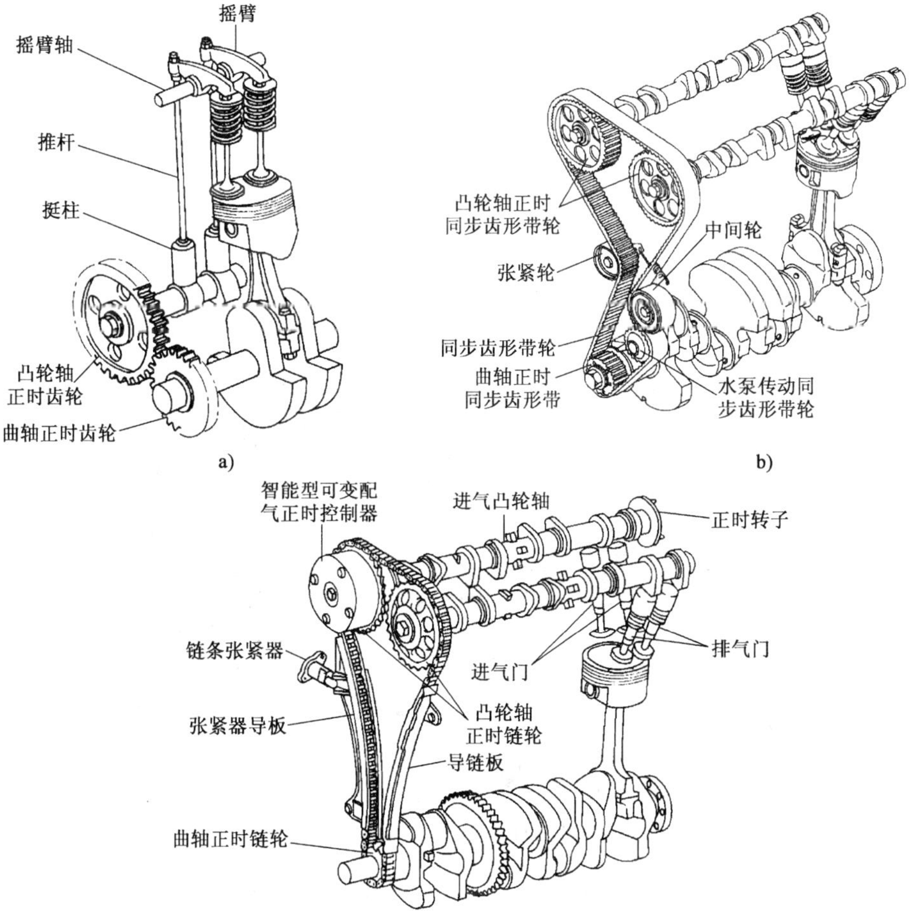

摇臂
摇臂轴
推杆
挺柱
凸轮轴
正时齿轮
曲轴正时齿轮
a)
凸轮轴正时
同步齿形带轮
中间轮
张紧轮
同步齿形带轮
曲轴正时
同步齿形带
水泵传动同
步齿形带轮
b)
智能型可变配
气正时控制器
进气凸轮轴
正时转子
链条张紧器
排气门
进气门
张紧器导板
凸轮轴
正时链轮
导链板
曲轴正时链轮
c)

图 2-1-108　配气机构

a)齿轮传动式;b)皮带传动式;c)链传动式

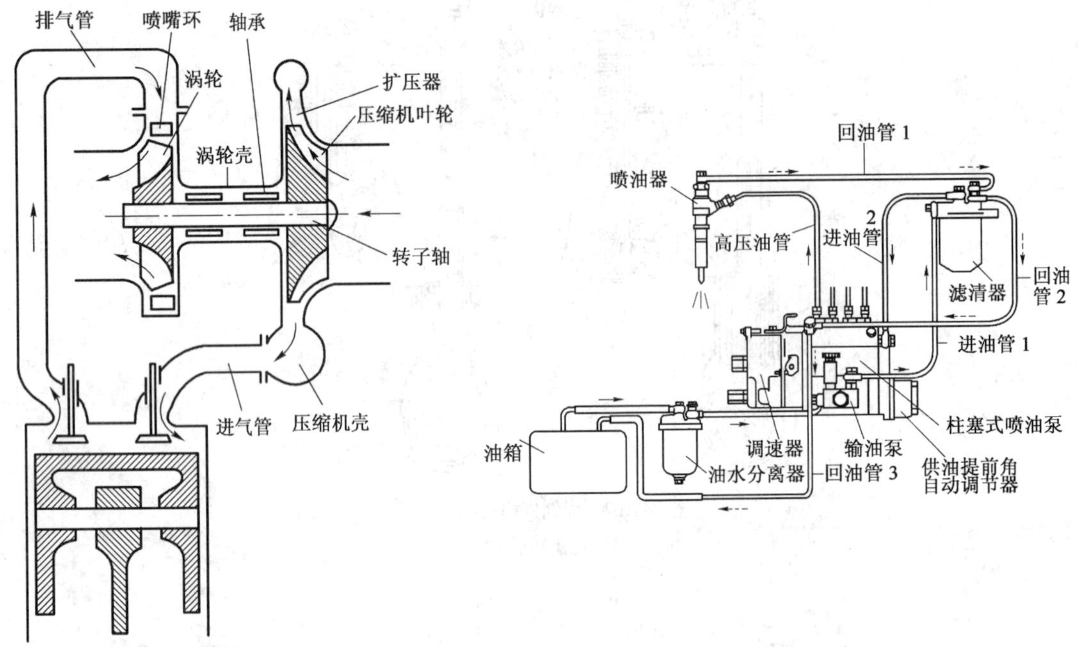

图 2-1-109　废气涡轮增压器工作原理

图 2-1-110　柴油机燃油供给系组成

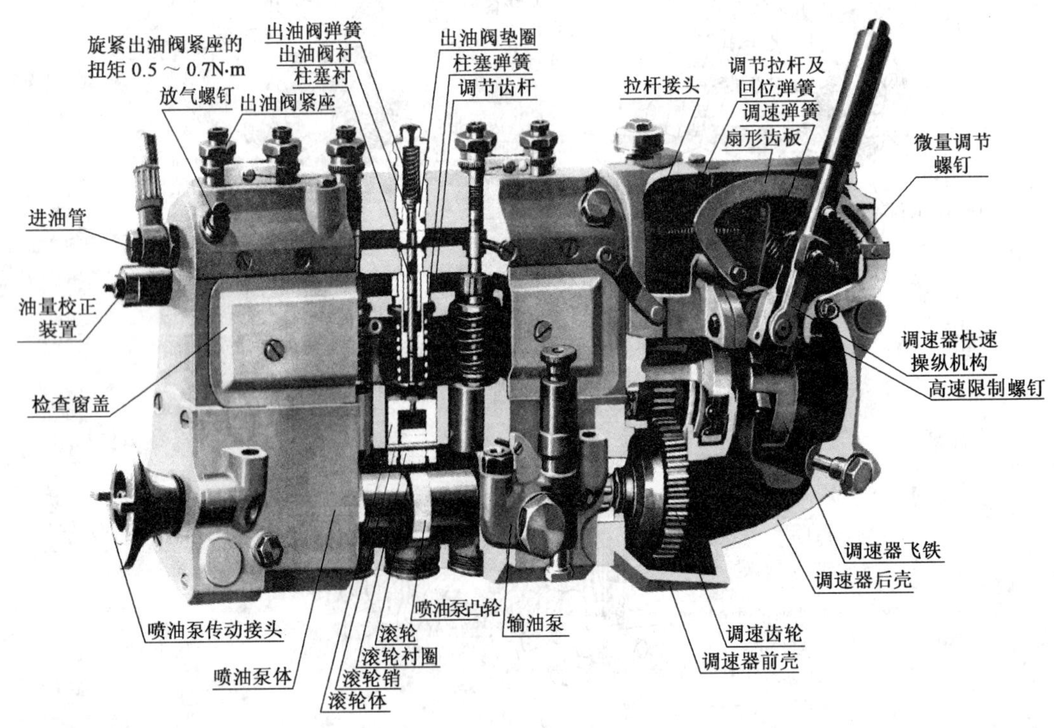

图 2-1-111　直列柱塞式喷油泵

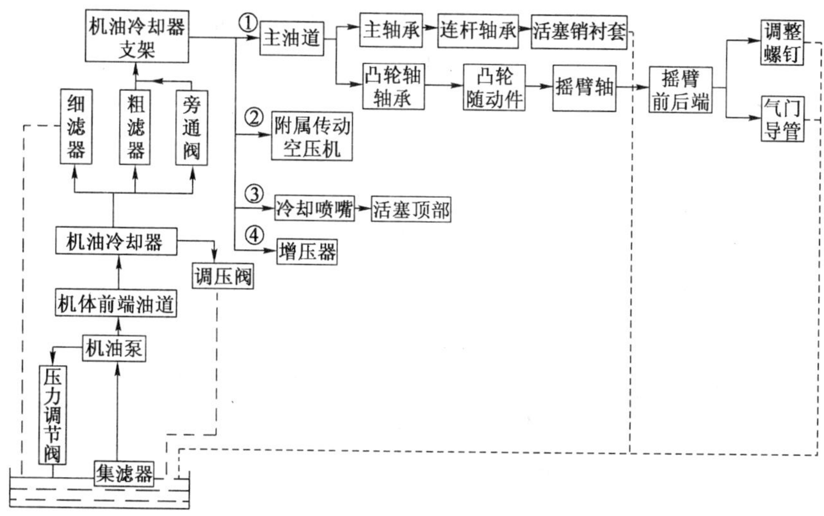

a)

b)

图 2-1-112　润滑系工作原理

(2)组成:水泵(单级蜗壳离心式)、节温器(蜡式)、散热器、风扇(吸风轴流式)及水滤器(抑制和防止水垢及沉淀物堆积)等。

(3)特点:采用封闭式强制循环冷却系统,正常工作温度在90℃以下。

(4)类型:风冷(图2-1-114)和水冷(图2-1-113)。

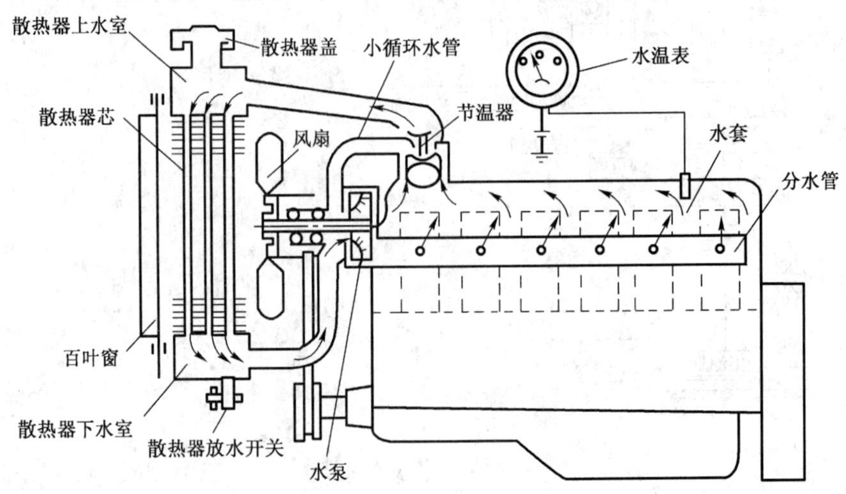

图2-1-113 水冷却系工作原理

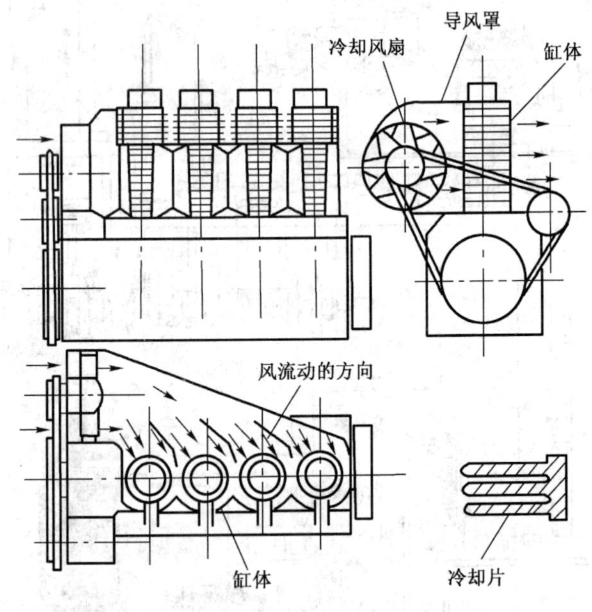

图2-1-114 风冷却系工作原理

6. 电源起动电系的功用与组成

(1)起动系统的作用:带动静止状态下的发动机旋转,使发动机曲轴转速达到启动所必需的转速。

(2)电源系的作用:实现蓄电池与发电机给用电设备供电。

(3)组成:蓄电池、起动机、发动机、电压调节器、开关、电流表、连接导线,见图2-1-115。

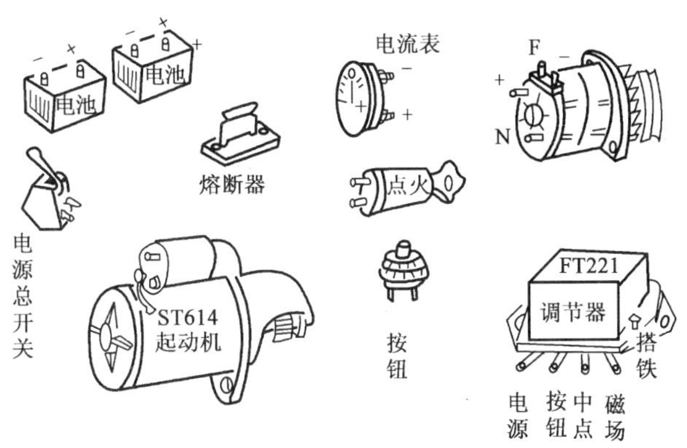

图 2-1-115　起动电源系组成

模块三　沥青混凝土摊铺机的基本组成与工作原理

1. 沥青混凝土摊铺机用途及基本组成

(1)用途

沥青混凝土摊铺机是用于铺筑沥青混合料的主要专用机械,它将拌制好的沥青混合料均匀地摊铺在路面层上,并保证摊铺层的宽度、厚度、拱度、平整度和密实度符合施工技术要求。为满足高速公路路面施工技术要求,现代沥青混凝土摊铺机多采用全液压传动和电液比例自动控制,其结构复杂,功能多样,作业精度高。

(2)类型

沥青摊铺机按摊铺宽度,可分小型、中型、大型、超大型;按行走方式,分为轮胎式(图 2-1-117)和履带式(图 2-1-116);按熨平板的延长方式,分为机械加长式和液压伸缩式;按熨平板加热方式,分为电加热式和燃气加热式;按摊铺预压密实度,分为标准型(预压密实度最高达 85%)和高密度型(预压密实度最高达 90%)。

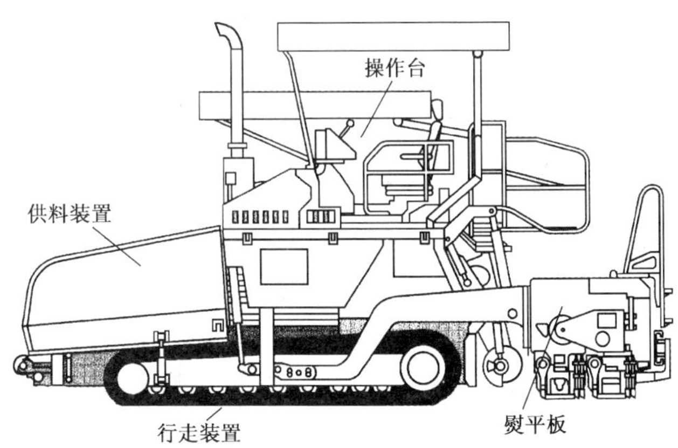

图 2-1-116　履带式沥青混凝土摊铺机

(3)技术特点

为满足高速公路路面施工技术要求,现代沥青混凝土摊铺机多采用全液压传动和电液比例自动控制技术,其结构复杂,功能多样,作业精度高。

例如,ABG423 型沥青混凝土摊铺机,发动机驱动着 9 个液压泵,液压泵分别驱动着 3 对液压缸和 8 个液压马达,以实现行走速度与转向控制、供料速度控制、料斗倾翻控制、熨平板升降与自动调平控制、熨平板的延伸、振捣器捣实控制、振动器振动控制,见图 2-1-118。

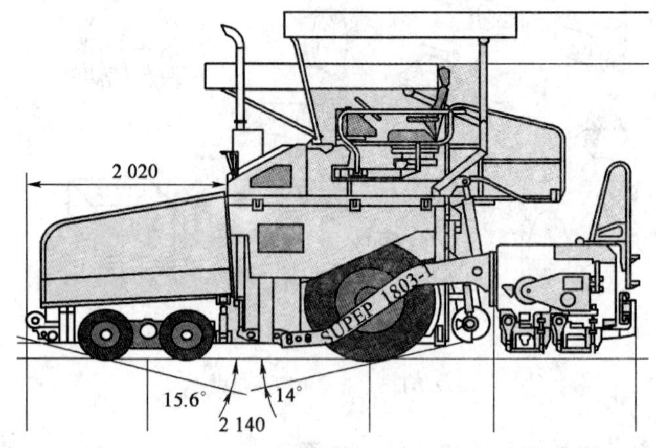

图 2-1-117　轮胎式沥青混凝土摊铺机

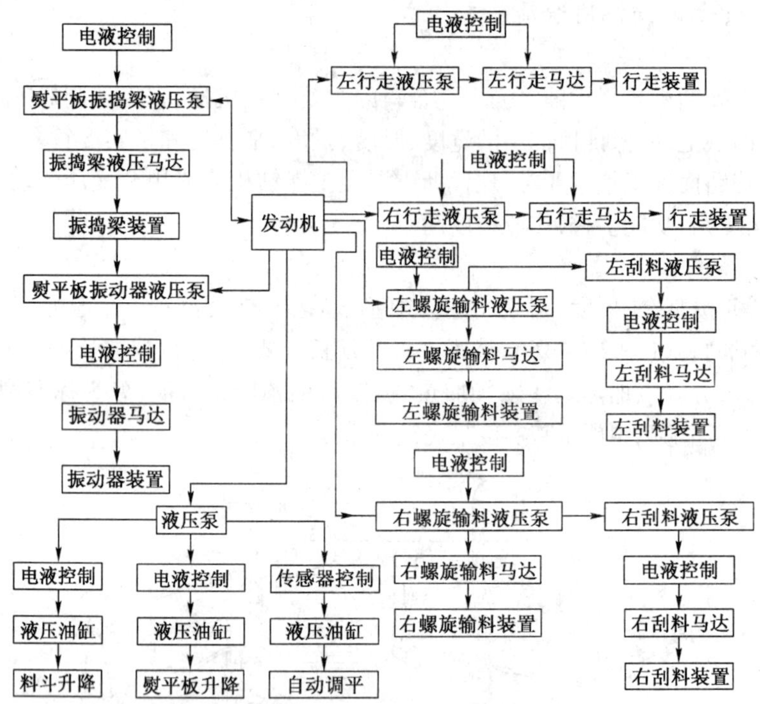

图 2-1-118　ABG423 沥青混凝土摊铺机液压传动系统框图

(4)基本组成

沥青混凝土摊铺机由车架、动力与动力分配系统、电液控制行走装置、电液控制供料装置(料斗、左右刮板输送器、左右螺旋分料器)、工作装置(熨平板、拱度调节、振捣器、振动器、加热系统、伸缩导向装置)和控制系统组成。

(5)作业过程

运料自卸车将沥青混合料倒入料斗,实现料斗连续受料;刮板输送器将料斗内的沥青混合料向后输送到螺旋布料器前的通道内,实现输料;螺旋分料器将混合料向左右两侧沿摊铺宽度横向输送摊铺在路基上,实现分料;行走装置通过牵引大臂使熨平板随整机行走,沥青混凝土经振捣器初步捣实,再经熨平板对其进行整形、振实、熨平,如图 2-1-119 所示。

2. 现代沥青混凝土摊铺机主要技术性能和技术参数

操作者应掌握所驾驶机械的技术性能和技术参数，以便能更合理地使用和发挥机械各种先进功能，提高施工质量和效率。例如表 2-1-16 所示为徐工 RP1251 型沥青混凝土摊铺机的主要技术性能和技术参数。

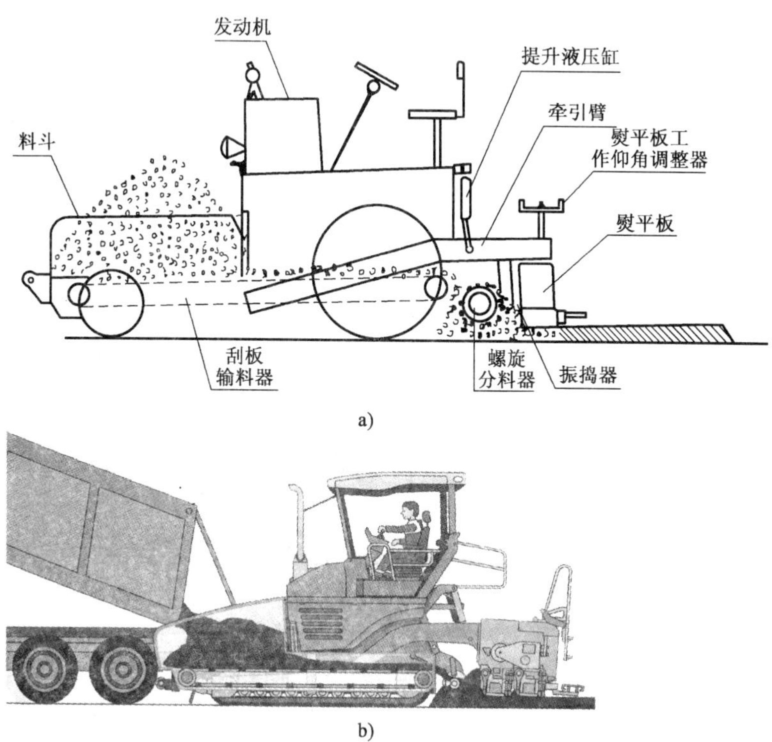

图 2-1-119　沥青混凝土摊铺机作业过程简图

徐工 RP1251 型沥青混凝土摊铺机主要性能和技术参数　　表 2-1-16

<table>
<tr><th colspan="2">主要技术参数</th><th>主要技术性能</th></tr>
<tr><td>基本摊铺宽度</td><td>3m</td><td rowspan="15">（1）行驶左右独立驱动，微电脑控制，摊铺速度采用恒速自动控制技术；
（2）左右输分料采用四套独立的全液压闭式传动，料位采用超声波传感控制技术，实现全比例均匀供料；
（3）左右分料装置可方便地上下移动，以适应不同的摊铺厚度，减少材料离析；
（4）电子自动找平技术，双振捣偏心振动；
（5）集中的润滑系可自动均匀地向各高温部位轴承供油</td></tr>
<tr><td>最大摊铺宽度</td><td>12.5m</td></tr>
<tr><td>最大摊铺厚度</td><td>350mm</td></tr>
<tr><td>摊铺工作速度</td><td>0 ~ 18m/min</td></tr>
<tr><td>行驶速度</td><td>0 ~ 3.5km/h</td></tr>
<tr><td>料斗容量和理论生产率</td><td>14t，800t/h</td></tr>
<tr><td>整机质量</td><td>22 ~ 32t</td></tr>
<tr><td>平整度</td><td>2mm/3m</td></tr>
<tr><td>横坡误差</td><td>±0.02%</td></tr>
<tr><td>振捣梁振捣频率和振幅</td><td>0 ~ 50Hz，3 ~ 9mm</td></tr>
<tr><td>熨平板振动频率和拱度调节</td><td>68 ~ 71Hz，0 ~ 3%</td></tr>
<tr><td>熨平板加热方式</td><td>电加热</td></tr>
<tr><td>熨平板形式</td><td>TP_1（装备夯锤及 1 个压力梁）</td></tr>
<tr><td>熨平板加长形式</td><td>SB 机械加长式</td></tr>
<tr><td>发动机型号与功率</td><td>道依次 TCD2012L062V
142kW/2 000r/min</td></tr>
</table>

3. 沥青混凝土摊铺机供料系统的功用与组成

(1)功用:将接收料斗内的沥青混合料向后输送到螺旋布料器前的通道内,然后再将这些混合料向左右两侧沿摊铺宽度横向输送摊铺在路基上,并通过自动控制系统实现与摊铺速度相匹配的全比例均匀供料。

(2)组成:料斗、左右刮板输送器、左右螺旋布料器、驱动与控制系统,见图 2-1-120。

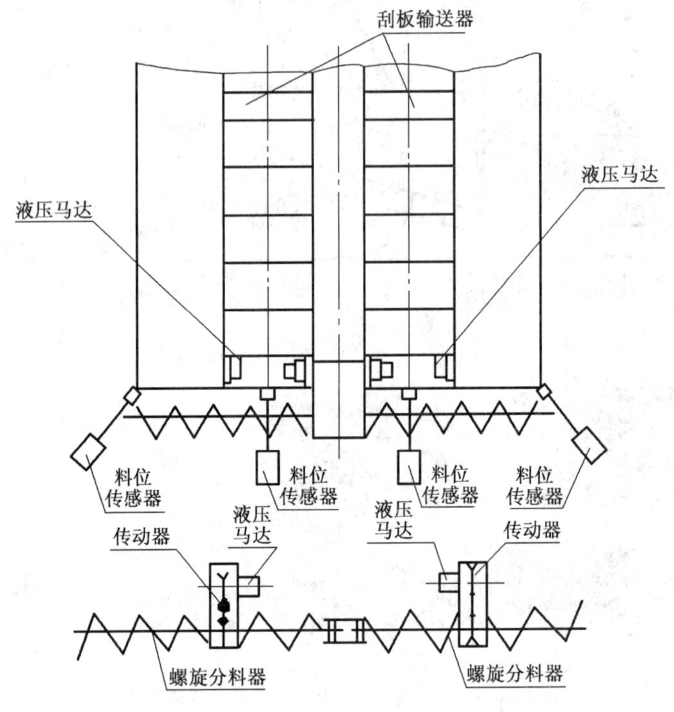

图 2-1-120 沥青混凝土摊铺机供料系统组成

(3)技术特点:左右刮板输送器与左右螺旋布料器采用 4 套独立的全液压闭式传动,可实现分别独立手动操作,也可实现自动操作。供料速度控制系统采用超声波传感控制技术,通过检测熨平板挡板前混合料数量,控制刮板输送器和螺旋分料器的驱动液压马达,使其相应地增加或减小驱动转速,实现同摊铺速度相适应的均匀、稳定、连续供料,见图 2-1-121。

4. 沥青混凝土摊铺机熨平板与预压实装置的功用与组成

(1)功用:熨平板通过牵引大臂与车架铰接,摊铺机作业时,主机牵引着熨平板像滑雪板一样沿混合料表面滑行,熨平板重力和牵引大臂部分重力压在沥青混合料上,经振捣器对沥青混合料初步捣实,熨平板对沥青混合料铺层进行整形、振动振捣压实、熨平。图 2-1-122 所示为沥青混凝土摊铺机熨平板工作示意图。

(2)组成:牵引大臂、牵引大臂与车架铰接点位置的高低调节装置、铺层厚度调节装置、拱度调节装置、熨平板、振动与捣实装置、熨平板伸缩导向装置、熨平板提升装置、熨平板加热装置。

熨平板可配置装有振动器、振捣与振动器、振捣与单压力梁、振捣与双压力梁 4 种预压实装置,见图 2-1-123。

(3)熨平板振动与振捣装置液压传动系统组成如图 2-1-124 所示。

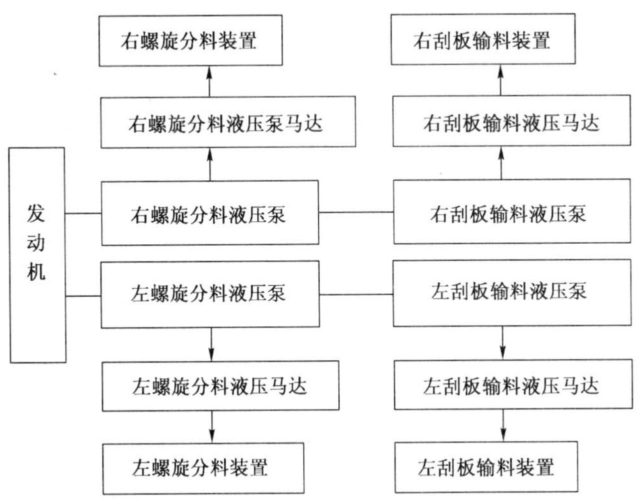

图 2-1-121　沥青混凝土摊铺机供料装置液压传动路线框图

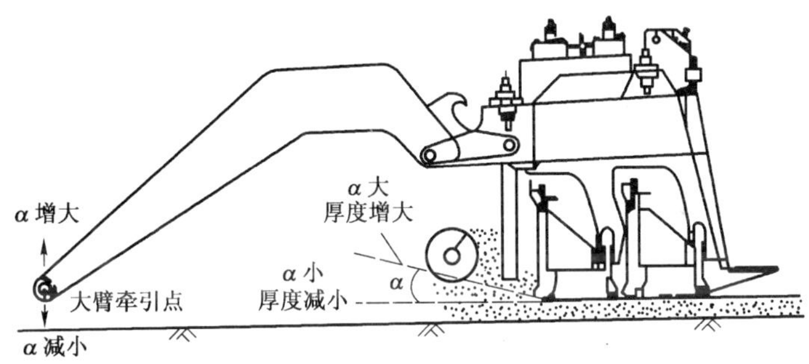

图 2-1-122　沥青混凝土摊铺机熨平板工作示意图

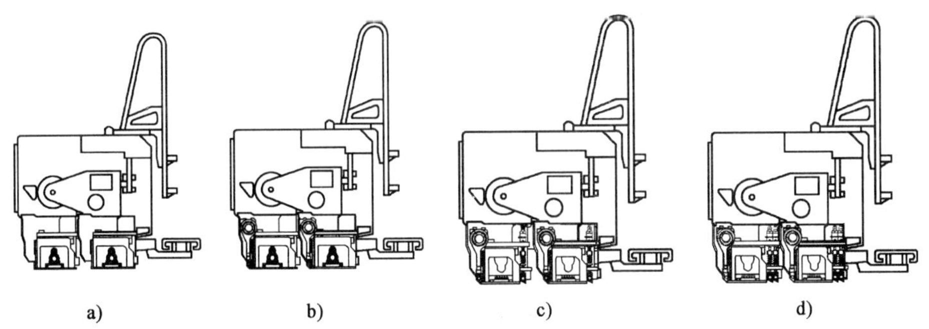

图 2-1-123　沥青混凝土摊铺机熨平板预压实装置结构图

a）装有振动器；b）装有振捣与振动器；c）装有振捣与单压力梁；d）装有振捣与双压力梁

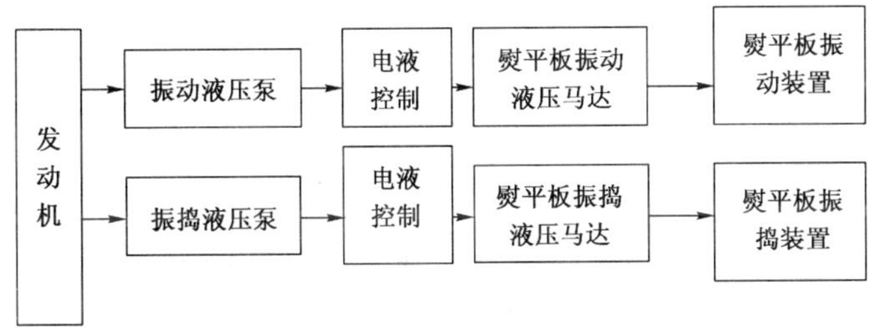

图 2-1-124　沥青混凝土摊铺机熨平板振动与振捣装置液压传动路线框图

5. 熨平板摊铺工作原理

(1)熨平板工作机理

熨平装置通过左右牵引大臂,并借助于液压油缸铰接于主机车架两侧。熨平装置可绕牵引铰接处上下摆动。当牵引点和摊铺厚度调节螺杆在固定位置时,工作装置是一个刚性系统,并与运动方向构成一固定的工作仰角。当外界条件不变,此刚性系统处于平衡状态时,摊铺层厚度不变。当外界因素变化,平衡状态被破坏时,摊铺层厚度将发生变化,如图 2-1-125 所示。

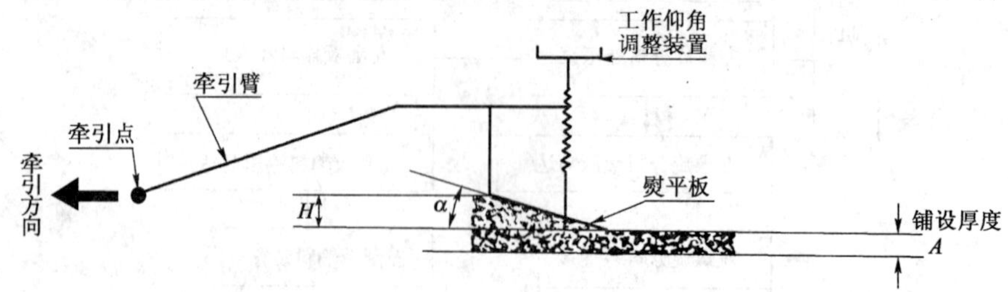

图 2-1-125　沥青混凝土机摊铺层厚度调整装置示意图

(2)熨平板工作仰角

熨平板平面与水平面之间的夹角,其大小与牵引点的位置及摊铺厚度预调装置调节有关。工作仰角大,则摊铺厚度增大;反之,则减小。

(3)引起摊铺层厚度变化因素

引起摊铺层厚度变化的主要因素有人为调节仰角的大小、牵引速度的改变、行驶阻力的变化、供料速度、路基不平整度使牵引铰接点的位置变化、热混合料的温度与级配。

6. 沥青混凝土摊铺机自动调平装置的功用与组成

(1)功用:使熨平板不受外界条件的干扰,始终保持平行于纵、横基准而运行,使摊铺路面获得平顺的纵坡、规定的横断面和平整度。

(2)组成:纵坡传感器和电子控制器、横坡传感器和电子控制器、电磁换向阀、调平液压油缸和控制系统见图 2-1-126。

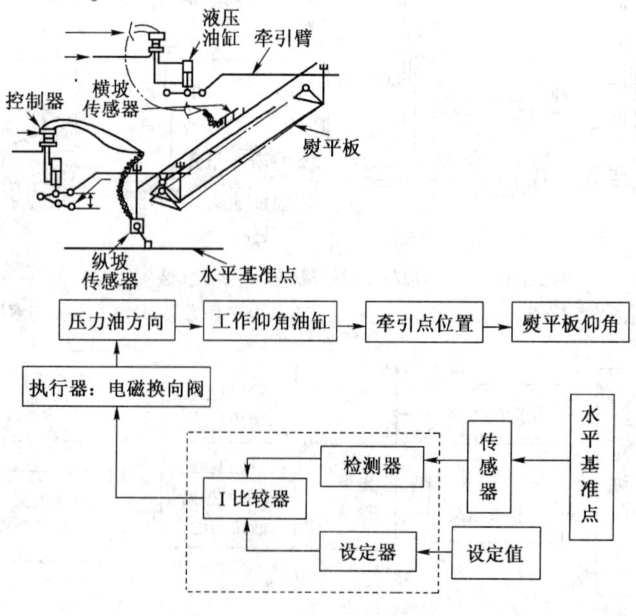

图 2-1-126　沥青混凝土摊铺机自动调平装置组成

(3)工作过程：

①纵坡传感器检测出机械因路基不平而离开基准平面的偏差，纵坡控制器接收到这个偏差信号后进行一系列的放大、比较、处理，并发出脉冲调节信号作用于相应的电磁阀，使其控制大臂升降油缸，使油缸做微量的升降运动，使熨平板回复到基准平面附近。调节脉冲信号的占空比随着传感器相对基准线的偏差大小而改变。

②横坡传感器检测熨平板横向斜度，控制器输出脉冲信号控制另一侧大臂油缸的升降运动，从而使摊铺路面保持期望的横向坡度。

(4)自动调平装置类型。摊铺机在摊铺过程中，为了提高路面的平整度，一般都装有自动找平装置。自动找平系统经历了由接触式到非接触式、模拟式到数字式的发展过程。第一代自动找平装置以接触传感器直接与基准钢丝绳接触进行检测，控制器采用模拟控制。第二代自动找平装置采用浮动平衡梁非接触式多探头超声波找平控制系统。第三代自动找平装置采用了非接触式激光扫描找平或多点声纳数字找平控制系统。

7. 沥青混凝土摊铺机行走装置的功用与组成

(1)功用：牵引主机行驶，并实现匀速直线行驶、倒退、转向、高速小扭矩转场地行驶、低速大扭矩作业行驶。

(2)组成：行走系统、液压驱动系统(左右液压泵、左右液压马达、左右转速传感器、电子控制器、比例电磁阀)，如图 2-1-127 所示。

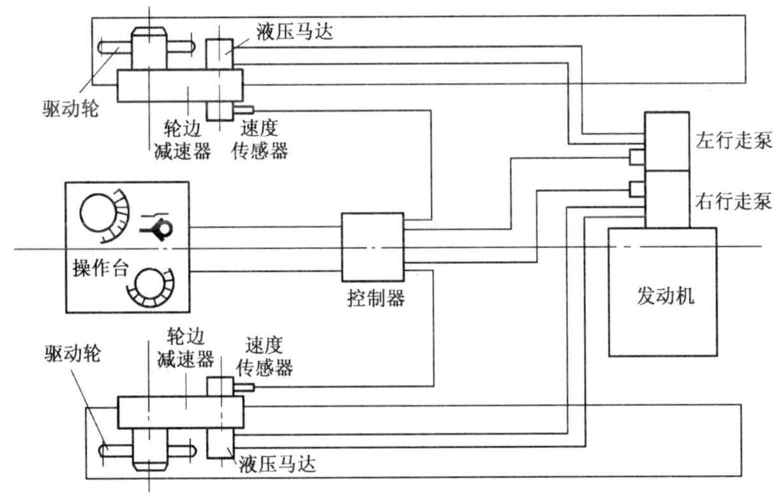

图 2-1-127　沥青混凝土摊铺机行走传动系统组成

图 2-1-128 所示为沥青混凝土摊铺机行走液压传动路线框图。

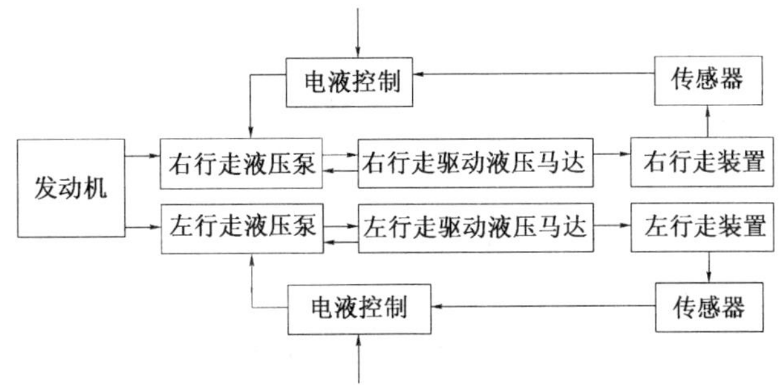

图 2-1-128　沥青混凝土摊铺机行走液压传动路线框图

(3)行走过程

①行走条件:打开电源—发动机运转—紧急停止按钮关闭—设定行走速度—操作前进或后退杆。

②改变行驶模式:直线行驶与转向、作业行驶与转场行驶、自动行驶与手动行驶。

③基本工作原理:输入给电液伺服阀电流 I—电液伺服阀阀芯位移 S—控制油压力 P 进入液压泵变量油缸—变量泵斜盘倾角 β 变化—液压泵输出流量 Q 变化—液压马达转速 n 变化—液压马达驱动驱动轮。

8. 沥青混凝土摊铺机的基本操作与施工作业方法

(1)基本操作

①手动控制。当选择手动控制时,行走、供料、振捣、熨平板等装置均可实现独立操作。

②全自动控制。当选择全自动控制时,将行走操纵杆推向前进运动位置时,则刮板输送器、螺旋输送器、振捣器、振动器就处于同步运动状态,熨平装置可控制油缸自动处于浮动状态;当行走操纵杆处于停止位置时,上述运动装置也可同步停止运动。图 2-1-129 所示为沥青混凝土摊铺机操作控制台。

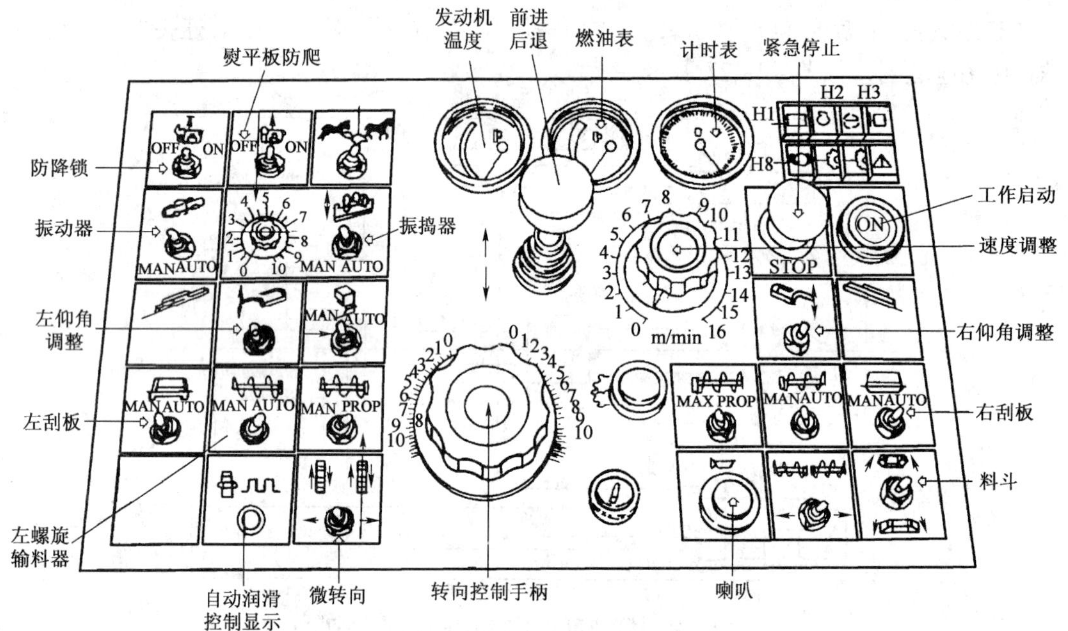

图 2-1-129 沥青混凝土摊铺机操作控制台

(2)行驶操作(表 2-1-17)

行驶操作说明表

表 2-1-17

功 能	操 作 部 位	实 现 工 况
前进和后退	操作换向杆,比例电磁阀 Y_{11}、Y_{21} 或 Y_{12}、Y_{22} 通电,行驶液压泵正向与反向供油	摊铺机前进和后退行驶控制
行驶速度	操作行驶速度旋钮,调节供给 Y_{11}、Y_{21} 或 Y_{12}、Y_{22} 工作电流的大小,改变泵的排量,实现容积调速	调节行驶速度

续上表

功　　能	操 作 部 位	实 现 工 况
高速小扭矩与低速大扭矩	操作功能开关，液压马达上的 Y_{03}、Y_{04} 通电，高速小扭矩；断电，低速大扭矩	作业工况与转移场地工况
转向	操作转向旋钮，使供给左右行驶比例电磁阀工作电流不同，实现左右液压泵排量不同——左右液压马达转速不同	使左右行驶产生速度差，实现转向
制动与解除制动	操作紧急按钮或行驶操作杆，Y_{10} 通电解除制动，并建立补油和控制压力；断电，进行制动	自动制动和解除制动
系统油液压力控制	系统压力过高，安全溢流阀 3 或 4 打开	防止过载
补油及控制油液压力控制	溢流阀 7 调定补流压力	防止过载
恒速自动控制	左右驱动轮转速传感器测量转速，并输入给控制器，控制器向左右行驶电磁阀发出修正指令，改变液压泵的输出排量	恒速及直线行驶
手动行驶操作	操作手动与自动切换开关，行驶转换为手动控制	应急情况下使用

(3)作业操作(表 2-1-18)

作业操作说明表　　表 2-1-18

功　　能	操 作 部 位	实 现 工 况
手动操作左右刮板输料装置	操作手动与自动切换开关 S_{13} 或 S_{14}，比例电磁阀 Y_7 或 Y_8 通电，左右刮板输料液压泵供油	左右刮板输料装置运转
自动操作左右刮板输料装置	操作手动与自动切换开关 S_{13} 或 S_{14}，当料位传感器控制开关闭合时，比例电磁阀 Y_7 或 Y_8 通电，左右刮板输料液压泵供油	通过料位传感器自动控制输料装置
手动操作左右螺旋分料装置	将切换开关拨到手动位 Y_{51} 或 Y_{61} 通电，左或右螺旋分料装置工作	实现手动控
自动操作螺旋分料装置	将切换开关拨到自动位，并操作行驶操作杆，由料位传感器—控制器控制 Y_{51}　或 Y_{61} 通电，左或右螺旋分料装置工作	实现自动控制
熨平板振动	前进杆置于前进位，振动开关置于自动位，Y_{11} 通电；振动开关置于手动位，Y_{11} 通电	振动装置工作
熨平板振捣	前进杆置于前进位，振捣开关置于自动位，Y_{23} 通电；振捣开关置于手动位，Y_{23} 通电	振捣装置工作
熨平板升降	前进杆置于前进位 Y_{15}、Y_{16}、Y_{17}、Y_{18}，通电，锁死解除；反之，锁死	熨平板位置锁死与升降
熨平板延伸	操作相应开关，可使右伸或右缩和左伸或右缩电磁通电	熨平板伸缩
熨平板自动调平	前进杆置于前进位，控制开关置于自动位，左右调平液压缸升降电磁阀由调平传感器和控制器控制	熨平板自动调平
熨平板加热	操作加热开关，点火—通气—鼓风机工作，点火后，继续通气—鼓风机工作	熨平板加热

(4)沥青摊铺机的调整与使用

①参数的调整与选用原则：符合施工技术要求，合理操作，正确调整，保证施工质量。

②结构参数调整项目：熨平板宽度、工作仰角、拱度、螺旋分料器长度和高度、摊铺厚度。

③运动参数调整项目：作业速度、振动器和振捣器工作频率及振幅。

④熨平板宽度的组合原则：路面纵缝最少，留好返回路线，避免上下层纵缝重合，尽量避免

纵向接缝位于路中,组合后的熨平板尽量对称于纵轴线,正确组装加长板。

⑤熨平板工作仰角的调整与选用:通过试验段试铺后确定,即一定的作业速度、振捣频率和振幅、混合料性质和温度、供料数量对应着一定的工作角度。

(5)摊铺机的操作程序和方法

①作业前检查:

a. 向接触混合料的零部件表面喷洒轻柴油,并试运转各机构;

b. 检查刮板输送器、料斗、闸门和螺旋输送器的技术状况是否良好,有无黏附沥青混合料;

c. 检查振捣梁的底面及前下部是否磨损过大,行程和运动速度是否恰当,它与熨平板之间的间隙以及离熨平板底面的高度是否合适;

d. 熨平板底面有无磨损、变形和黏附混合料,其加热装置是否良好;

e. 厚度调节器和拱度调节器是否良好;

f. 各部位有无异常振动,检查自动找平装置是否良好。

②熨平板宽度、拱度、摊铺厚度和初始迎角等结构参数的选择:

a. 依据路面幅度、公路等级、机械配套情况、摊铺机最大摊铺宽度、施工组织管理等多方面的因素,确定摊铺宽度,一般采用路面全幅一次摊铺或两次摊铺方法,$n=[B$(路面宽)$-X$(重叠量)$]\div[b$(熨平板宽)$-X$(重叠量)$]$。确定摊铺宽度时应注意,上下铺层的纵向接茬应错开30cm以上。

b. 调整拱度后,可在标尺上读出拱度的绝对值或横坡百分比,并进行试铺校验,必要时再次调整双调拱机构,其前拱的调节量要大于后拱,一般前后拱之差为3~5mm或2~3mm。图2-1-130所示为熨平板拱度调节示意图。

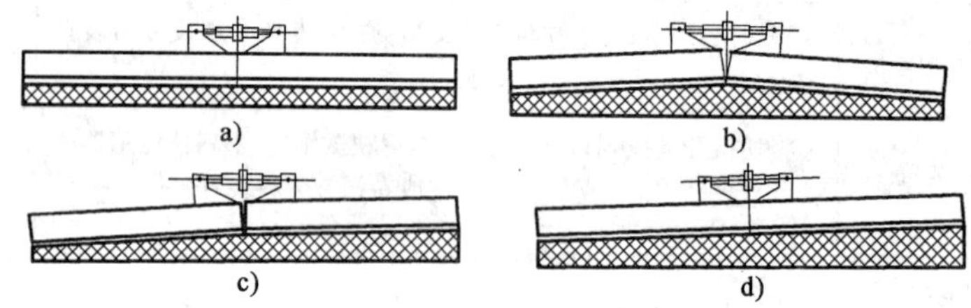

图2-1-130 熨平板拱度调节示意图

a)水平横断面;b)双斜坡横断面;c)单斜坡路拱横断面;d)单坡横断面

c. 摊铺厚度和初始迎角的调整。将摊铺机停置于摊铺带起始点的平整处,每块熨平板中间放一块垫木,垫木厚度为路面厚度乘以碾压余量1.15~1.35,大臂牵引点提升到与垫木厚度对应的高度。垫木放好后,放下熨平板让提升油缸处于浮动状态,然后调整左右厚度调节螺杆,使它们处于微量间隙的中立位置。此时,熨平板以其自重落在垫木上。熨平板放置妥当后,接着调整其初始工作仰角,此仰角视机型、铺层厚度混合料种类和温度等因素不同而异,调节的正确与否,只能通过实际摊铺的厚度去检验,每调整一次必须在5m范围内作多点厚度检验,取其平均值,与设计值比较。具有自动调平装置的摊铺机,在机器结构上可以靠改变熨平板侧臂安装位置来获得有限级的初始工作仰角,每一级初始工作仰角适应一定范围的摊铺厚度。

③螺旋布料器与熨平板前缘距离的调整。此距离变化,会引起熨平板前沿堆料高度的变化,一般摊铺厚度大、矿料粒径大、温度低或发现铺层出现波纹时,则应将距离调大,如图2-1-131所示。

④振捣梁行程的调整。一般情况下,薄层、矿料粒径小宜采用短行程;反之,厚度大、温度低、粒径大宜采用长行程。

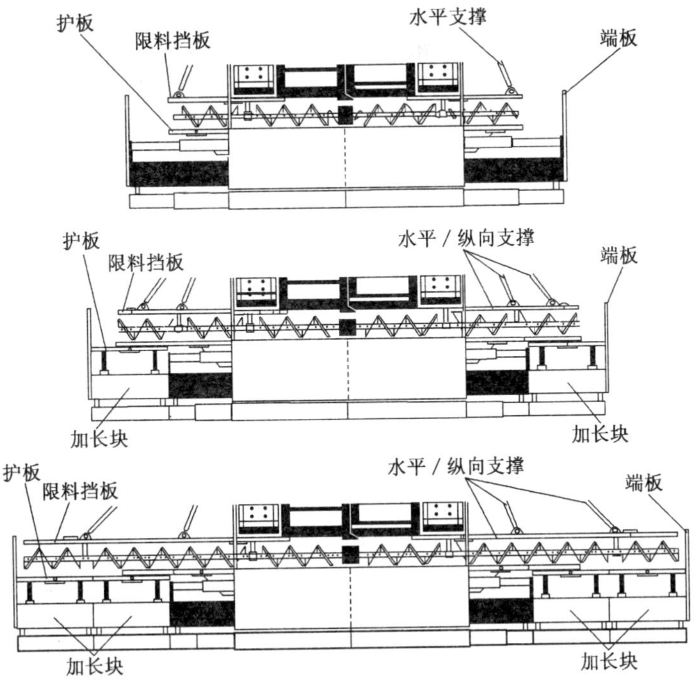

图 2-1-131　熨平板与螺旋布料器加长示意图

⑤熨平板前刮料护板高度的调整。

⑥作业速度的选择。原则是根据供料能力,保证能连续作业,防止频繁停机待料;保证作业速度恒定,避免时快时慢;作业速度过快会使铺层疏松。一般下层作业速度为 10m/min,面层作业速度为 6m/min。

⑦摊铺机作业:

a. 加热熨平板。先加热 5min,,然后暂停 5min,再加热 15min,防止熨平板因局部过热而导致底板变形。

b. 受料。避免碰撞,及时清除撒在料斗外的混合料。

c. 摊铺机供料机构操作。原则是保证供料连续,摊铺室内的混合料数量恒定,一般恰当的混合料料堆的高度平齐或略高于螺旋器的轴心线,即以稍微看到螺旋叶片或刚盖住叶片为度。为此,必须保证刮板输送器、闸门开度和螺旋器转速配合恰当。

⑧摊铺结束后,向接触混合料的零部件表面喷洒轻柴油,清除混合料。

1. 柴油机的基本组成与工作原理是什么?
2. 简述柴油机燃油供给的组成与功用。
3. 简述冷却系、润滑系的组成与功用。
4. 简述沥青混凝土摊铺机工作装置、供料装置、行走装置的组成与功用。
5. 影响沥青混凝土摊铺机摊铺质量的主要因素有哪些?
6. 简述沥青混凝土摊铺机摊铺作业工序和主要结构、运行调整参数。

课题八　沥青混凝土摊铺机安全操作与环境保护知识

学习目标

本课题的学习内容是沥青混凝土摊铺机安全使用与环境保护基本知识。

知识要求

了解安全生产的重要意义和安全操作规程的含义；掌握摊铺机安全操作、防火、防触电和防止环境污染的工作要点。

模块一　沥青混凝土摊铺机安全技术操作规程

加强安全生产培训与教育，是践行“以人为本，关爱生命”的安全理念和落实科学发展观的具体体现。从事施工机械的驾驶人员要提高自己的安全意识，自觉学习和掌握基本安全常识，严格遵守施工现场的安全管理规定，熟练掌握安全操作规程，加强自我防范意识。

生命对于每个人只有一次，如果生命都不存在了，其他一切都无从谈起。施工现场的安全风险无时不在，必须时刻想到“生命无价”，确保人身安全是第一位的。安全生产是一种责任，不仅是对自己负责，更是对家人负责，对社会负责。安全生产应成为一种习惯，避免因小小的疏忽或操作失当和试图走捷径违反操作规程而酿成重大事故。安全工作无小事，要重视安全生产的每个细节，使得认真执行安全生产相关规定成为一种习惯。有备未必无患，无备必有大患。

1. 安全操作规程

(1)什么是安全技术操作规程

安全操作规程是为了保证安全生产而制定的，是操作者必须遵守的操作活动规则。它是根据企业的生产性质、机器设备的特点和技术要求，结合具体情况及群众经验制定出的安全操作守则，是企业建立安全制度的基本文件和进行安全教育的重要内容，也是处理伤亡事故的一种依据。安全操作规程通常分4个部分：①总则；②工作前的安全规则；③工作时的安全规则；④工作结束时的安全规则。

安全技术操作规程是企业为保证施工作业安全及施工质量，提高机械设备完好率的管理制度；是指导操作人员安全、正确、规范完成岗位工作的具体要求；是操作人员血的教训和经验的总结。

(2)学习和遵守安全技术操作规程的意义

生产经营单位的从业人员应当接受安全生产教育和培训，掌握本职工作所需的安全生产知识，提高安全生产技能，增强事故预防和应急处理能力。学习和遵守安全操作规程，就是要提高人的可靠性，避免人为失误，减少安全事故隐患，预防发生安全事故。

设备安全操作规程规定操作过程该干什么，不该干什么，或设备应该处于什么样的状态，是操作人员正确操作设备的依据，是保证设备安全运行的规范。对提高可利用率，防止故障和事故发生，延长设备使用寿命等起着重要作用。设备使用安全管理制度，一般包括岗位责任制、操作证制度、安全检查、检验制度、交接班制度、维修保养规程、安全操作规程。

2. 沥青混凝土摊铺机安全技术操作规程

(1)作业前的准备

①内燃机部分，按通用操作规程的有关规定执行。

②了解有关施工技术和质量要求,并根据要求安装、调整摊铺机的工作装置。

③摊铺机上的所有安全防护设施必须配备齐全。熨平板接长后,应有相应的安全防护措施。脚踏板宽度需与摊铺宽度相等。

④驾驶台和熨平板的脚踏板应保持整洁,无油污及拌和料,不得堆放杂物、工具。

⑤驾驶台和作业现场要视野开阔,应清除有碍工作的一切设施。

⑥将各操纵杆、主传动开关置于中间位置,液压系统各调节阀门调到零位,各电器开关处于断开位置,液压传动系统处于不供油状态。

⑦履带松紧适度或轮胎气压应正常,且左右均匀。

⑧熨平板、振捣器应安装正确,加热器应工作良好。

⑨自动找平装置应安装正确,纵向、横向控制器应工作正常。

⑩发动机启动后应工作均衡、运转平稳、动力性能良好、调速器动作准确。

⑪离合器、传动链条、V 形皮带等调整应适当。

⑫刮板送料器、料斗闸门、螺旋摊铺器应处于良好的工作状态。

⑬传动系统应工作正常,无冲击、振动、异响等异常现象。

⑭电气系统应工作正常。

⑮操纵系统应灵活可靠。

⑯作业前,应用喷油器向摊铺机料斗、推滚、刮板送料器、螺旋摊铺器、行走传动链以及熨平板各部喷洒柴油。

(2)作业与行驶的要求

①按照作业要求,合理选择摊铺机工作速度、螺旋摊铺器转速、料斗闸门开度等。

②机械传动的沥青混合料摊铺机,换挡必须在摊铺机完全停止时进行,严禁强力挂挡。

③摊铺机接受运料车卸料时,应使摊铺机推滚贴紧运料车轮胎,顶推自卸车前进卸料,两者协调动作,同步行进,防止运料车冲撞摊铺机。

④作业时,应严格控制各机构协调工作,并进行必要的修正。作业速度一经选定,要保持稳定,并尽可能减少停车启动次数,以保持摊铺机连续均衡作业。

⑤严禁驾驶员在摊铺机工作时离开驾驶台,无关人员不得在作业中上、下摊铺机或在驾驶台上停留。

⑥轮式摊铺机的差速装置,应在地面附着力不足时使用,结合或断开差速装置时需停机。在结合差速装置时,只允许直行,不得转向。

⑦转移行驶时,禁止在坡道上换挡或以空挡滑行。

⑧熨平板的预热和保温。

a. 作业前 20 ~ 40min,应对熨平板进行预热,使其接近混合料的温度。

b. 因故暂停作业时,需使用预热系统进行保温,防止熨平板冷却。

c. 用电预热时,应先启动发动机并调到额定转速,然后接通预热开关进行预热。

d. 用燃烧轻油或燃气进行预热熨平板时,应注意控制热量,防止因局部过热而使熨平板变形。加热时,应采用间歇燃烧多次加热操作法,使其靠自身热传导均匀预热。有热风循环系统的,可采用点火燃烧和熄火热风循环交替进行加热。无论采用何种方式,每次点燃时间均不得大于 10min。

e. 使用压缩空气压力喷射燃油的燃烧系统,其压力必须达到规定值。必须在燃烧器点燃之后,才允许启动鼓风机,并调节风门,使之完全燃烧。

f. 对没有多点燃烧加热装置的,应逐个分别点燃。

g. 预热时，要加强对燃烧情况的观察，若火焰熄灭，应立即关闭燃油或燃气开关，找出原因，排除故障，并清除溢出的燃油，待燃气排尽后方可重新点燃。

h. 在加热过程中，严禁使熨平板处于无人看管状态和向摊铺机各部喷油清洗。

⑨自动找平装置的使用。

a. 在已压实的底基层上摊铺时，其平整度应不大于5mm。平整度波长小于所选用拖梁长度时，可采用拖式浮动梁作基准。

b. 用摊铺层邻近的车道、路缘石、边沟和新摊铺层等构筑物作基准时，传感器必须使用滑橇作跟踪件，采用拖式平均梁时，不允许用未经压实的摊铺层作基准。用作基准的车道或摊铺层，其横坡值必须与新摊铺层的横坡值相等。

c. 当自动找平装置控制系统使用纵坡控制装置和横坡控制装置联合工作时，在摊铺层的一侧（一般在左侧）设张紧线作基准。如一次摊铺宽度大于6m，则应采用双侧高度控制装置工作。

d. 停止作业时，应先断开找平系统开关，使调平油缸处于静止位置。

e. 自动找平装置各元件，应小心使用，需防止被碰撞和雨水、尘土的损害。

⑩振捣器频率应由低渐高，逐步增加，摊铺面层时，每前进5mm，捣固次数应不小于1次，并应随时检测摊铺层的密实度。

⑪在弯道区段作业时，要及时操纵找平装置，控制摊铺层的厚度增量。

a. 使用纵坡传感器和横坡传感器配合的自动找平系统工作时，要设专人掌握横坡给定器，连续而平稳地转动横坡给定器上的调节旋钮。

b. 操作人员应注意纵向走向，操作力求平稳，避免急剧转向（履带式摊铺机更应注意）。

c. 弯道作业时，熨平装置的端头与路缘石的间距不得小于10cm，以免转向时发生碰撞。

⑫摊铺机的坡道作业。

a. 在正常纵坡上作业时，应由低处向高处摊铺。如必须下坡作业时，要与汽车驾驶员紧密配合，力求速度稳定。

b. 在大坡道上作业时，应减少料斗中的混合料，按额定摊铺能力的60%进行作业，同时控制行驶速度和转向半径。

c. 在横坡道上摊铺时，由于混合料自动流向下坡一侧，故应将下坡一侧熨平板接长。为防止混合料自动流向下坡一侧，可在左右两侧使用相同方向的螺旋叶片。

d. 摊铺机在较大的坡道（纵横坡度为15%～20%）上下工作时，为防止摊铺机倾翻，必要时可使用一台重型拖拉机或推土机用钢丝绳与摊铺机连接，在坡顶与摊铺机平行等速行驶。

⑬作业中的检查与调整。

a. 在摊铺过程中，要经常对摊铺机的行驶速度、供料能力、闸门开度、螺旋摊铺器的匹配情况进行检查。

b. 检查摊铺层的平整度、厚度是否符合设计要求。

⑭严禁在已铺好的路面上试验熨平板和振动梁的振动性能。

⑮履带式摊铺机不得长途行驶，其行驶距离不应超过1km。特殊情况下，需要进行长距离行驶时，对行走装置应注意加油。

⑯行驶时，熨平板应恢复标准宽度，并升起用挂钩挂牢。

⑰摊铺机用其他车辆牵引时，只允许用刚性拖杆，不得使用钢丝绳。其变速手柄应置于空挡，并解除自动装置的工作。

⑱禁止用摊铺机牵引其他机械。

(3)作业后的要求

①对摊铺机各工作装置、运行机构进行清洁工作时,应清除残留沥青,使之运转自如,转动灵活。

②擦拭液压伸缩熨平板的导向柱表面和油缸活塞杆表面。

③清洁并检查高度传感器支座各部元件,并对转动零件加注机油润滑。

④清洁工作应在作业场地以外进行。用柴油清洗时,禁止明火接近。

⑤驾驶员在离开驾驶台前,要将摊铺机停稳,驻车制动必须可靠,料斗两侧壁完全放下,熨平板放到地面或用挂钩挂牢。

⑥摊铺机停放在交通车道附近时,必须在周围设置明显的安全标志,夜间应设灯光信号,并设专人守护。

⑦按保修规程的规定,进行例保作业。

模块二 沥青混凝土摊铺机运用中的环境保护知识

1. 空气污染

(1)污染是有害产物对环境的玷污。如果污染物达到足够的数量,就会损害植物、动物和人的健康。

(2)污染的形式分为化学污染、热污染、辐射污染、水污染、噪声污染和空气污染。

(3)空气污染是任何燃烧过程的副产品。发动机的废气排放是最大的空气污染源之一。

2. 其他类型的污染

(1)液态废弃物:蓄电池酸性电解液、废机油、防冻液、空调制冷剂、废齿轮箱润滑油、废液压油、制动液和非金属废弃物。

(2)固态废弃物包括金属、橡胶、塑料、玻璃、沥青混合料。

3. 环境保护措施

(1)减少发动机废气排放中的有害气体。

(2)做一个有责任心的人,不随意排弃对环境有污染的液态和固态废弃物。

(3)回收再利用是减少污染物最有效的办法。

模块三 安全防火知识

1. 燃烧与火灾

(1)燃烧的条件:在可燃物、助燃物(空气)、火源同时具备相互作用下才能发生。

(2)防火的基本技术措施:隔离法(将可燃物与火源隔离)、冷却法(将燃烧物的温度降至燃点以下)、窒熄法(消除助燃物)。

2. 燃烧的种类

(1)闪燃:可燃蒸气与空气混合后,遇到火源而发生燃烧的现象称为闪燃。发生闪燃的最低温度称为闪点。

(2)着火:可燃物与火源接触发生燃烧,称为着火。可燃物发生着火的最低温度称为燃点。

(3)自燃:可燃物受热升温而不需要明火作用就能自行燃烧的现象称为自燃。引起自燃的最低温度称为自燃点。

3. 防止发生火灾的措施

(1)遵守防火规定:安全存放易燃物品,禁止在易燃地点吸烟,禁止用易燃液体擦洗机械,经常检查电气设备导线绝缘状况，防止漏电失火，机械上必须备有灭火器。

（2）火灾的类型：火灾起源于普通可燃物燃烧（用泡沫灭火器灭火）、火灾起源于可燃液体燃烧（用泡沫灭火器和二氧化碳灭火器灭火）、火灾起源于电子设备短路故障燃烧（断开电源，用二氧化碳灭火器和干粉灭火器灭火）。

模块四　安全用电知识

1. 电流对人体的伤害

（1）电击：当人触及带电压的导线时，便会有电流通过人体入地，损坏人的心脏、肺及神经系统。

（2）电伤：指电流的热效应对人体的烧伤和烫伤。

（3）安全电压与电流：人体能承受的安全电压为36V，能承受的安全电流为40mA。若超过安全电压，则对人体产生的危险后果为肌肉痉挛、心房颤动、心脏停跳、烧伤。电击的严重程度与受害者被电击的电流大小和持续时间有关。

2. 避免触电事故发生的措施

（1）安全规定：使用三角搭铁或者双层绝缘设备，确保电气设备所有电线性能良好，一定要设有搭铁故障电路保护器，禁止非专业人员检修电气设备，使用电气设备时应保持双手干燥，并禁止站在地上有水的地方。

（2）防止触电的安全措施：绝缘保护、安全低电压、搭铁保护、漏电保护开关。

（3）发生触事故后应采取的紧急措施：切断电源或用绝缘体将受害者与电压分离开来，当受害者停止心跳或呼吸时则重复用人工呼吸和按摩心脏的方法进行急救。

1. 为什么说安全是一种责任，安全是一种习惯？
2. 遵守机械安全操作规程的意义是什么？
3. 使用沥青混凝土摊铺机时，应预防哪些人身伤害？
4. 列举在使用机械时，可能会造成环境污染的行为。
5. 在生活和工作中如何防止发生火灾和触电事故。

课题九　公路工程基本知识

学习目标

本课题的学习内容是公路工程的基本知识。

知识要求

了解公路基本组成；掌握公路工程施工的基本施工工序和技术要求。

模块一　公路的基本组成

公路是一种建筑在大地上的一条线形的带状空间结构，它主要承受各汽车车轮荷载的重复作用和经受各种自然因素的长期影响。因此，公路不仅要有平顺的线形、缓和的纵坡，而且还要有坚固稳定的路基、平整和抗滑性好的路面、牢固可靠的桥涵以及必要的防护工程和附属设施，以满足公路交通的要求。

公路工程由路线工程和结构工程两大部分组成。

1. 路线组成

公路路线即公路的中心线。公路为平面上有曲线、纵面上有起伏的立体空间线形。

平面线形由直线和平曲线组成，面平曲线又包括圆曲线和缓曲线。

纵面线形由直线坡段和竖曲线两大部分组成。

公路路线的平面、纵断面和横断面是公路的几何组成部分。

2. 结构组成

公路的结构组成主要包括路基、路面、桥涵、隧道、排水工程（边沟、截水沟、排水沟、跌水、急流槽、盲沟、过水路面、渗水路堤、渡水槽等）、防护工程（护栏、挡土墙、护脚等）、路线交叉工程及公路沿线设施。高等级公路为进行交通组织，保证交通安全，提高服务质量，发挥公路效能，还设置了较完善的公路安全设施、管理服务设施、通信系统、监控系统、供电照明系统、环境绿化工程等。

（1）路基。路基是公路的重要组成部分，是线形构造物的主体。路基是路面的基础，它与路面共同承受车辆荷载的作用，所以，路基必须具有足够的强度和整体稳定性。由于路基通常由天然土石材料修筑而成，因此要求路基应具有足够的水稳定性，见图 2-1-132。

（2）路面。路面是公路与汽车车轮直接接触的结构层，主要承受车轮荷载和磨损。它是用各种不同的材料铺筑于路基顶面的单层或多层结构，因此要求路面具有足够的强度、稳定性、平整度和粗糙度，以利于车辆在其表面安全而舒适地行驶。路面工程的质量直接影响到公路的使用性能和服务质量，见图 2 1 133。

图 2-1-132 路基

图 2-1-133 路面

（3）桥梁、涵洞。公路路线常常需要跨越大小不同的障碍物（如河流、山谷、铁路、公路），故需要修筑桥梁和涵洞。我国《公路工程技术标准》（JTG B01—2003）（以下简称标准）规定：凡单孔跨径大于或等于 5m 或多孔跨径总长大于或等于 8m 者，都称之为桥梁（图 2-1-135），当小于上述值时，则称为涵洞（图 2-1-134）。

图 2-1-134　涵洞

图 2-1-135　桥梁

(4)隧道。山区公路,路线往往要翻越垭口或穿越山梁,为了获得较高的路线线形标准,减少过大的土石方开挖工程量,往往以隧道方式通过,见图 2-1-136。

(5)排水工程。排水工程分为地面排水和地下排水两大部分。地面水包括雨水、雪水及大小河沟溪水等,这是路基排水的主要方面,也是对路基造成危害的主要水源;地下水包括包气带水、潜水及层间水等。它们对路基的危害程度因埋藏情况而异,轻者能使路基湿软,降低路基强度和路面的承载力。重者会引起冻胀、翻浆或造成边坡滑塌,甚至使整个路基沿倾斜基底滑动,见图 2-1-137。

(6)防护工程。公路常年暴露于自然环境中,承受着各种自然条件的影响,如水流冲刷、行车荷载等。为防止公路不受破坏、路基稳定和提高公路的使用品质。按作用的不同,防护工程可分为边坡防护、冲刷防护、支挡建筑物等,见图 2-1-138。

(7)公路附属设施是保证公路功能、保障安全行驶的配套设施,是现代公路的重要标志。公路交通工程主要包括交通安全设施、监控系统、收费系统、通信系统四大类,见图 2-1-139。

图 2-1-136　隧道

图 2-1-137　排水工程

图 2-1-138　防护工程

图 2-1-139　公路附属设施

1.路基施工基本知识

(1)施工准备

路基施工前应进行路中线的复测、水准点的复测与导线点的复测与增设。放出路线的中桩和边桩,并在路基外设引桩。清除原地面上的杂草、树根、农作物残根、腐蚀土、垃圾等,且必须全部清除。雨季施工应注意路基排水。必要时可修筑施工便道。

(2)路基施工

①对于一般土基,先清除地表杂物后填挖至所需高程,使用推土机推平、拌灰,然后用平地机整形刮平,压路机压实至合格压实度。路床填挖工程接近完工时,恢复和仔细检查道路中线、纵横断面、高程,保证有良好的平整度和密实度,对不符合设计要求的部分要予以修整。

②高填方路基。土方从取土场运至现场后应直接堆放到需要铺筑的路段进行翻晒,在土的含水率达到最佳含水率时拌灰、摊平、压实到规定压实度。每层土的松铺厚度不宜超过30cm,分层压实,严格控制压实度,每层都要检测压实度、弯沉、纵断面高程、横坡、边坡等。

碾压成型的填方路基,如遇雨淋,无论验收与否,都应在雨后重新碾压,对翻浆处应进行换填处理后再填筑上一层。压路机碾压时,应遵循先轻后重、先静后振、先低后高、先慢后快以及轮迹重叠等原则,压路机碾压时应注意与坡脚的距离,碾压不到的部分,应采用小型机具分层夯实。

③二灰、水稳路基。在土路基的压实度、弯沉、高程等试验项目合格后进行摊铺。施工前先施工200m试验段,测量员应提前布置好导梁或钢线,洒好中线与边线,组织叠好路梗。通过试验段总结出松铺厚度,达到压实度时的碾压遍数以及最佳机械组合方式,试验段数据作为大面积施工的依据。二灰碾压前检验其含水率,使其含水率保持在最佳含水率的1±2%范围内,如含水率较低,可适当洒水润湿。初压时采用6~8t压路机由两侧向路中心稳压1~2遍,测量员指挥平地机立即进行找平,找平后振动压路机压实直至无明显轮迹。压实应达到规范规定的密实度。压实成型并经检验符合标准的二灰,必须在潮湿状态下养生不少于7d。养生期间砌筑路缘石。

2.路面施工基本知识

(1)试验段施工

在二灰、水稳路基的压实度、弯沉、平整度、高程等试验项目合格后进行底面层施工。正式施工前必须进行200m的试验段施工。通过试验段检验应解决如下问题:

①确定施工机械设备的型号、数量和组合方式;

②确定摊铺机的摊铺温度、速度、宽度和自动找平方式等操作工艺;

③确定压路机型号、压实顺序、碾压温度、速度和遍数等压实工艺;

④测定密实度的对比关系(钻孔法和核子密度仪法对比)。

(2)现场施工

测量员提前布置好导梁或钢线,洒好中线与边线遮盖路缘石、井盖。摊铺过程中随时检查摊铺厚度、路拱、横坡。

施工前根据施工面积计算沥青混合料的使用量,并结合摊铺能力、运距等因素,确定运输车辆的数量。运输车辆进入摊铺现场时,轮胎上不得粘有泥土等脏物,倒车向摊铺机靠近时不许撞击摊铺机,应停在摊铺机前100~300mm处,待摊铺机向前行驶与之接触,两机接触后即可卸料用摊铺机推动向前，直至卸料完毕。

铺筑高速公路、一级公路沥青混合料时，一台摊铺机的铺筑宽度不宜超过6(双车道)~7.5m(3车道以上)，通常宜采用两台或更多台的摊铺机前后错开10~20m，呈梯形方式摊铺，两幅之间应有30~60m宽度的搭接，并应躲开车道轮迹带，上、下层的搭接位置宜错开200mm以上。

摊铺机开工前应提前0.5~1h预热熨平板，不得低于100℃。铺筑过程中选择的熨平板的振捣或夯锤压式装置应具有适宜的振动频率和振幅，以提高路面的初始压实度。熨平板加宽连接应仔细调节，使摊铺的混合料没有明显的离析痕迹。

摊铺机必须缓慢、均匀、连续不间断地摊铺，不得随意变换速度或中途停顿，以提高平整度，减少混合料的离析。摊铺速度宜控制在2~6m/min的范围内。对改性沥青混合料及SMA混合料宜放慢至1~3m/min。

摊铺机应采用自动找平方式。根据沥青混合料的不同，可采用钢丝绳、平衡梁或非接触式平衡梁引导的高程控制方式。

沥青路面施工温度应符合沥青混合料的最低摊铺温度的要求。

碾压：开始碾压的温度控制在110~130℃，碾压按先轻后重、先慢后快的顺序，初压时采用双钢轮碾，静压1~2遍；复压紧跟在初压后开始，采用振动钢轮压路机，且不得随意停顿，碾压段长度应尽量缩短，通常不超过60~80m，每台压路机宜全幅碾压，防止不同部位的压实度不同，碾压4~5遍；终压紧接在复压后，如复压已经无明显轮迹时可免去终压，终压采用轮胎压路机，碾压至无明显轮迹为止。

压路机应从外侧向路中碾压，超高路段由低向高碾压，在坡道上应将驱动轮由低向高碾压，邻碾压带重叠1/3~1/2宽，最后压至路中心。在当天碾压的沥青混凝土层面上，不得停放任何机械或车辆，并不可撒落矿物和油料污染沥青面层。

对于主路路缘石边缘、路边缘、加宽段等大型压路机难于碾压的部位宜采用小型振动压路机补充碾压。

接缝处理：两台摊铺机同时摊铺施工时避免了纵向接缝，因摊铺机作业中断时的横接缝与摊铺方向大致垂直。横接缝采用平缝，用切缝机将尽头边缘锯成垂直面，再下一行程进行铺筑前，将切缝时的水清除干净，并在上一次行程的末端涂刷适量的黏层沥青，然后紧贴缝壁摊铺混合料。接缝采用横向碾压，碾压开始时，将压路机轮宽的15cm置于新铺的沥青混合料上，使压路机重力的绝大部分处在压过的铺层上，然后逐渐横移，直到整个滚轮进入新铺层上。横向碾压后，再改为纵向碾压，用3m直尺检查平整度，如不符合要求，立即趁热处理。沥青混凝土上下层横向接缝应错开20~30cm。

1. 公路的基本组成？
2. 什么叫路基？
3. 简述路基施工的基本工序。
4. 简述路面施工的基本工序。

单元二　相关法律知识

学习目标

本课题的学习内容是劳动法、安全生产法、道路交通安全法、环境保护法的基本知识。

知识要求

了解制定劳动法、安全生产法、道路交通安全法、环境保护法的目的；掌握上述法律所规定的公民或当事人的主要权利和义务。

模块一　《中华人民共和国劳动法》的相关知识

劳动是一个人一生中最重要的活动之一，也是社会发展过程中最重要的社会活动。通常意义上的劳动，是指人们的有意识并有一定目的的体力或脑力的劳作。但要成为劳动法上所指的劳动，还须具备以下要件：首先，必须是在履行法律上的义务；其次，必须是基于劳动合同关系；第三，必须是从事职业性的有偿劳动。劳动关系是指以劳动给付为目的的劳动者与用人单位之间的关系。劳动关系包括一定的经济因素，同时还包含一定的社会因素，因而不同于民法中的单纯的债的关系。劳动关系所附随的一切关系不仅是指劳动法所规范的当事人之间的契约关系，还关系到因劳动者职业上的地位而发生的一切关系，如劳动保护及社会保险、职业介绍、集体合同等内容均属劳动法规制的范畴。

劳动法是国家的基本法之一，是规范劳动关系及其附随的一切关系的法律制度的总称。我国的劳动法是国家为了保护劳动者的合法权益，调整劳动关系，建立和维护适应社会主义市场经济的劳动制度，以促进经济发展和社会进步，根据宪法而制定颁布的法律。从狭义上讲，我国劳动法是指1994年7月5日第八届人民代表大会通过，1995年1月1日起施行的《中华人民共和国劳动法》；从广义上讲，劳动法是调整劳动关系的法律法规，以及调整与劳动关系密切相关的其他社会关系的法律规范的总称，包括劳动法律、劳动行政法规、劳动行政规章、地方性劳动行政法规和规章，以及具有法律效力的其他规范性文件、劳动司法解释等。

我国的劳动法适用于在中华人民共和国境内的企业、个体经济组织（以下统称用人单位）和与之形成劳动关系的劳动者。劳动者与国家机关、事业组织、社会团体和与之建立劳动合同关系的，也要遵守劳动法。公务员、法官、检察官、教师、律师、医生以及其他事业编制人员不适用劳动法。

劳动法规定：我国劳动者享有8个方面的权利，即平等就业和选择职业的权利、取得劳动报酬的权利、休息休假的权利、获得劳动安全卫生保护的权利、接受职业技能培训的权利、享受社会保险和福利的权利、提请劳动争议处理的权利以及法律规定的其他劳动权利。

劳动法规定:劳动者应当完成劳动任务,提高职业技能,执行劳动安全卫生规程,遵守劳动纪律和职业道德。

劳动法规定:国家采取各种措施,促进劳动就业,发展职业教育,制定劳动标准,调节社会收入,完善社会保险,协调劳动关系,逐步提高劳动者的生活水平;国家提倡劳动者参加社会义务劳动,开展劳动竞赛和合理化建议活动,鼓励和保护劳动者进行科学研究、技术革新和发明创造,表彰和奖励劳动模范及先进工作者。

劳动法规定:劳动者有权依法参加和组织工会。工会代表应维护劳动者的合法权益,依法独立自主地开展活动。劳动者依照法律规定,通过职工大会、职工代表大会或者其他形式,可参与民主管理或者就保护劳动者合法权益与用人单位进行平等协商。

劳动法规定:国务院劳动行政部门主管全国劳动工作。县级以上地方人民政府劳动行政部门主管本行政区域内的劳动工作。

模块二 《中华人民共和国安全生产法》的相关知识

安全生产法律是国家法律体系中的重要组成部分,是改善劳动条件、实现生产安全、保护劳动者在生产过程中的健康和安全而采取的总的措施,施工生产必须认真贯彻落实。

1. 安全生产法所规定的从业人员的权利

(1)知情权。生产经营单位的从业人员有权了解作业场所和工作岗位存在的危险因素、防范措施,并有权对本单位的安全生产工作提出建议。

(2)批评、检举、控告权。从业人员有权对本单位安全生产工作中存在的问题提出批评、检举、控告,生产经营单位不能因此而降低其工资、福利待遇或者解除与其订立的劳动合同。

(3)拒绝权。从业人员有权拒绝生产经营单位的违章指挥和强令冒险作业。

(4)紧急避险权。从业人员发现直接危及人身安全的紧急情况时,有权停止作业或采取可能的应急措施后撤离作业场所,生产经营单位不得因此降低其工资、福利待遇或者解除与其订立的劳动合同。

(5)依法向本单位提出赔偿的权利。因生产安全事故受到损伤的从业人员,除依法享有工伤保险外,依照有关民事法律尚有获得赔偿的权利的,有权向本单位提出赔偿要求。

2. 安全生产法规定的从业人员的义务

(1)遵守安全生产规章制度和操作规程的义务。从业人员在作业过程中,应当严格遵守本单位的安全生产规章制度和操作规程,服从管理,正确佩戴和使用劳动防护用具。

(2)接受安全生产教育和培训的义务。生产经营单位的从业人员应当接受安全生产教育和培训,掌握本职工作所需的安全生产知识,提高安全生产技能,增强事故预防和应急处理能力。

(3)危险报告义务。从业人员发现事故隐患或者其他不安全因素,应当立即向现场安全管理人员或者本单位负责人报告,接到报告的人员应当及时予以处理。

3. 工伤保险条例有关规定

(1)用人单位应当按照有关法律法规的要求为企业职工办理工伤保险,并按时为职工缴纳保险费,职工个人不用缴纳工伤保险费。

(2)职工有下列情形之一的应当认定为工伤,有关单位和个人应参照工伤保险条例进行妥善处理:

①在工作时间和工作场所内,因工作原因受到事故伤害的;

②在工作时间前后在工作场所内，从事与工作有关的预备性或者收尾性工作受到事故伤害的；

③在工作时间和工作场所内，因履行工作职责受到暴力等伤害的。

模块三 《中华人民共和国道路交通安全法》的相关知识

《中华人民共和国道路交通安全法》（以下简称《安全法》），2003 年由全国人民代表大会颁布，自 2004 年 5 月 1 日起施行。它是道路交通安全法律体系的一部分。

这部法律的主要内容共分 8 章 124 条，包括总则、车辆和驾驶人员、道路通行条件、道路通行规定、交通事故处理、执法监督、法律责任和附则。它规定了两条基本原则，一是依法管理的原则，二是方便群众的原则。

1. 道路交通安全法规的作用

（1）明确管理权限。《安全法》规定，国务院公安部门负责全国道路交通安全管理工作。县级以上地方各级人民政府公安机关交通管理部门负责本行政区域内的道路交通安全管理工作。

（2）规范执法行为。《安全法》对交通警察的队伍管理和执勤执法要求作出了明确的规定。

（3）调整管理关系。明确了管理者和被管理者。

（4）规范交通行为。规范人们的交通行为是道路交通安全法规最主要的作用，道路交通安全法规是在人们日常的交通活动中，以它的规范作用来实现管理作用的。规范作用是指道路交通安全法规本身对人们交通行为所起的指引、评价、教育、预测和强制作用。

2. 制定《中华人民共和国道路交通安全法》的目的

为了维护道路交通秩序，预防和减少交通事故，保护人身安全，保护公民、法人和其他组织的财产安全及其他合法权益，提高通行效率。中华人民共和国境内的车辆驾驶人、行人、乘车人以及与道路交通活动有关的单位和个人，都应当遵守《安全法》。

各级人民政府应当经常对公民进行道路交通安全教育，提高公民的道路交通安全意识。公安机关交通管理部门及其交通警察执行职务时，应当加强道路交通安全法律、法规的宣传，并模范遵守道路交通安全法律、法规。机关、部队、企业事业单位、社会团体以及其他组织，应当对本单位的人员进行道路交通安全教育。

3.《中华人民共和国道路交通安全法》对机动车的具体规定

（1）国家对机动车实行登记制度。机动车经公安机关交通管理部门登记后，方可上道路行驶。尚未登记的机动车，需要临时上道路行驶的，应当取得临时通行牌证。

（2）对登记后上道路行驶的机动车，应当依照法律、行政法规的规定，根据车辆用途、载客载货数量、使用年限等不同情况，定期进行安全技术检验。

（3）驾驶机动车，应当依法取得机动车驾驶证。申请机动车驾驶证，应当符合国务院公安部门规定的驾驶许可条件；经考试合格后，由公安机关交通管理部门发给驾驶人相应类别的机动车驾驶证。驾驶人应当按照驾驶证载明的准驾车型驾驶机动车；驾驶机动车时，应当随身携带机动车驾驶证。

（4）驾驶人驾驶机动车上道路行驶前，应当对机动车的安全技术性能进行认真检查；不得驾驶安全设施不全或者机件不符合技术标准等具有安全隐患的机动车。

（5）机动车驾驶人应当遵守道路交通安全法律、法规的规定，按照操作规范安全驾驶、文明驾驶。饮酒、服用国家管制的精神药品或者麻醉药品,或者患有妨碍安全驾驶机动车的疾病,或者过度疲劳影响安全驾驶的,不得驾驶机动车。任何人不得强迫、指使、纵容驾驶人违反道路交通安全法律、法规和机动车安全驾驶要求驾驶机动车。

4.《中华人民共和国道路交通安全法》道路通行规定

(1)未经许可,任何单位和个人不得占用道路从事非交通活动。

(2)因工程建设需要占用、挖掘道路,或者跨越、穿越道路架设、增设管线设施,应当事先征得道路主管部门的同意;影响交通安全的,还应当征得公安机关交通管理部门的同意。

施工作业单位应当在经批准的路段和时间内施工作业,并在距离施工作业地点来车方向安全距离处设置明显的安全警示标志,采取防护措施;施工作业完毕后,应当迅速清除道路上的障碍物,消除安全隐患,经道路主管部门和公安机关交通管理部门验收合格,符合通行要求后,方可恢复通行。

(3)行人、非机动车、拖拉机、轮式专用机械车、铰接式客车、全挂拖斗车以及其他设计最高时速低于70km的机动车,不得进入高速公路。

(4)在道路上发生交通事故,车辆驾驶人应当立即停车,保护现场;造成人员伤亡的,车辆驾驶人应当立即抢救受伤人员,并迅速报告执勤的交通警察或者公安机关交通管理部门。因抢救受伤人员变动现场的,应当标明位置。乘车人、过往车辆驾驶人、过往行人应当予以协助。

模块四 《中华人民共和国环境保护法》的相关知识

环境保护法,在广义上又称为环境法,是调整因开发、利用、保护和改善人类环境而产生的社会关系的法律规范的总称。其目的是为了协调人类与环境的关系,保护人体健康,保障社会经济的持续发展。

其内容主要包括两个方面:一是关于合理开发利用自然环境要素,防止环境破坏的法律规范;二是关于防治环境污染和其他公害,改善环境的法律规范。另外还包括防止自然灾害和减轻自然灾害对环境造成不良影响的法律规范。环境保护法除具有法律的一般特征外,还具有综合性、科学技术性、公益性、世界共同性、地区特殊性等特征。

环境保护法律规范,最早可以追溯到三四千年前的古代国家,但作为一个独立法律部门的现代环境法出现在世界上是在20世纪60~70年代。我国的环境保护法是在20世纪70年代末以后迅速发展起来的,目前已经初步形成了包括环境保护的宪法规范、环境保护基本法、环境保护单行法和环境保护法规、规章组成的体系,成为我国整个法律体系中的一个独立法律部门。

我国环境保护法的范围主要包括:环境污染防治法,如水污染防治法、大气污染防治法、噪声污染防治法等;自然环境要素保护法,如森林法、水法、野生动物保护法、水土保护法等;文化环境保护法,如风景名胜保护条例、自然保护区条例等;环境管理、监督、监测及保证法律实施的法规,如环境监测管理条例、建设项目环境保护管理办法、报告环境污染与破坏事故的暂行办法、环境保护行政处罚办法等。另外,还有各种环境标准,包括环境基础标准和方法标准、环境质量标准和污染物排放标准。随着环境保护事业的发展和环境法制工作的加强,我国环境保护法的内容将不断充实和完善。

1. 制定劳动法的目的是什么？
2. 制定安全生产法的目的是什么？
3. 制定道路交通法的目的是什么？
4. 制定环境保护法的目的是什么？

第三部分　沥青混凝土摊铺机操作工（初级）工作要求

单元一　沥青混凝土摊铺机施工作业

学习目标

本课题的学习内容是沥青混凝土摊铺机施工作业基本操作方法和技术要求。

知识要求

了解沥青路面摊铺施工的基本工序和质量要求，掌握各操作装置的名称、作用和基本操作技术要求。

技能要求

①识读操纵控制台仪表、信号；②完成沥青混凝土摊铺机转场作业；③试运转沥青混凝土摊铺机工作装置；④加长熨平板、螺旋分料器；⑤加装前挡板、后挡板、拉杆、撑杆、熨平侧挡板自动调平装置支架；⑥调整熨平板拱度；⑦加热熨平板；⑧摊铺初始阶段进行受料、输料、分料、起步运行、手动与自动切换操作；⑨直线路段摊铺作业。

课题一　施工作业准备

摊铺作业是沥青路面施工的关键工序之一，主要工作内容包括：

(1)准备工作：下承层准备、施工放样、摊铺机施工作业前检查。

(2)摊铺机参数的调整与选择：熨平板宽度与拱度的调整、摊铺厚度的确定和熨平板初始工作仰角的调整、螺旋分料器高度的调整、振捣梁行程的调整、熨平板前刮料护板高度的调整、摊铺作业速度的选择。

(3)摊铺机施工作业：熨平板加热、供料系统供料、确定摊铺方式、纵向与横向接茬处理、自动调平装置的运用。

(4)摊铺过程中的质量检验及缺陷分析。

(5)摊铺作业结束后对摊铺机进行清洁、润滑、拆卸辅件。

摊铺机操作人员要熟练掌握摊铺作业前、摊铺作业中、摊铺作业后应该做什么，如何做及应达到的技术要求。

模块一　识读操纵控制台仪表、信号

沥青混凝土摊铺机的各种功能，可在以下 3 个位置进行识读和操作：机手座位前操作盘上、机手操作平台上、左右侧熨平板外控制台上。操作控制台上设有各种开关、按钮、手柄、仪表、信号灯，操作人员应掌握其功用、识读方法和使用方法。

操作控制台上的仪表和信号灯是为监控发动机、液压系统、安全装置等是否处于正常工作状态，并提示操作人员机械工作异常或正常信息，因此操作人员必须能准确辨别。下面就以TITAN423 摊铺机为例，介绍主要仪表、信号灯的识读方法，如图 3-1-1 和表 3-1-1 所示。

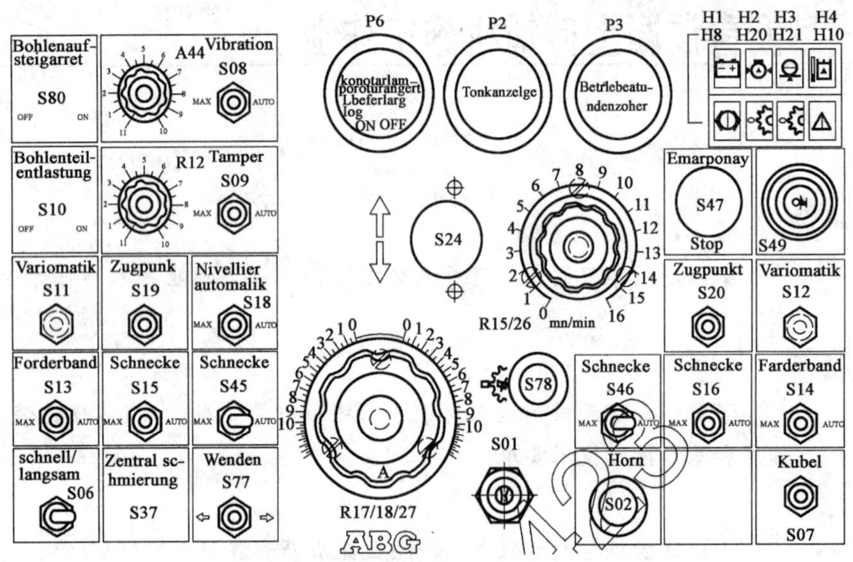

图 3-1-1　ABG423 摊铺机操作仪表盘示意图

仪表、信号灯的识别方法　　表 3-1-1

符号	名称	功能	识读方法	故障后果
H1	蓄电池充电指示灯	指示充电系统是否工作正常	正常情况下，打开起动开关时，指示灯亮，当发动机启动后，指示灯熄灭，否则，说明充电系统出现故障	长时间不充电，会造成蓄电池蓄电量不足
H2	发动机润滑油压力指示灯	指示柴油机润滑系统是否工作正常	正常情况下，打开起动开关时，指示灯亮，当发动机启动后，指示灯熄灭；否则，说明润滑系统出现故障	发动机各零件表面得不到很好的润滑，短时间内可能造成发动机损坏
H3	冷却液温度指示灯	指示发动机冷却液温度	正常情况下，表针应在绿区范围内移动，发动机工作温度为 90℃以下；当表针指入红区时，表明发动机工作温度过高，冷却系可能出现故障	发动机工作温度长时间过低和过高都会造成功率下降和非正常磨损
H4	液压油温度指示灯	指示液压油温度是否过高	当液压油箱油温正常时，灯不亮，当油温超过 90℃时，灯亮	油温过高，会降低液压系统元件使用寿命，油升温过快，说明液压系统工作不正常
H8	制动指示灯	指示制动系统是否工作正常	正常情况下，当机械行走时，灯熄灭，当停车制动时，灯亮	制动停车时，灯不亮，说明制动可能失灵
H10	紧急停止指示灯	指示机械处于紧急停车状态	正常情况下，灯熄灭，按下紧急停止按钮时，摊铺机所有动作将被切断，灯亮	紧急状态下，应保护设备和人身安全
H20	左行走传感器故障指示灯	指示左传感器或其接线电路是否出现故障	正常情况下，灯熄灭，当左传感器或其接线电路出现故障时，灯亮	当出现故障时，电子控制器将自动转换至紧急控制工作状态

续上表

符号	名称	功能	识读方法	故障后果
H21	右行走传感器故障指示灯	指示右传感器或其接线电路是否出现故障	正常情况下，灯熄灭，当右传感器或其接线电路出现故障时，灯亮	当出现故障时，电子控制器将自动转换至紧急控制工作状态
P2	燃油量指示计	指示燃油箱油量	表针所指位置为燃油箱所存燃油量，计量单位为升(L)	提示操作人员，避免因燃油消耗尽造成停车
P3	运转小时计	记录柴油机工作时间	记录本机累计工作小时，为对机械实施保养提供依据	
	发动机转速表	指示发动机工作转速	显示所设定的发动机工作转速，可间接判断发动机的功率和工作状况	
	机油位指示灯	指示柴油机油底壳机油油位	正常情况下，指示灯不亮；当机油位过低时，指示灯亮，并伴有报警声	机油消耗过量，需对发动机进行检查，并添加机油

模块二 沥青混凝土摊铺机的启动与检查

按操作规程对机械进行启动前检查、启动操作和启动后检查，是操作人员应养成的一种良好的工作习惯，其意义在于预测机械技术状况，减少故障，避免发生机械事故和安全事故。就此项工作的内容来说，比较简单，但其实际的意义却很大，要求操作人员进行规范的检查和操作，了解机械的正常或不正常情况，知道如若发现不正常情况应该采取何种措施。

1. 操作准备

(1)查看机械外表和停车部位有无漏油漏水部位。

(2)查看蓄电池接线桩头是否清洁和接线是否牢固。

(3)检查机油、冷却水、燃油、液压油是否需要添加。

(4)检查各操纵装置是否处于停止工作位置。

(5)环境温度过低时，要对发动机进行预热 40～50s。

2. 启动操作

(1)将加速踏板放置规定位置，打开起动开关，使其处于工作位置，查看各指示灯和仪表是否显示正常。

(2)将起动开关转动到启动位置启动发动机。

(3)发动机启动后，松开起动开关置于工作位，并查看各指示灯和仪表是否显示正常。

(4)发动机启动正常后，应怠速运转 3～5min 预热，期间不可猛踩加速踏板。

3. 注意事项

(1)为防止长时间大电流放电损坏蓄电池，每次启动不得超过 10s。连续启动时，其间隔时间应超过 30s。如连续 3 次不能启动成功，应查明原因，排除故障后再启动。

(2)启动涡轮增压柴油机时，禁止连续猛踩加速踏板，以防因润滑不良而损坏涡轮增压器。

(3)为提高发动机的使用寿命，当发动机温度升至 60℃以上时，方可带负荷工作。

(4)当发现机油压力指示不正常时，要立即熄火检查。

模块三 完成沥青混凝土摊铺机转场作业

沥青混凝土摊铺机转场作业，是指将机械从停机地点运送到施工作业地点，操作人员所应做的工作。一般来说，摊铺机转场是用拖运平板运输车，通过公路运输的方式进行拖运的，其过程是操作人员将机械开到拖运平板车上，平板拖运车拖运机械到指定地点后操作人员再将机械从平板运输车上开下，并行驶到作业地点。整个过程需要操作人员驾驶机械沿双轨道上坡和下坡行驶。转场作业时，要防止机械超宽、超高和倾覆。

1. 准备工作

(1) 机械性能检查

①提升熨平板并悬挂牢固。

②检查机械的转向装置的灵敏性。

③检查机械的制动装置的可靠性。

④选择合适的上爬或下爬平板拖运车地点，防止熨平板或螺旋分料器拖地。

⑤将料斗两翼斗折起，并予以机械锁紧。

⑥将伸缩式熨平板的外伸出部分完全缩回。

⑦从主机上卸下横向加长件和限位板，并放置于料斗中。

⑧降低篷架和卸下篷布。

(2) 作业准备

①明确施工作业任务、地点、工期。

②检查随车携带的附件、工具和润滑油料。

2. 操作步骤

(1) 上爬拖运车前操作

①检查上车双轨道是否放置牢固、双轨道是否位于中间位置并平行于车箱中心线、双轨道中心线间隔宽度与履带（车轮）中心线间隔宽度是否相等。

②将操作机械移动到履带中心线与轨道中心线相重合的位置。

③检查熨平板距离地面的高度和轨道坡度，以避免上爬过程出现拖地现象。

(2) 上爬拖运车操作

①操作机械低速直线前进行驶，沿轨道爬上拖运车。

②机械爬上拖运车后微调方向使车体位于车箱中部位置，避免偏载。

③用厚度相同的木条垫在机械下面后将熨平板放下，并使其处于浮动状态。

④将发动机熄火，关掉电源总开关。

⑤检查机械最高点相对地面的高度，做到运输过程心中有数。

(3) 下爬拖运车操作

①确定下爬拖运车地点是否符合要求。

②提升熨平板并悬挂牢固。

③确认轨道放置位置牢固且履带中心线与轨道中心线相重合。

④操作机械沿轨道低速爬下拖运车。

3. 操作注意事项

操作沥青混凝土摊铺机上下拖运车的过程中，应防止机械滑落发生翻车事故和机械过载损伤事故。因此，要求操作人员杜绝疏忽大意、心存侥幸、冒险、试图走捷径的不良操作行为和心理,认真和规范地做好上下拖运车前的各项准备工作,做到低速行驶,尽量避免紧急转向操作,减少人为失误。

当操作摊铺机短距离自行转场时,由于配装了加宽的熨平板,因此必须在前端料斗中加放配重,以保证履带装置承受的负荷能均匀分布。行驶时,熨平板要悬挂牢固,选择宽度合适的平坦道路,防止螺旋分料器和熨平板触碰地面。

模块四 试运转沥青混凝土摊铺机工作装置

沥青混凝土路面施工作业需要多个部门和多种机械配合,是一种连续性很强的综合施工作业。如果施工作业过程中机械发生故障不能进行施工,会造成很大的经济损失,因此要求沥青混凝土摊铺机应具很高的可靠性。为了避免或减少机械在作业过程的故障,要求操作人员应在作业前对机械进行认真检查和试运转,及早发现问题,并将问题解决在施工作业之前。

1. 操作步骤

(1)将机械移动到施工现场,用喷油器向料斗、推滚、刮板送料器、螺旋摊铺器、熨平板各部喷洒柴油。

(2)检查履带松紧度或轮胎气压是否正常且左右均匀。

(3)操纵料斗倾翻、熨平板伸缩、料斗闸门、熨平板升降控制开关,让各装置连续动作,观察其是否处于正常的工作状态。

(4)操纵刮板输送带、螺旋分料器控制开关,让各装置连续动作,并进行手动和自动操作转换,观察其是否处于正常的工作状态。

(5)操纵振动器、振捣器控制开关,让各装置连续动作,观察是否处于正常的工作状态。

(6)检查熨平板和振捣装置工作面表观技术状况。

2. 操作注意事项

(1)机械处于试运转状态下禁止进行各种保养作业。

(2)操作人员与检查人员要协调配合,避免发生意外安全事故。

(3)试运过程中如发现问题,应查明原因。

(4)试运转振捣器前,要清除残余沥青等杂物,防止出现卡滞。

课题二 摊铺作业参数调整

模块一 加长熨平板、螺旋分料器

为了满足不同路面宽度的摊铺作业,摊铺机可配置不同规格的熨平板和螺旋摊铺器加长块,操作人员根据给定的路面摊铺宽度、摊铺机基本摊铺宽度,并通过不同规格加长块的组合,拼装成能适合路面摊铺宽度的熨平板和螺旋分料器。加长熨平板的连接方式有螺栓连接、楔形锁式连接和液压锁式连接,目前使用较为普遍的是螺栓连接,如图 3-1-2 和图 3-1-3 所示。

福格勒摊铺机的加长快分机械拼装 SB 和液压伸缩 AB 两种形式。

(1)机械拼装主机的基本宽度有 2.5m 和 3m 两种,加长熨平板有 0.25m×2、0.5m×2、1m×2、1.5m×2、2m 五种,根据不同的摊铺要求,加宽熨平板。92500 型摊铺机最宽可达 16m。

(2)液压伸缩主机基本宽度有 AB475,主机宽度为 2.5m,伸缩宽度可达 4.75m;AB575 主机宽度为 3m 伸缩宽度为 5.75m。加长宽度分别为:0.625m×2;0.875m×2;1.125m×2;

1.375m×2。

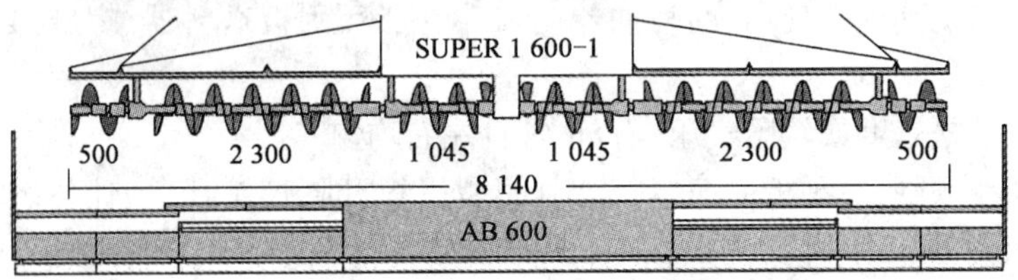

图 3-1-2　螺旋分料器加长示意图

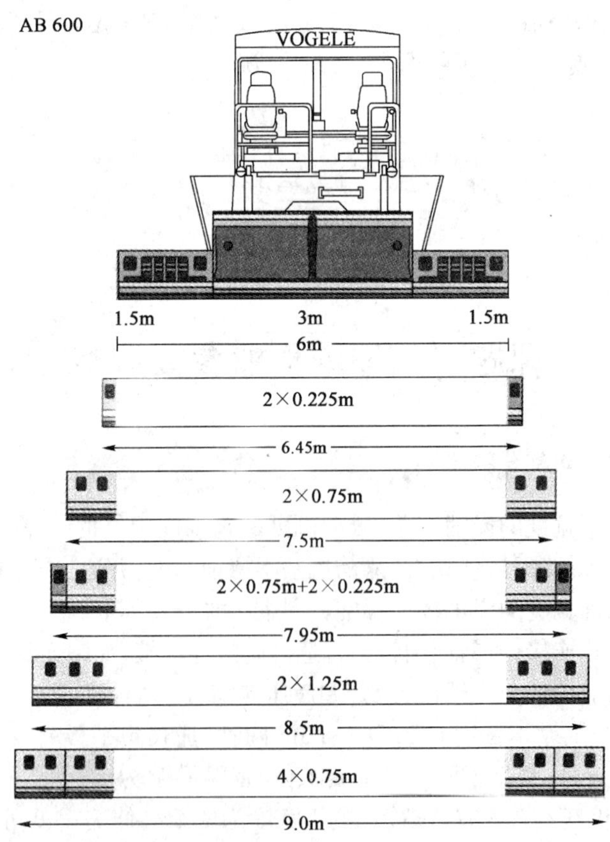

图 3-1-3　熨平板加长示意图

(3)新的液压伸缩有 AB500-2，主机宽度为 2.55m，液压伸缩宽度可达 5m，最大宽度为 8.5m，AB600 主机宽度为 3m，液压伸缩宽度可达 6m，最大宽度为 9m。加长块宽度有：0.225m ×2；0.75m×2；1.25m×2。

(4)另外还有一种外伸缩的加长熨平板。

ABG 摊铺机的加长块宽度也有机械拼装和液压伸缩两种形式。

①机械拼装主机基本宽度有 2.5m 和 3m 两种，加长块有 1.5m×2、1m×2、0.75m×2、0.5m×2、0.25m×2 五种。

②液压伸缩主机基本宽度有 2.5m 和 3m 两种，加长块有 1m×2 和 0.75m×4 两种。

1. 准备工作

(1)根据路面摊铺宽度、路线弯道及机械作业参数可计算出加长宽度。

(2)按计算数据，准备好加长熨平板、螺旋摊铺器和附件。

(3)准备好两侧、前后挡料板。

(4)准备好安装工具和吊装设备。

(5)选择平坦场地，用相同厚度垫木放在熨平板下，并将熨平板自由落下，放置于垫木下。

(6)将发动机熄火，切断电源开关。

2. 安装步骤

(1)清理熨平板接合面及螺旋器接头上的脏物。

(2)安装加长熨平板和振动振捣传动装置。

(3)安装螺旋分料器。

(4)安装侧挡料板、前后挡料板。

(5)安装熨平板加热装置燃气管，并将两端气管用堵头密封。

(6)组合后的熨平板要尽量对称于摊铺机的纵轴线(特殊情况下，路面横坡的上坡一侧熨平板应加长，下坡一侧应缩短)；组装后的相邻熨平板之间应调平，不能有台阶，并用接线检查熨平板全长是否有翘曲和拱起。

3. 注意事项

(1)组装时，应先将熨平板调平，然后再进行固定，固定后要重新检查熨平板的平整度。

(2)组装螺旋摊铺器时，应注意叶片旋向，防止安装错误。

(3)安装振动振捣传动装置时，应注意有无安装记号。

(4)吊装加长熨平板块时，要特别注意安全，防止发生安全事故。

(5)摊铺已修好的路缘石或路肩的路面时，熨平板宽度应小于摊铺带宽度 20～30cm。

(6)加长后的螺旋分料器每边长度应比熨平板短 30～40cm。

模块二 加装前挡板、后挡板、拉杆、撑杆、熨平侧挡板、自动调平装置支架

按所摊铺路面宽度作业要求，加装熨平板、螺旋分料器后，还需加装相应的前挡板、后挡板和侧挡板，同时为加强加长后熨平板和螺旋分料器的强度，防止变形，还要根据加长长度安装熨平板拉杆和后挡板撑杆。安装上述辅助装置后，还应在规定的位置安装自动调平支架。如图 3-1-4 所示。

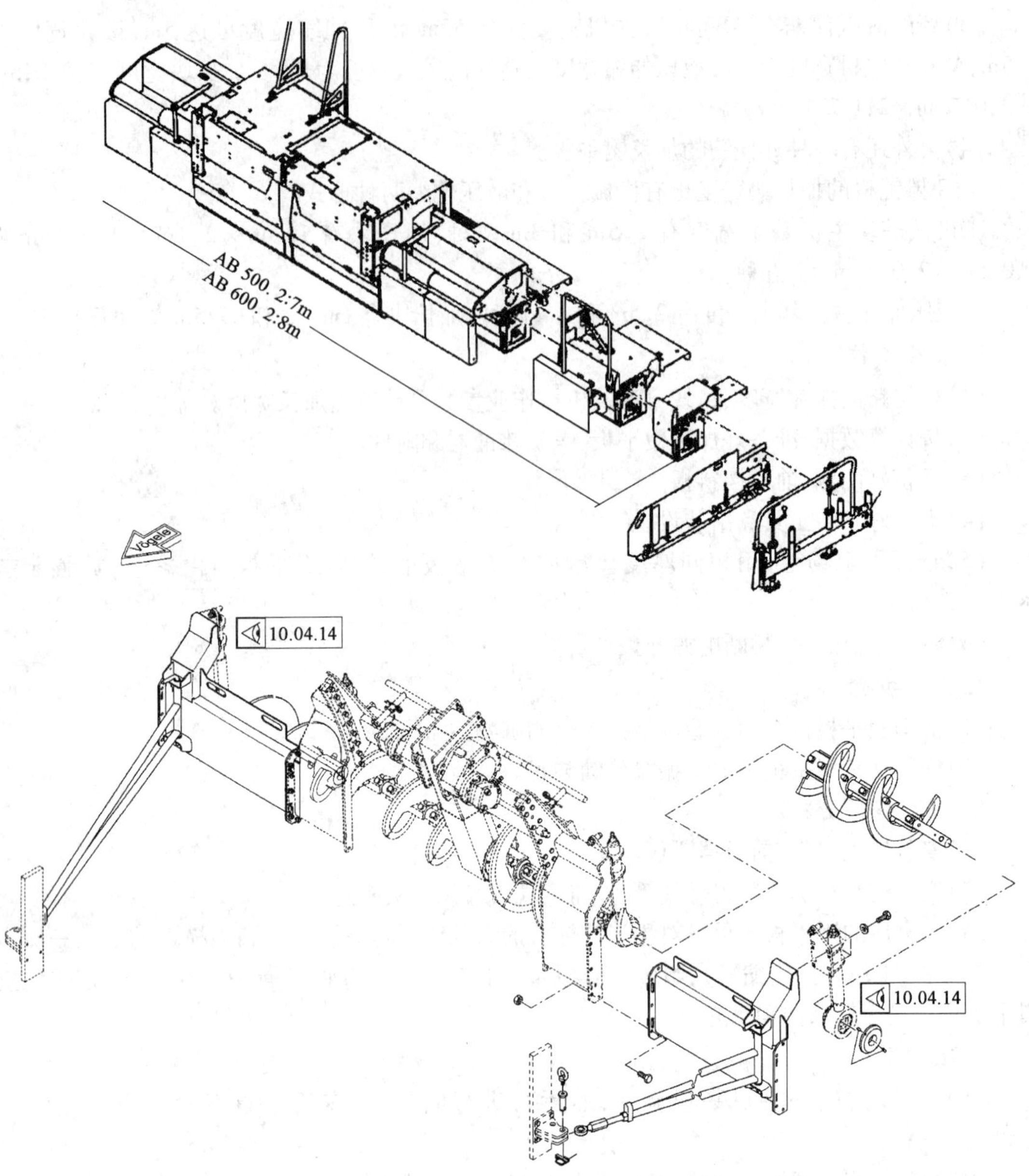

图 3-1-4　工作装置附件安装示意图

1. 准备工作

(1)准备好与加长件相配套的前挡板、后挡板、侧挡板和固定螺栓。

(2)根据加长长度准备好熨平板拉杆、螺旋分料器后挡板撑杆和螺栓。

(3)准备好安装工具和吊装设备。

(4)选择平坦场地,用相同厚度垫木放在熨平板下,并将熨平板自由落下,放置于垫木下。

(5)将发动机熄火,切断电源开关。

2. 工作步骤

(1)安装加长螺旋分料器后,将后挡板及撑杆拼装好。

(2)安装加长熨平板时,将前挡料板装好,然后安装侧挡板。

(3)选择合适长度的拉杆,并将其与熨平板和机体相连接。

(4)安装自动找平支架并固定好其位置。

3. 注意事项

(1)调整熨平板拉杆和后挡板撑杆的长度，使之保持适当预紧力，其预紧力不能过大，也不能过小，调整后要拧紧锁止装置。

(2)安装前挡板、后挡板时，要保持各挡板的安全高度一致，并符合要求。

(3)人工搬运质量较大的挡板和拉杆时，要特别注意安全。

模块三 调整熨平板拱度

单机全幅路面铺筑时，根据施工技术要求，要调整摊铺机熨平板的拱度，如图3-1-5所示。在熨平板的中部装有拱度调节装置，有液动和手动两种，上面带有刻度尺，并规定了拱度调节范围，例如 -2.5%和 +5%（不同型号的摊铺机调整方式不相同）。熨平板借助拱度调节装置，调整所需要的拱度，熨平板中部最大开度量为4cm，在刻度尺上可以直接读出调整后熨平板的拱度。在施工中需要先予调节，摊铺一段后，根据实际测量结果再进一步调整，直到达到施工要求。图3-1-6所示为摊铺机铺筑路块示意图。

拱度：$h/(1/2L)\times100/100=x\%$。例如：当路拱度为1%，半幅路宽为4m时，则路中与路边水平高差为0.04m或4cm。

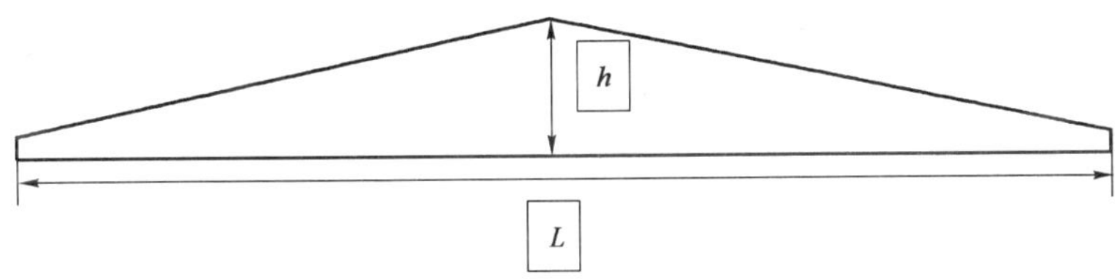

图3-1-5 熨平板拱度调节图示

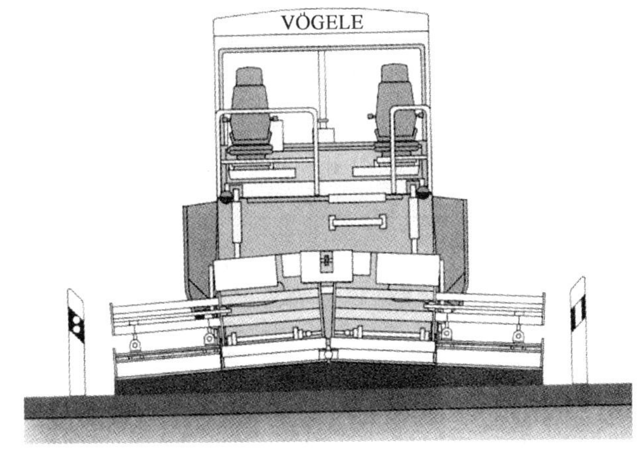

图3-1-6 摊铺机铺筑路拱示意图

1. 调整步骤

(1)按照施工要求及给定拱度数据，确定调节初始值。

(2)选择平坦的场地，将熨平板提升到一定高度，用相同厚度垫木放在熨平板下。

(3)将熨平板下落在垫板上，并使其处于浮动状态。

(4)用专用工具调整拱度调节器,将拱度值调节至路面设计拱度值,调整后将拱度调节器锁止。

(5)用施工线在熨平板找好基准点并拉紧,检测熨平板全宽上的拱度值是否达到要求。

2. 注意事项

(1)熨平板落地状态下和挂吊状态不能进行调整。

(2)禁止在机器熄火状态下进行调整。

(3)作业结束后按上述方法将拱度调回零位。

(4)摊铺机熨平板上装有撑杆的情况下,调整拱度时,要先调松撑杆,然后调节熨平板拱度。

模块四 加热熨平板

目前,国内使用的摊铺机熨平板加热有 3 种方式:电加热、燃气加热和燃油加热。

电加热是使摊铺机上的发动机驱动一个三相交流发电机,向加热装置提供加热能量,在熨平板、振动装置和振捣装置上安装电加热棒,并通过控制装置进行加热,以前的多为手动,人工控制在工作前进行予加热,工作一段时间后由于沥青料的温度上升便可以不加热,靠沥青料的温度保证熨平板和夯锤的温度。现在多为自动控温,温度低了可自动加热,温度高了可自动停止。电加热的优点是安全、加热均匀,且有频率保护。

气加热是用丙烷气对熨平板加热,丙烷气罐通过控制节气门减压阀管道到燃气喷嘴,用点火棒点燃每个喷气嘴,对熨平底板予以加热。还有一种是自动控制加热,先设定好加热温度,打开气罐和点火开关,通过点火模块,控制燃烧气总成,温度传感器控制温度,实现温度自动控制。熨平板燃气加热控制原理图如图 3-1-7 所示。

油加热是用柴油加热,使用的比较少,通过柴油泵输出高压柴油,并靠电火花点火,使喷嘴喷出的柴油燃烧,实现对熨平板的加热。下面以燃气加热为例,简述加热过程。

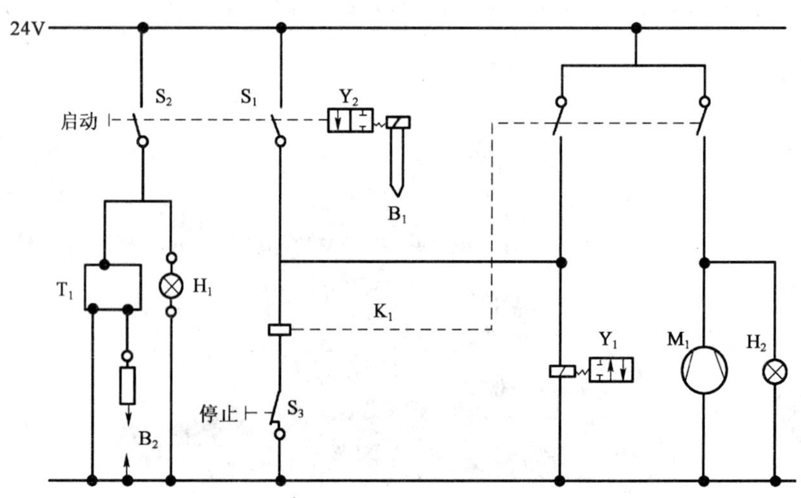

图 3-1-7 ABG423 摊铺机熨平板燃气加热控制原理图

按下起动开关,丙烷气体经电磁阀 Y_1 和 Y_2 从喷油嘴处喷出,点火装置 T_1 通电,并产生电火花,将丙烷气体点燃。与此同时,控制继电器 K_1,使用鼓风机 M_1 通电工作,使熨平板得到均匀加热。当加热温度升至规定值时,控制装置根据热传感器所测得的信号自动切断丙烷气路,从而自动停止对熨平板的加热。

1. 工作步骤

(1)检查燃气罐内燃气存储量(压力表指示应大于150kPa);

(2) 启动发动机并怠速运转,根据环境温度设定加热温度或加热时间;

(3) 打开燃气罐开关及各支路开关;

(4) 点燃加热装置进行加热;

(5) 加热过程用非接触式温度计测量熨平板、振动振捣挡板温度;

(6)当温度达到设定温度时,先将燃气罐开关关闭,将气管内燃气燃烧干净,然后关闭其余开关。

2. 注意事项

(1)加热前,要检查燃气管路有无漏气现象。

(2)停止加热时,必须先关闭燃气罐开关,并让鼓风机继续工作2min。

(3)加热过程中,要注意加热温度不要过高,以防止熨平板变形。

(4)加热后,应试运转振动和振捣装置,防止因加热不均出现卡滞。

(5)用帆布套覆盖气瓶,防止气瓶暴露在阳光下。

课题三 摊铺沥青混凝土

模块一 摊铺初始阶段进行受料、输料、分料、起步运行、手动与自动切换操作

摊铺前的各项准备和调整工作基本结束后,开始准备进行摊铺作业。摊铺材料由运料车上倾翻倒入料斗中,然后通过手动操作模式,使输送带和螺旋分料器运转,将摊铺材料均匀地分布在熨平板前。当熨平板前的摊铺材料达到规定数量后,摊铺机向前行驶并通过推滚与运料车轮胎接触,推动运料车前进,开始摊铺作业。当供料量达到稳定后,将手动操作模式切换为自动控制供料模式。

1. 操作步骤

(1)操作摊铺机驶入施工路段摊铺起点。

(2)使熨平板处于提升状态,按照施工摊铺虚厚操作厚度调节油缸下上移动,使标尺对准初始设定数值。

(3)将熨平板下落在预定厚度的垫板上,并使之处于浮动状态。

(4)使料斗和输送带处于工作状态,指挥运输车将沥青混凝土倒入料斗。

(5)用手动操作使螺旋布料器进行分料,分料量不应过大。

(6)将作业速度调节为1.5~2m/min,将振动和振捣装置分别调整到规定转数。

(7)扳动行驶操作杆进行摊铺作业,当供料量达到连续和稳定后,将输送带和螺旋分料器的手动操作模式切换为自动控制供料模式。

2. 注意事项

(1)起步应平稳,并按下喇叭进行警示。

(2)禁止用坚硬物作为垫板。

(3)操作供料装置运转前,应确保无危及人身安全的现象存在。

(4)无论是手动操作还是自动操作,应保持整个熨平板作业宽度前端得到充足、稳定和连续的材料供应。

通过摊铺作业前调整和初始摊铺的试验路段调整，摊铺机的摊铺速度、熨平板仰角、自动调平、供料量、振动与振捣速度等结构参数和运行参数应基本达到精确匹配状态，摊铺层的厚度、平整度、表观质量等应符合技术要求，摊铺机处于正常摊铺作业阶段。

为了保持铺筑层质量稳定，摊铺过程应保持摊铺速度、供料量、行驶阻力稳定和连续摊铺作业状态。尽量避免改变摊铺速度、大幅度调整行驶方向、频繁停车和起步、运料车碰撞摊铺机、行走履带或轮胎压过残留在路面的材料（会引起熨平板牵引大臂牵引点剧烈起伏）、供料忽多忽少等影响摊铺质量的不正常操作。

摊铺过程中，还应不间断地进行沥青含量的直观检验、混合料温度检验、铺层厚度检验、铺层平整度检验和表观检验，以便及时发现问题，确保摊铺作业质量。

1. 操作步骤

(1)按设定摊铺速度操作摊铺机进行直线摊铺作业。

(2)注意观察操作盘上的各种仪表和指示灯，微调行驶方向，使摊铺保持直线行驶。

(3)随时观察料斗内和熨平板前端的混合料数量，并倾翻料斗。

(4)及时发出受料信号，并采取正确的方法，让运料车进行受料。

(5)随时观察摊铺机行驶轨迹上有无物料，并指挥予以清除。

(6)及时观察运料车的供料量，根据需求调整摊铺速度，确保摊铺作业连续。

2. 注意事项

(1)摊铺作业过程中，应注意车周围的人员、车辆及障碍物，以确保安全。

(2)禁止运料车在受料过程中进行强力制动和冲撞摊铺机，防止造成摊铺平整度下降，见图 3-1-8。

(3)合理确定摊铺速度，确保连续摊铺，禁止随意变换速度或中途停顿。

(4)及时清除摊铺机履带行走路线上撒落的混合料，以免影响横向平整度。

(5)待料停机时，应使熨平板升降液压缸闭锁，防止下陷落。

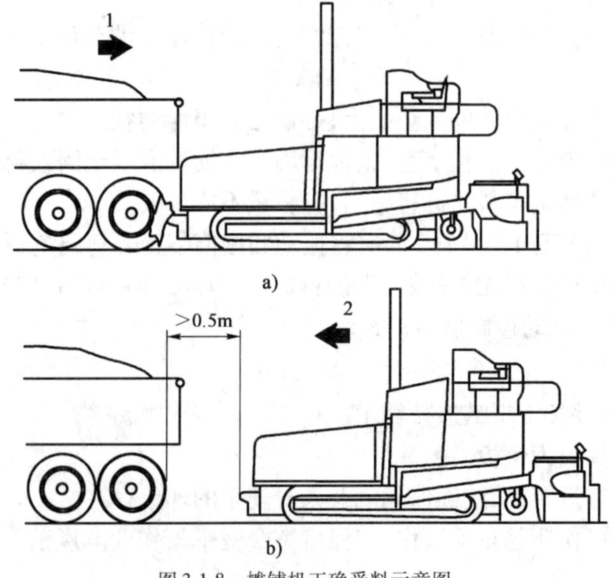

图 3-1-8 摊铺机正确受料示意图

a)错误；b)正确

1. 沥青混凝土摊铺机使用前的准备工作有哪些?
2. 沥青混凝土摊铺机操作前的技术参数调整有哪些?
3. 确定沥青混凝土摊铺机运行参数的依据是什么?
4. 简述沥青混凝土摊铺机的操作程序。

单元二　沥青混凝土摊铺机保养

学习目标

本课题的学习内容是沥青混凝土摊铺机保养的基本作业方法和技术要求。

知识要求

了解沥青混凝土摊铺机保养内容;掌握各项保养的目的和技术要求。

技能要求

①检查、清洁发动机外表;②检查机油、燃油油量和冷却液液位;③检视皮带外观和调整皮带张紧度;④检查和清洁蓄电池外表;⑤检查线路连接、绝缘和锈蚀缺陷;⑥检查照明设备;⑦检查液压油油箱油量;⑧检查液压油管和接头部位有无漏油;⑨清洁主要液压元件外表;⑩作业前润滑、检查行走装置、供料装置和工作装置;⑪作业后清洁行走装置、供料装置和工作装置。

课题一　发动机保养

尘土黏附在机械上,产生划痕,容易腐蚀;紧固逐渐松动,继而又造成振动,这就是机械劣化的开始。每天坚持检查、清洁发动机的作用,坚持时间长了,其效果十分明显。图 3-2-1 所示的两个杯子(一个干净明亮、一尘不染;另一个开裂脏污、痕迹斑斑),代表了两种做法对应的两种不同结果。

图 3-2-1　两种不同做法的结果示意图

摊铺机的技术保养一般分为日常保养、周期性保养、特殊性保养和一次性保养(故障处理)。日常保养是在每日工作前和工作后进行的保养,其内容包括清洁、检查、紧固、润滑 4 项作业。周期性保养指摊铺机累计工作 50h、100h、200h、500h、1 000h 的定期保养,每个周期的保养都有具体的作业内容,且必须重复上一级保养的作业内容。特殊保养是指走合期保养、换季保养、长期停放保养等,每类保养都有其不同的特殊作业要求。

模块一　检查、清洁发动机外表

1. 检查、清洁发动机外表的内容

(1)检查三漏(水、油、气)

①检查并消除燃油、机油管路接头等密封面的漏油现象。

②检查并消除冷却液管路接头等密封面的漏油现象。

③检查并消除进排气管、汽缸盖垫、涡轮增压器各密封面的漏气现象。

(2)清洁发动机表面

①用抹布揩去机身、涡轮增压器、汽缸盖罩壳、空气滤清器等表面上的油渍、水和尘埃。

②清除蓄电池、发电机、散热器、风扇等表面上的尘埃或杂物。

(3)检查发动机各附件的安装情况

①检查喷油泵传动连接盘连接螺钉是否松动。

②检查发动机地脚螺钉是否松动。

③检查进排气管固定螺钉是否松动。

④检查散热器地脚螺钉是否松动。

2. 注意事项

(1)检查和清洁前必须将发动机熄火,并断开电源总开关。

(2)应在发动机表面温度较低时进行检查和清洁作业。

(3)正确使用紧固工具,并按规定要求(扭力、方法)紧固螺钉。

(4)必须在热车状态下检查时,要防止机械伤害和烫伤事故。

模块二 检查机油、燃油油量和冷却液液位

每天出车前应检查发动机机油、燃油油量和冷却液液位,是操作人员必须养成的一项良好的工作习惯。其目的是保持发动机固有工作条件,预防发动机发生故障,人的观念和行动的改变,能使机械故障为零。

1. 准备工作

(1)技术参数准备

①本机型加注机油的标号,加注的总容量。

②本机型加注燃油的标号,加注的总容量。

③本机型加注冷却液的要求,加注的总容量。

(2)加注器具准备和检查标准

①准备好加注器具。

②正常情况下机油、燃油油量和冷却液的消耗标准。

2. 检查机油、燃油油量和冷却液液位

(1)机油的检查

①将量油尺拉出后,检查所黏附于油尺上油液。

②正常情况下,在量油尺上,机油量应达到油尺上的 F 线(静满),如果低于此线,则应补足,以达到此线为止。

③当检查出机油油位异常(过高或过低)或颜色异常(红色或灰白)时,应查找原因。

④检查注意事项:车应停在水平位置;发动机熄火之后至少 5min 之后才可以检查。

(2)燃油检查

①通过燃油油量表或油量尺检查油箱实际储油量。

②记录起始运转小时或运转里程。

(3)检查冷却液

①打开水箱盖,观察液面高度(正常情况下,达到距进水口下约20mm),如果不足应补足。

②检查出液面异常(过低)和冷却液颜色异常时,应查找原因。

③检查注意事项:要分清水箱中是防冻液还是冷却水;加注时要保持清洁。

模块三　检视皮带外观和调整皮带张紧度

带传动是靠皮带与皮带轮相接触后二者间产生的摩擦力而转动的,摩擦力的大小又与接触压力、摩擦表面状态和接触面积有关。当长时间使用后,上述影响摩擦力大小的因素将发生变化,会造成皮带打滑,影响被传动的发电机、水泵和风扇的正常工作。因此,要定期对带传动机构的技术状态进行检查。

1. 检视带传动皮带外观

(1)观察带传动机构是否有缺陷

①皮带开裂。

②皮带变形。

③皮带延伸或磨损。

④染有油迹。

⑤皮带与皮带轮的接合状态。

⑥主动皮带轮与从动皮带轮中心是否位于同一平面。

(2)检视步骤

①了解或查看上次检视时间及检视情况或记录,准备好同类型号的皮带。

②将发动机熄火,断开电源总开关。

③视觉检查带传动机构的缺陷。

④更换有缺陷的皮带。

(3)皮带张紧度的检查与校正(图3-2-2)

①用1N的力按压皮带,皮带的伸张度为8~13mm。

②当皮带张紧度不符合要求时(过紧或过松),通过调节装置进行调整。

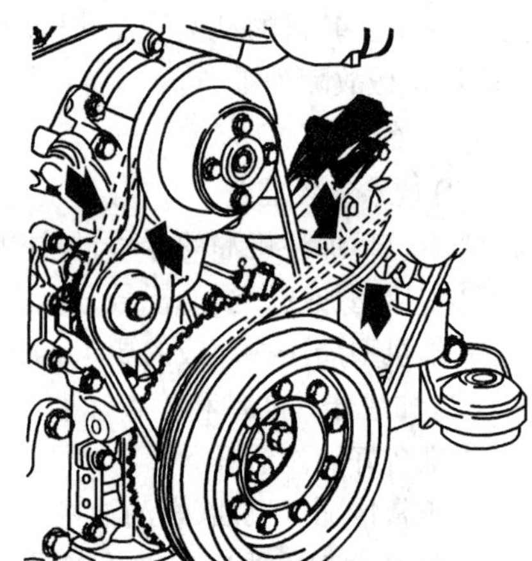

图3-2-2　发动机传动皮带张紧度检查调整示意图

2. 操作注意事项

(1)检查和调整前必须将发动机熄火,并断开电源总开关。

(2)不应只检查皮带的外表面部分,也应检查其内表面部分。

(3)禁止用手试图拉动皮带转动,防止手指被挤压。

(4)试运转前将发动机上的各种手工具放置好,防止因发动机运转造成事故。

课题二　电气系统保养

模块一　检查和清洁蓄电池外表

蓄电池是充当储存电能的一个容器,主要作为启动电动机的直流电源。为了延长蓄电池的使用寿命,保持其电量充足,以备启动时提供大电流(500A),必须定期对蓄电池进行检查与保养。

1. 准备工作

(1)准备:紧固扳手,密封胶带、砂纸、毛刷子、水桶。

(2)添加工具的准备:蓄电池补充液、吸管、密度计、漏斗。

2. 清洁检查步骤

(1)取下正、负极接头,用砂纸清刷接头和极桩,清除所有腐蚀物。

(2)用胶带密封通气孔,将蓄电池倾斜放置,用清水清洗蓄电池外表,清洗完毕后将胶带取下,使蓄电池正常通气。

(3)检查蓄电池注液盖上通气孔是否通畅,然后用吸管法检查电解液液面高度(标准高度为高于极板10~15mm),不足时用补充液补足。

(4)用密度计检查电解液密度(电量充足时密度为1.28~1.30g/cm^3),并判断蓄电池储电量。

(5)检查完毕后将注液盖盖好并拧紧。

(6)检查蓄电池连接线有无破损,并安装正负极连接线。

(7)按要求安装固定蓄电池。

3. 注意事项

(1)蓄电池中的电解液为有腐蚀性的酸性溶液,因此一定不要让酸液溅到衣服或皮肤上。如果酸液不慎溅入皮肤或眼睛里,马上用清水冲洗至少15~20min,然后立即就医。

(2)一定不要将工具放到蓄电池顶部,防止工具将极桩短路,产生电火花加热工具,导致人身伤害。

(3)蓄电池充电和放电时会产生大量爆炸性强的氢气。充电室要通风并放置灭火器;操作蓄电池时要戴防护镜,并禁止吸烟和产生电火花。

(4)因为蓄电池很重,所以搬动时要用合适的搬动工具,防止腰部受伤。

(5)清理蓄电池极桩时,一定不要把极桩上的腐蚀物弄到皮肤或衣服上。

(6)蓄电池酸液是危险废物,因此不要随意丢弃蓄电池,以避免环境污染。

(7)正确安装蓄电池连接线,防止因正负极接反而损坏硅整流交流发电机。

(8)拆卸和安装蓄电池时要轻搬轻放,安装牢固并防振,防止壳体破损和电极桩头烧蚀。

模块二 检查线路连接、绝缘和锈蚀缺陷

检查线路连接松动、绝缘层破损和锈蚀缺陷,是防止电路出现短路或断路故障的重要措施,必须定期对外露线路进行检查。

1. 检查步骤

(1)清洁发电机、起动机等电气元件外表。

(2)检查外露导线绝缘状态和接线点是否牢固。

(3)检查仪表信号工作的准确性和可靠性。

(4)检查电气壳体有无破损。

2. 注意事项

(1)当电路出现短路故障时,要立即将发动机熄火,并断开总电源开关。

(2)进行保养和检修作业时,要将发动机熄火,并切断电源,禁止带电作业。

(3)禁止用易燃油液擦洗电气元件。

(4)禁止用“短路”试火的方法检测电路故障。

(5)禁止用导线替代熔断丝。

(6)禁止随意拆卸更换电气元件和连接导线。

(7)检测电子元器件时,要使用数字万用表,并按规定检测。

(8)扑救因电路故障引起的火灾时,要首先切断总电源,然后用灭火器灭火。

模块三　检查照明设备

车上的照明设备是夜间或光线不足时行驶和作业的安全保障装置,必须保证其工作状态良好,因此,在出车前要检查照明设备是否工作良好,以备需要时发挥其安全保障作用。

1. 检查步骤

(1)发动机运转状态下,闭合前后主照明前照灯开关,检查其亮度和照射位置。

(2)发动机运转状态下,闭合供料室照明灯开关,检查其亮度和照射位置。

(3)发动机运转状态下,闭合操作和仪表盘照明前照灯开关,检查其亮度和照射位置。

(4)发动机运转状态下,闭合其他安全信号警示灯开关,检查其工作状态。

2. 注意事项

(1)发现照明灯有故障后,要及时排除,以保证车上安全装置完好。

(2)更换照明灯时,要切断总电源开关,禁止带电更换。

(3)禁止用“短路”试火的方法检测灯线是否有电。

课题三　液压系统保养

模块一　检查液压油油箱油量

定期检查液压油油箱中液压油液位和颜色,是操作人员必须养成的一种良好的工作习惯。其目的是保证液压系统正常工作及在早期发现液压系统存在的故障隐患。

1. 检查步骤与内容

(1)车上有几个液压油箱,安装在什么位置。

(2)本机种液压系统使用的液压油是什么牌号。

(3)检查液压油液位的方法是油尺、观察孔和油量表。

(4)认读液压油液位的极限位置和不正常状态的油液颜色。

(5)检查液压油液位的规范方法。

2. 注意事项

(1)检查过程中要采取措施,保持液压油清洁,防止任何脏物(灰尘、碎屑、棉丝等)进入到油箱中。

(2)禁止在尘土较多的环境下检查和加注液压油。

(3)禁止在机械运行状态下检查或加注液压油。

(4)严禁将未经过滤的液压油倒入油箱;严禁不同牌号的液压油混加。

模块二　检查液压油管和接头部位有无漏油

注意检查液压油管和接头部位有无渗漏或漏油并及时消除,是保持机械完好、防止污染、避免故障扩大或发生突发性故障的一项有效的预防措施。

1. 检查步骤与内容

(1)选择检查的最佳路线。

(2)按检查路线检查各外露油管和油管接头有无渗油。

(3)紧固或更换渗油的油管或油管接头。

(4)分析易发生渗漏油管的故障原因,确定其根除方法。

2. 注意事项

(1)在发动机停止运转状态下进行上述检查作业。

(2)更换液压油管时应采取防污染措施,以避免油管流出油液脏污车体。

(3)更换油管时,要保持接头清洁,避免脏物混入液压系统中。

(4)更换油管前要使工作装置处于自由落地或固定物支承状态,防止发生伤人事故。

模块三 清洁主要液压元件外表

清洁是机械保养工作中最重要的一项基础工作。坚持清洁容易脏污的液压元件,长期坚持,其效果十分明显。

1. 准备工作

(1)清洁工具:毛刷、刮泥铲、棉丝。

(2)选择最佳清洁路线。

(3)将发动机熄火,断开电源总开关。

2. 清洁步骤与内容

(1)清洁油箱外表和通气阀。

(2)清洁液压油泵外表。

(3)清洁液压油缸或液压马达外表。

课题四 行走装置、供料装置、工作装置保养

模块一 作业前润滑、检查行走装置、供料装置和工作装置

1. 操作步骤

(1)检查润滑脂储存罐油量,不足时要添加规定牌号的润滑脂。

(2)使用注油枪向行走导向轮、振动振捣传动装置、牵引引臂铰接点及集中润滑不到的部位润滑。

(3)启动发动机并处于怠速状态,使集中润滑装置工作。

(4)使用专用油喷洒料斗、供料装置、前后挡板和振动挡板。

2. 注意事项

(1)添加润滑脂时,必须保持润滑脂清洁,防止灰尘混入油中,环境灰尘过多时禁止加注。

(2)作业前必须检查润滑脂储存罐油量,防止管路中注入空气或润滑不良造成零件损坏。

(3)禁止加注不符合要求的润滑脂,尽量避免在机械运转过程中进行润滑作业。

模块二 作业后清洁行走装置、供料装置和工作装置

1. 操作步骤

(1)用专用工具清除挡料板、料斗、机体外表残留的沥青。

(2)擦拭液压伸缩熨平板的导向柱表面和油缸活塞杆表面。

(3)空载运转振捣装置,以清除振捣锤之间的残留沥青。

2. 注意事项

(1)清洁作业过程中注意不要损坏各油路和电路。

(2)清洁作业前,必须使发动机熄火,并切断总电源开关。

(3)清洁作业前,必须使熨平板处于挂吊状态或自由落地状态。

1. 什么是日常保养,其主要内容是什么?

2. 沥青混凝土摊铺机日常保养的具体内容有哪些?

3. 沥青混凝土摊铺机作业前保养的内容有哪些?

4. 沥青混凝土摊铺机作业结束后保养的内容有哪些?

单元三　沥青混凝土摊铺机故障判断

学习目标

本课题的学习内容是沥青混凝土摊铺机常见故障的判断方法和技术要求。

知识要求

了解沥青混凝土摊铺机各机构或系统的组成和工作原理；掌握常见故障判断的基本方法和技术要求。

技能要求

①判断燃油供给系统低压油路堵塞或密封不严故障；②判断冷却系管路渗漏故障；③判断离心式机油滤清器不工作故障；④判断蓄电池电量不足引起的启动困难故障；⑤判断启动线路断路或接触不实引起的启动困难故障；⑥识别液压系统液压元件；⑦判断液压缸内漏故障；⑧判断液压缸自由下沉故障；⑨判断行走系统异响故障；⑩判断工作装置异响故障。

课题一　发动机故障判断

模块一　判断燃油供给系统低压油路堵塞或密封不严故障

柴油机燃油供给系统低压油路主要由燃油箱、油管、输油泵和滤清器组成。当油路堵塞或密封不严时，会造成供油不足或不供油，故障现象是发动机加速不良且功率下降，或是发动机熄火启动不着。判断此故障的关键是确定输油泵是否工作正常，找出油路中的不密封和堵塞的具体部位。

1. 准备工作

（1）检查油箱是否有燃油。

（2）备好开口扳手、梅花扳手、起子。

（3）备好备用的油管、油管接头密封垫、橡胶密封圈、滤芯、盛油容器。

2. 工作步骤

（1）进行输油泵的手泵试验时，当手泵向上提时，感觉有吸力，松手后手泵自动回位，说明来自油箱的油管堵塞。

（2）进行输油泵的手泵试验时，当手泵向下压时，感觉阻力很大，说明滤清器堵塞。

（3）松开输油泵出油管接头，扳动输油泵的手泵试验中，感到无力且出油管无燃油冒出，则说明输油泵有故障或来自油箱的油管不密封。

(4)将输油泵进油管卸下,更换一根新油管,其一端放入盛有燃油的油容器内,扳动输油泵的手泵试验时,输油泵出油管有燃油冒出,则说明输油泵工作良好,而来自油箱的油管不密封。

3. 注意事项

(1)确定故障点前不要随意拆卸油路元件。

(2)判断故障前要先确定油箱有无燃油。

(3)判断故障过程中要做好防止燃油漏出腐蚀和污染车体的措施。

(4)拆卸下的密封垫要进行更新。

(5)正确更换滤清器,保证滤清器工作有效。

模块二　判断冷却系管路渗漏故障

当发现水箱经常需要补充冷却液或停车点地上有水迹时,则说明冷却系管路有渗漏故障,应及时进行检查与根除,以预防发动机处于不正常工作状态。

1. 检查步骤

(1)将发动机熄火并断开电源总开关,沿冷却液循环路线检查渗漏点。

(2)发动机运转,水温处于正常温度,沿冷却液循环路线观测渗漏点。

(3)确定出渗漏点后,将发动机熄火,并断开电源总开关,根据渗漏部位采取紧固、更换水管、夹子或密封垫等方法,消除渗漏故障。

2. 注意事项

(1)在发动机运转状态下检查渗漏点时,要特别注意安全,原则上只能观测,不能用手触摸。

(2)排除渗漏故障时,必须要将发动机熄火,并断开电源总开关,必要时要将水箱中冷却液放出,防止冷却液腐蚀或污染车体。

(3)排除渗漏故障后要补足水箱中的冷却液。

模块三　判断离心式机油滤清器不工作故障

发动机工作时,由于机油喷射的反作用力,使转子高速旋转(机油压力大于0.39MPa,转子转速为5 500r/min),转子内的机油在离心力作用下,油中杂质被甩向四周,沉积在转子内壁上,而由喷嘴喷出后流回油底壳的机油则是经过离心滤清过的清洁机油。转子式滤清器的滤清效果同转子的转速有关,其转速又和机油压力、转子的密封状况及转子的转动平衡等因素有关。

1. 准备工作

(1)启动发动机中速运转,且机油压力正常。

(2)发动机温度达到70℃以上。

2. 工作步骤

(1)发动机熄火。

(2)迅速到机油滤清器前听其响声。

(3)正常情况下,发动机熄火后,能持续听到转子转动的声响。

(4)当发动机熄火后,不能听到转子转动的声响,则说明离心式滤清器失效。

课题二　电气系统故障判断

模块一　判断蓄电池电量不足引起的启动困难故障

由蓄电池电量不足引起的启动困难故障，一般会表现出两种故障现象：一是蓄电池电量严重不足，起动机不转；另一个是蓄电池电量不足，使起动机转速缓慢和无力。故障原因：一是蓄电池本身故障，电量不足；另一个是蓄电池电量较足，可能是由于连接线电阻过大，从而提供给起动机的电量不足。

1. 判断步骤

(1)扭动起动开关到启动位置，观察发动机是否转动、启动电磁开关有无咔嗒声响。

(2)查看前照灯和仪表盘上的仪表是否工作正常。

(3)检查电瓶线连接是否牢固和有无腐蚀现象。

(4)用放电计触接蓄电池两端，检测蓄电池放电电压(正常情况下大于10V)。

(5)用电压表负极导线搭接发动机缸体，另一端触及蓄电池正极，观测电压表读数。

(6)启动过程中用电压表跨接蓄电池两端，观察电压表在启动前后的显示读数。

(7)根据上述检测结果判断故障部位。

2. 注意事项

(1)蓄电池连接线断路和蓄电池严重电量不足时，前照灯和仪表盘上的仪表不工作。

(2)如果检查结果都正常，则说明是由于启动电路断路引起的故障。

(3)如果检查结果都正常，而启动前后电压表显示电压差很大，则说明起动机内部短路。

(4)用电压表测量时，要选择好量程、挡位和正负极，防止损坏电表。

(5)判断时，必须将行驶挡操作手柄放置于空挡，并制动。

模块二　判断起动线路断路或接触不实引起的启动困难故障

起动线路断路或接触不实引起的启动困难故障，是指起动控制电路断路或接触不良引起的起动机不工作，而蓄电池和起动机工作正常。图3-3-1所示为用电表检测电路断路方法的示意图。

1. 判断步骤

(1)扭动起动开关到启动位置，观察发动机是否转动、启动电磁开关有无咔嗒声响。

(2)接通前照灯开关，扭动起动开关到启动位置，查看前照灯是否变暗。

(3)将一个按钮开关接在电源正极与起动机电磁开关之间，接通开关，观察起动机是否转动。

(4)用试灯测试起动开关是否工作正常。

(5)根据上述检测结果判断故障部位。

2. 注意事项

(1)接通前照灯开关，扭动起动开关到启动位置，若前照灯没有变暗，则说明蓄电池及连接线良好。

(2)将一个按钮开关接在电源正极与起动机电磁开关之间，接通开关，若起动机转动，则说明起动机及电磁开关良好。

(3)用测试灯测试起动开关,可判断其是否通电。

(4)判断故障时,必须将行驶挡位置于空挡并制动。

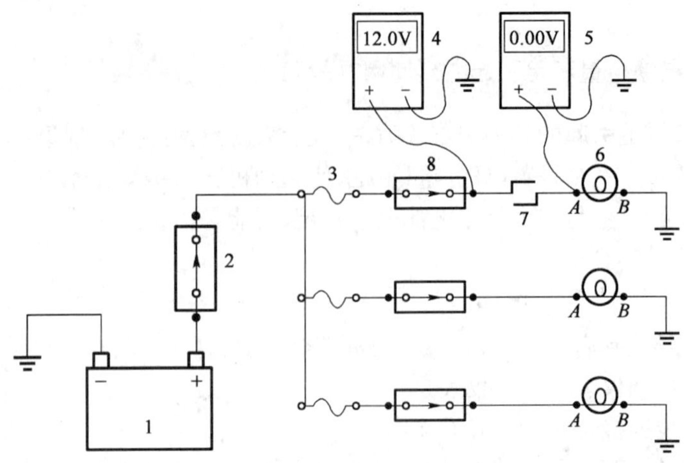

图 3-3-1 用电表检测电路断路方法示意图

课题三 液压系统故障判断

模块一 识别液压系统液压元件

1. 识别液压系统液压元件的意义

由于筑路机械的施工特点及社会化售后服务体系不完备,故要求操作人员除了会正确操作外,还应了解机械结构和其工作原理,这种能力是使用与维护好机械,准确判断机械故障,保持机械固有的可靠性,降低机械故障率的基础。

现代沥青混凝土摊铺机都是液压传动,可分为左右行走液压传动系统、左右刮板输送器液压传动系统、左右刮螺旋分料器液压传动系统、熨平板振动液压传动系统、熨平板振捣液压传动系统、其他(料斗倾翻、熨平板伸缩、熨平板升降、自动调平)传动系统。每个液压传动系统都由基本的液压元件所组成(动力元件、执行元件、控制元件和辅助元件),平时在工作过程中应对照实物和技术资料,注意识别这些元件的名称、功用、型号、技术参数、基本工作原理及在机械上的安装位置,对提高操作人员业务水平具有重要的实际意义。图 3-3-2 所示为液压泵及控制元件安装位置示意图。

2. 液压系统液压元件的识别方法

(1)准备工作

①了解液压传动的基本原理。

②了解沥青混凝土摊铺机的基本结构与组成。

③了解沥青混凝土摊铺机液压传动系统可分为多少个子系统。

④手持一份沥青混凝土摊铺机液压传动系统原理图。

(2)识别步骤

①对照液压系统原理图,指出熨平板振动液压传动系统和熨平板振捣液压传动系统中的主要液压元件(液压泵、液压马达、主要液控阀)名称、功用及其在机械上的安装位置。

②对照液压系统原理图，指出左右行走液压传动系统中的主要液压元件（行走液压泵、补油泵、行走液压马达、主要液控阀）名称、功用及其在机械上的安装位置。

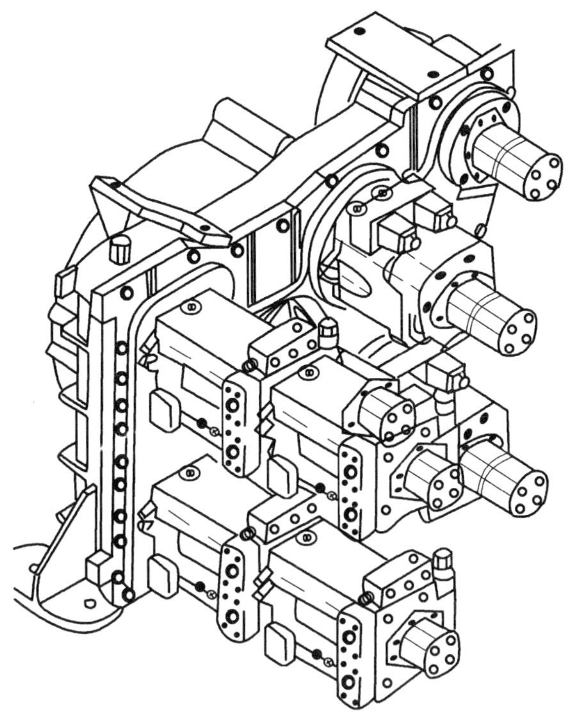

图 3-3-2　液压泵及控制元件安装位置示意图

③对照液压系统原理图，指出左右刮板输送器液压传动系统中的主要液压元件（液压泵、补油泵、液压马达、主要液控阀）名称、功用及其在机械上的安装位置。

④对照液压系统原理图，指出左右刮螺旋分料器液压传动系统中的主要液压元件（液压泵、补油泵、液压马达、主要液控阀）名称、功用及其在机械上的安装位置。

⑤对照液压系统原理图，指出料斗倾翻、熨平板伸缩、熨平板升降、自动调平液压传动系统中的主要液压元件（液压泵、液压油缸、主要液控阀）名称、功用及其在机械上的安装位置。

（3）注意事项

①识别时要将发动机熄火，并切断电源总开关。

②识别前将熨平板、料斗自由落下。

③识别液压传动系统主要液压元件名称、功用及其在机械上的安装位置，只是最简单的基本要求，要想不断提高专业水平和能力，应在此基础上结合实际继续学习液压传动理论知识，分析沥青混凝土摊铺机液压传动系统的工作原理，为提高专业水准打好基础。

模块二　判断液压油缸内漏故障

1. 液压油缸内漏故障原因分析

筑路机械使用的液压油缸多是通用式双作用式单杠活塞液压油缸。所谓液压油缸内漏是指高压油腔的高压油漏向低压油腔，造成液压油缸内漏是活塞上密封件老化失去弹性、破损或缸筒内壁严重磨损（沟槽、划痕）、密封失效所致。当使用时间过长、液压油不清洁和维修不当时，都会使液压缸发生内漏故障。

由于液压油缸是靠活塞两侧的压力差形成牵引力的，当高压油漏向低压油腔时，将使活塞两侧的压力差减小，活塞牵引力下降。又由于内漏而使高压腔有效流量降低，故活塞的移动速度也会变低。

2. 液压油缸内漏故障判断

(1)准备工作

①根据故障现象初步确定内漏液压油缸。

②将驱动液压油缸卸载，使工作装置处于自由落地状态。

③根据液压油缸动作特点选择观测内漏低压腔油口，并准备好盛油容器。

④制订故障判断工序，选择好辅助人员，并交待好操作工序。

(2)判断步骤

①松开液压油缸低压腔油管，并将油口对准盛油容器。

②操作液压油缸控制阀，使高压油腔进油。

③观察液压油缸低压油腔油口的油液泄漏量及油缸动作速度。

④如果观察到液压油缸低压油腔油口油液大量泄漏且油缸动作速度缓慢，则表明液压油缸内漏。

(3)注意事项

①判断前必须使液压油缸处于卸载状态，以保证安全。

②必须根据具体结构选择好液压油缸低压油腔油口。

③必须按事先规定的操作方向操作液压油缸控制阀。

④液压油缸泄漏出油液必须放入盛油容器，防止造成环境污染。

模块三　判断液压油缸自由下沉故障

1. 液压油缸自由下沉故障原因分析

筑路机械使用的液压油缸多是通用式双作用式单杠活塞液压油缸。所谓液压油缸自由下沉是在静止状态下，液压油缸在重力作用下自行伸长或缩进。造成液压油缸自由下沉的原因主要是液压油缸内漏，其次可能是液压油缸换向阀内漏和液压锁内漏所致。当使用时间过长、液压油不清洁和维修不当时，造成液压油缸发生内漏，就会出现液压油缸在重力负载作用下产生自由下沉故障。

2. 液压油缸自由下沉故障判断

(1)准备工作

①根据故障现象初步确定自由下沉液压油缸。

②将液压油缸卸载，使工作装置处于自由落地状态。

③根据液压油缸动作特点选择观测内漏低压腔油口，并准备好盛油容器。

④制订故障判断工序，选择好辅助人员，并交待好操作工序。

(2)判断步骤

①首先按判断液压油缸内漏故障的步骤判断液压油是否内漏。

②如果液压油缸不内漏，可在静止状态下，沿选择好的液压油缸低压腔回油管路，依次观察方向控制阀和液压锁低压油口是否内漏。

③如果观察到液压油缸、换向阀和液压锁低压油腔油口有油液泄漏，则表明液压油缸自由下沉是上述原因所致。

(3)注意事项

①判断液压油缸内漏前,必须使液压油缸处于卸载状态,以保证安全。

②判断液压换向阀和液压锁内漏,必须要在静止状态下进行。

③必须选择好不会造成工作装置自由下落的低压油腔油口。

④泄漏出的油液必须放入盛油容器,防止造成环境污染。

课题四　行走装置、供料装置与工作装置故障判断

模块一　判断行走系统异响故障

1. 行走系统异响现象及原因分析

履带式行走系统是由台车架、驱动液压马达、轮边减速器、驱动轮及支重轮、托链轮、引导轮、履带组成。引导轮、支重轮和托链轮的共同作用支承着履带,引导履带正确运动,并防止其脱落。“三轮”都是由轮体、轮轴、轴承和密封件组成的。行走时,液压马达通过轮边减速器(齿轮、轴承、齿轮轴、壳体)带动驱动轮转动。

机械行驶时,行走系统会发出较大声响,且车速越高声响越大,而低速行驶时,响声会减弱或消失,当起步或改变车速时,响声沉重,这都说明行走系统出现异响故障。异响说明行走系统中某个转动总成的工作状态发生了变化,主要原因为滚动轴承有损伤、齿轮损坏或啮合不正常、润滑油不足或润滑油中有较大的金属颗粒。

2. 行走系统异响判断方法

(1)准备工作

①分析本机型行走系统的结构特点。

②根据外观检查及异响特点和方位分析,初步确定异响可能发生的重点部位。

③确定机械操作人员、异响听诊人员、指挥人员和指挥手势。

④选择机械行走路线和听诊工序。

⑤做好机械行走前的准备工作。

(2)判断步骤

①机械沿选择的路线行走,听诊人员可判断出异响发出的部位。

②听诊人员进一步听诊出异响特征和规律。

③发出停车指挥手势。

④分析听诊所得到的信息,查看有关技术资料,确定异响产生的具体原因。

(3)安全注意事项

①听诊前要制订避免可能发生安全事故的措施。

②严禁听诊人员违章冒险操作。

③驾驶人员、听诊人员和指挥人员应协调配合,禁止擅自行动。

④当异响较大时,应立即停车拆卸检查,以防止故障扩大,造成机械事故,加大维修成本。

模块二　判断工作装置异响故障

工作装置异响是金属与金属间的撞击、振动和摩擦产生的声波,其原因是由于润滑不良、连接松动、零件磨损造成摩擦阻力过大、配合件间隙过大松旷、转动不平衡所致。当工作装置

作业时，由于受到冲击荷载和交变荷载的作用，配合件原有工作状态恶化，就会产生有一定规律的异响。异响说明某配合件处于极限磨损工作状态，不能继续使用，应采取调整、维修、更换等措施，防止故障进一步扩大、降低机械的可靠性、加大维修成本。

(1)准备工作

①分析本机型工作装置的结构特点及其在工作条件恶劣的情况下的易损部件。

②进行外观检查及异响特点和方位分析，初步确定异响可能发生的重点部位。

③制订异响判断和检查方案。

④做好判断前的各项准备工作。

(2)判断步骤

①在停机状态下，检查有无明显的连接松动并表观有无异常的部件。

②在作业状态下，听诊人员判断异响发出的部位。

③诊断人员进一步听诊出异响特征和规律。

④发出停车指挥手势。

⑤分析听诊所得到的信息，查看有关技术资料，确定异响具体的原因。

(3)安全注意事项

①听诊前，要制订避免可能发生安全事故的措施。

②严禁听诊人员违章冒险操作。

③驾驶人员、听诊人员和指挥人员应协调配合，禁止擅自行动。

④当异响较大应立即停车拆卸检查，以防止故障扩大、造成机械事故、加大维修成本。

1. 简述柴油机燃油供给系的组成及防止出现故障的措施。

2. 减少蓄电池出现非正常故障的措施有哪些？

3. 沥青混凝土摊铺机上安装有多少液压泵和液压马达？

4. 造成沥青混凝土摊铺机工作装置异响的主要原因及预防措施有哪些？

第四部分　沥青混凝土摊铺机操作工（中级）工作要求

单元一　沥青混凝土摊铺机施工作业

学习目标

本单元的学习内容是沥青混凝土摊铺机作业前和初始摊铺阶段主要摊铺参数的调整方法和技术要求。

知识要求

了解沥青混凝土摊铺机运行参数和结构参数对摊铺质量的影响，掌握主要参数调整的目的和技术要求。

技能要求

①根据虚铺厚度调整熨平板初始工作仰角；②安装调试接触式自动调平控制装置、供料控制装置；③调整振捣装置振幅和频率；④在初始摊铺阶段修正摊铺机结构参数和运行参数，使摊铺层厚度和平整度在规定行程内达到要求；⑤判断启动线路断路或接触不实引起的启动困难故障；⑥完成曲线超高路段摊铺作业；⑦在摊铺结束阶段核算摊铺用料量。

课题一　摊铺作业参数调整

模块一　根据虚铺厚度调整熨平板初始工作仰角

摊铺机开始进行摊铺作业前要预设铺层厚度和初始工作仰角，以便在进行初始摊铺时，减小调整范围，使铺层厚度很快达到设计要求。熨平板是能通过左右牵引大臂由主机牵引向前移动的，摊铺时熨平板处于完全浮动状态。熨平板工作仰角是熨平板平面与水平面之间的夹角，其大小与牵引点的位置及摊铺厚度预调装置调节有关。工作仰角大，则摊铺厚度增大；反之，则减小。另外，当摊铺机行驶时，由于受路基不平整度、摊铺速度、供料量和行驶阻力的影响，所预设的工作仰角也会发生改变，如图 4-1-1 所示。

1. 准备工作

(1)将摊铺机停置于起始摊铺带平整处。

(2)根据摊铺层厚度，准备好 2 ~4 块作为摊铺厚度基准的垫木。垫木规格为宽 5 ~10cm，长与熨平板纵向尺寸相同，厚度 $H = h \times 1.15 - 1.35$ 的垫木(H 为摊铺厚度，h 为路面设计厚度，1.15 ~1.35 为碾压余量或松铺系数)。

2. 调整步骤

(1)提升熨平板，将垫木放置于熨平板两端的下面，如果熨平板加宽，垫木应放在加宽部分的近侧处。

(2)垫木放好后,放下熨平板,并使熨平板升降液压油缸处于浮动状态。

(3)调整铺层厚度调节装置,使熨平板以其自重完全落在垫木上。

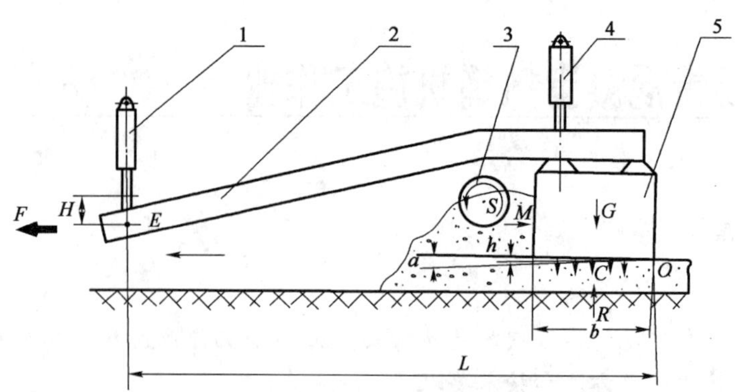

图 4-1-1 熨平板工作仰角示意图

1-牵引大臂牵引点长降液压油缸;2-牵引大臂;3-螺旋分料器;4-熨平板升降液压油缸;5-熨平板

(4)熨平板放置妥当后,开始调整初始工作仰角(仰角大小可根据铺层厚度查看使用说明书规定或根据经验数值确定)。调整方式视机型而定,如将左右大臂牵引点提升到与垫木厚度对应高度。初始工作仰角的数值视机型、铺层厚度、混合料种类和温度等因素的不同而异,各机型在使用说明书中都有规定。

(5)熨平板初始工作仰角调节得准确与否,只能通过检验实际摊铺厚度而确定,并根据实际情况做相应的微调,直至铺层厚度达到施工要求。

图 4-1-2 所示为摊铺厚度的确定方法。

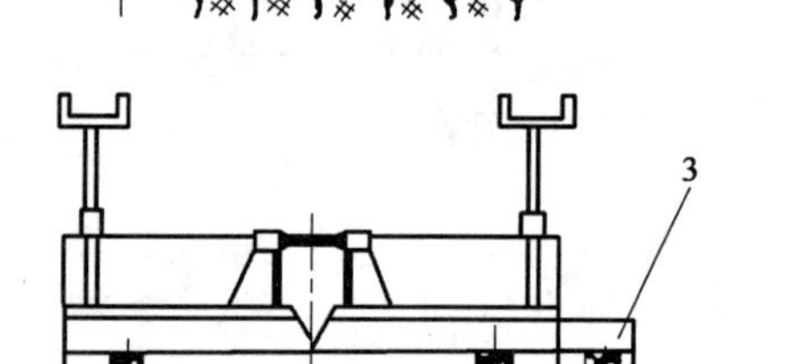

图 4-1-2 摊铺厚度确定方法示意图

1-垫木;2-熨平板;3-熨平板加宽板;α-熨平板工作仰角;L-熨平板标准宽度

3. 注意事项

(1)禁止用金属材料或石块作摊铺基准垫木,防止损伤熨平板工作面。

(2)均匀支垫熨平板,以避免熨平板变形。

(3)校正初始工作仰角时,每调整一次必须在5m 范围内做多点厚度检验,取其平均值,并与设计值比较。

(4)具有自动调平装置的摊铺机,在机器结构上可以靠改变熨平板侧臂安装位置来获得有限级的初始工作仰角,每一级初始工作仰角适应一定范围的摊铺厚度。

(5)液压伸缩熨平板,由于基本熨平板与左右伸缩熨平板不在同一纵向位置上,当初始仰角改变时,两者的后缘距离地面高度不一致,调整时应使用同步机构,使其后缘与基本熨平板后缘处于相同高度。

(6)垫木规格、熨平板支垫是否均匀、初始工作仰角直接影响起步后铺层厚度、平整度和横向接缝处理。一般根据使用操作说明书和驾驶员实际工作经验(厚度为 0 ~ 4cm,仰角小于 0;厚度为 4 ~ 15cm,仰角等于 0;厚度在 15cm 以上,仰角大于 0)确定初始工作仰角,然后根据实际摊铺厚度检测结果进行调整校准。

(7)调整时应使调平油缸活塞杆处于行程中部位置左右,防止调平油缸已经调至伸长或缩回极限位置。

1. 安装调试接触式自动调平控制装置步骤

为了满足现代汽车高速行驶对路面平整度的严格要求(平整度可达到3m直尺检测误差为±2mm),摊铺机作业时都装设有自动调平装置(分为接触和非接触两种),可及时检测出因外部因素影响造成的熨平板工作仰角的变化,并通过电—液自动控制系统,及时调整熨平板牵引大臂牵引点高度,从而使工作仰角尽快恢复到初始设定值,使摊铺出的铺层表面始终能保持平整。

接触式自动调平装置主要由传感器、控制器和执行机构所组成(电磁阀、液压油缸等)组成,根据检测基准的不同(基准线、基准梁、基准面),传感器上带有滑靴传感杆和弓子传感杆,检测基准一般由工程技术人员设定,如图4-1-3所示。

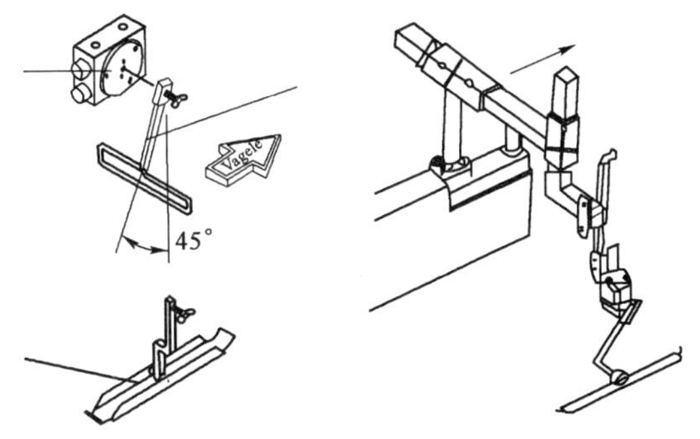

图4-1-3 接触式纵向自动调平传感器示意图

(1)选择好纵坡基准线(敷设弦线法和现成参照法)。

(2)将纵向传感器和横向传感器安装在牵引点上或熨平板上(连接电路时,应在断电状态下进行),如图4-1-4所示。

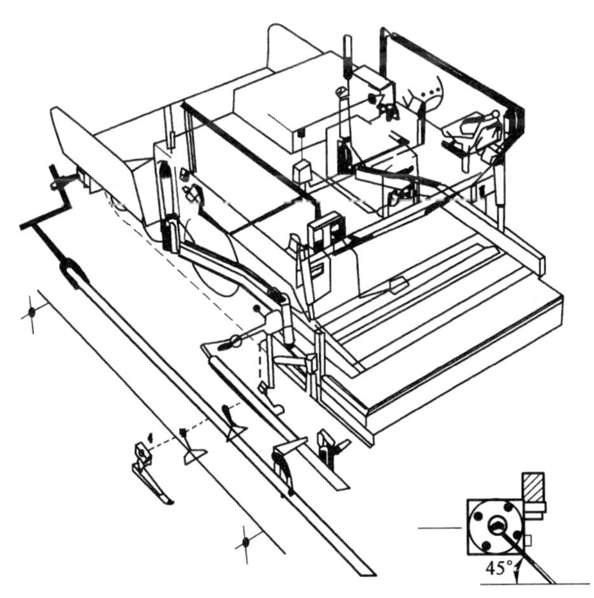

图4-1-4 接触式纵向和横向自动调平传感器安装示意图

(3)检查左右牵引臂铰点的高度是否一致,其恰当的高度为使油缸行程处于中心位置。

(4)将牵引臂的铰销锁住,调整传感器使之处于死区的中立位置,即信号不亮。

(5)调整好后,拔出牵引臂锁销,将传感器的工作选择开关拨到工作位置。

(6)接上电线,打开电源开关进行10min的预热。

(7)摊铺机摊铺10~15m后,铺层达到规定值时,自动调平装置开始工作。

(8)设定自动调平仪的灵敏度不能过高或过低(一般为5左右)。

2. 安装调试接触式供料自动控制装置的步骤

摊铺作业过程中，为保持熨平板前端材料数量处于螺旋分料器直径 2/3 的位置，防止材料过多或过少，供料系统中装设有供料自动控制装置，主要由料位拍、传感器、控制器、执行机构所组成，其控制方式分为开关式（停止和运转）和比例式（减小转速和增加转速）。摊铺作业前，应根据经验进行初调整，摊铺作业开始后，再根据供料量进行微调，直到达到要求为止，并转入自动控制模式下运转，如图 4-1-5所示。

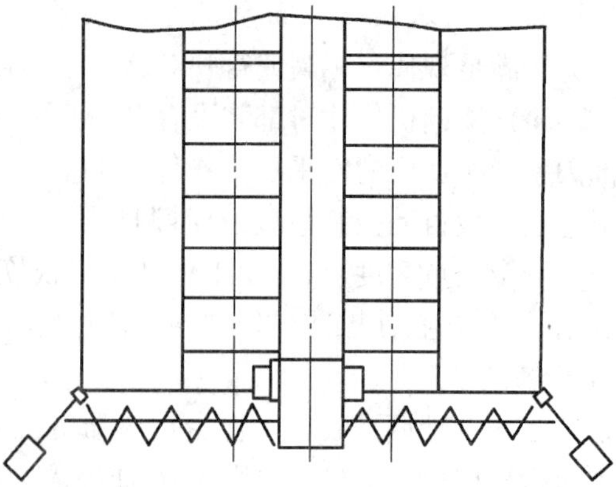

图 4-1-5　接触式料位（料位拍 9）传感器安装位置示意图

（1）将发动机熄火，并切断电源开关。

（2）安装供料控制传感器。

（3）检查料位传感器是否摆动灵活，将料位传感器摆杆的摆动角度调整为 20°～30°。

（4）使机器处于运转状态，并使供料装置处于自动控制模式。

（5）人为用杆件提升料位传感器料位拍至规定高度，检查供料装置是否能停止运转或运转速度降低。正常情况下，当料位拍提升到规定高度后，供料系统停止运转，放下后能恢复运转。

模块三　调整振捣装置振幅和频率

摊铺机的熨平板上都装有振捣和振动系统，一般可分为标准型（单振捣和振动器，摊铺预压密实度在 75%～85%）和高密实度型（双振捣和振动器，摊铺预压密实度在 90% 以上）。振捣的功能是在摊铺过程中预捣实已摊铺的材料铺层，一般都采用液压马达驱动，单、双偏心轴旋转或液压脉冲方式带动振捣梁产生向下的振捣运动，其振幅一般为 4～8mm，频率为 23～30Hz。振动的功能是辅助振实与平整铺层，一般都采用液压马达驱动，偏心轴旋转或液压脉冲方式产生振动力，振动频率一般为 40～70Hz，如图 4-1-6 和图 4-1-7 所示。

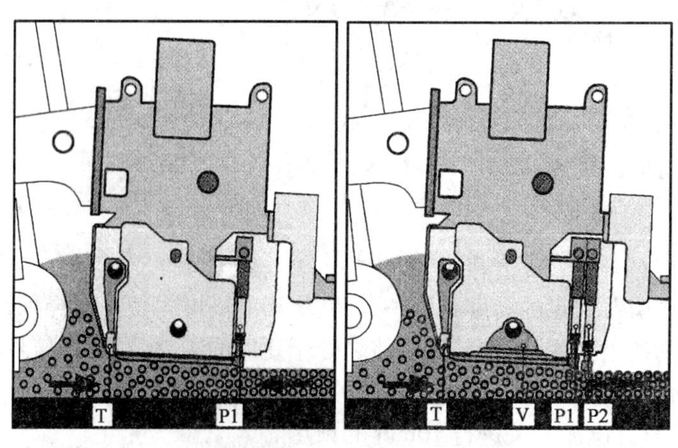

图 4-1-6　振捣器和振动器示意图

振捣系统的振幅有可调和不可调两种，振捣与振动系统的频率多为无级调节。振捣振幅的调节，要视摊铺厚度、温度和密实度而定，通常设定有3mm、6mm、9mm、12mm等若干振幅（因机型而异）。一般情况下，薄层、矿料粒径小的应采用小振幅；反之，摊铺厚度大、温度低、矿料粒径大时，应采用大振幅。当摊铺面层只能用小振幅，振动频率过高时，也可能会造成某些材料的细料上浮，产生离析现象。

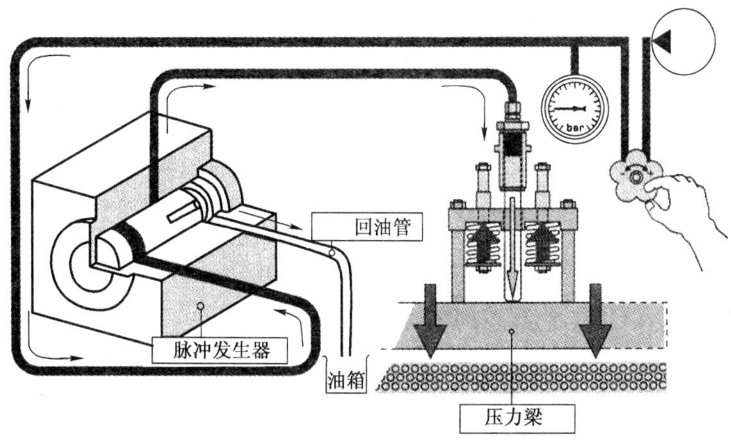

图4-1-7　脉冲式振动器工作原理图

振捣与振动频率通常是通过电—液控制装置调整驱动液压马达的转速来实现的；振捣与振动振幅通常是通过调整偏心轴的偏心量和偏心质量来实现的，脉冲式振捣与振动的振幅是通过电—液控制装置调整流入到脉冲发生器的工作液流量来实现的。

1. 调整步骤

（1）确定本型号摊铺机出厂前所调定的振幅和振频及对应的摊铺层参数。

（2）查看制造厂商的使用说明书中所推荐的振幅和振频及对应的摊铺层参数。

（3）根据摊铺厚度、摊铺材料、密实度要求，选择振幅和振频数值（摊铺速度低，则振幅和振频数值大，可获得的铺层密实度高，反之，则铺层密实度小）。

（4）按选定好的振幅和振频数值操作调节装置，使振动与振捣的振幅和振频数值达到要求。

（5）将调节装置锁止牢固，并安装好各种附件。

（6）通过摊铺作业过程中对铺层质量的检查，验证振动与振捣装置工作参数是否合适。

2. 注意事项

（1）调整后，振捣夯锤的底边与熨平板底边要保持规定位置，否则，要予以调整。

（2）作业前应检查振捣振幅数值，做到心中有数。

（3）加长熨平板的振动和振捣装置的安装（图4-1-8）要符合技术要求。

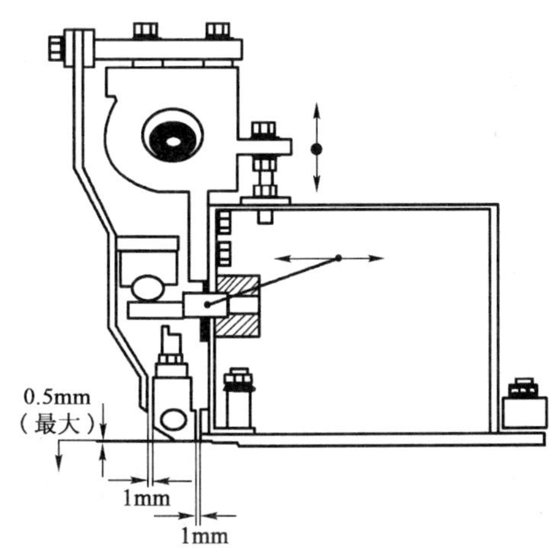

图4-1-8　振捣器安装位置示意图

课题二　摊铺沥青混凝土

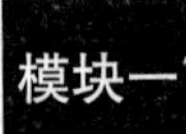

模块一　在初始摊铺阶段修正摊铺机结构参数和运行参数，使摊铺层厚度和平整度在规定行程内达到要求

经初始静态下对摊铺机的结构参数和运行参数进行调整后，为了验证调整的铺层厚度与实际铺层厚度是否相符，使摊铺行驶速度、供料量、熨平板工作仰角、振动与振捣达到精确匹配，使摊铺层厚度和平整度在规定行程内达到要求，应在初始摊铺阶段，根据检测结果对各种参数进行精确调整。

1. 操作步骤

(1)手动输料和分料，使熨平板前端材料达到规定数量。

(2)操作熨平板升降液压油缸控制装置，使熨平板升降油缸处于锁止状态。

(3)设定好初始摊铺速度(1m/min)，操作行驶操作杆，使机器起步开始摊铺。

(4)机器行驶摊铺至约一个熨平板宽度的距离后，操作熨平板升降液压油缸控制装置，将熨平板升降液压缸恢复到浮动工作状态。

(5)检查摊铺厚度、平整度、密实度和表观质量是否达到技术要求。

(6)根据检查结果，修正初始工作仰角、供料量、振动与振捣系统振幅振频等参数。

(7)闭合自动调平装置开关，并将振捣、振动、供料开关放置"自动"位置。

(8)在摊铺行驶5m的范围内，重复检查摊铺厚度、平整度、密实度和表观质量是否符合施工技术要求。

(9)当摊铺质量达到要求并稳定后，选择正常摊铺速度(2~3m/min)作业。

2. 注意事项

(1)一定的作业速度、振捣频率和振幅、混合料性质和温度、供料数量对应着一定的工作仰角度。当上述条件改变时，原有工作仰角会发生变化。

(2)调节时应微调，不允许大幅度调整或连续调整。

(3)每调整一次，必须在5m范围内做多点厚度检验，取其平均值，并与标准值相比较，以确定调整效果。

(4)一次调整后，在测定均值之前，不得做任何调整。

模块二　完成曲线超高路段摊铺作业

从直线路段向曲线路段摊铺作业时，由于直线路段的断面形状为路拱，而曲线路段的断面形状为单面超高坡度，且路面宽度也会发生变化，要求摊铺作业应保证从直线路段驶入到曲线路段和从曲线路段驶出到直线路段的路拱与单面超高坡度过渡要平缓，因此，需要在摊铺过程中对熨平板的拱度和工作仰角进行调整，尤其是当采用单机全路幅方式作业时，此种情况更加明显。图4-1-9所示为曲线超高坡度调整图。

1. 准备工作

(1)摊铺前，应观测曲线路段曲率、横坡坡度、坡度的起点和终点、宽度。

(2)选择合适的熨平板宽度，避免摊铺宽度达不到要求或因熨平板过宽而碰撞路缘石。

2. 操作步骤

(1)根据弯道曲率估算出调整熨平板拱度的起始点至终点距离(驶入弯道和驶出弯道)、调整次数和每次调整量。

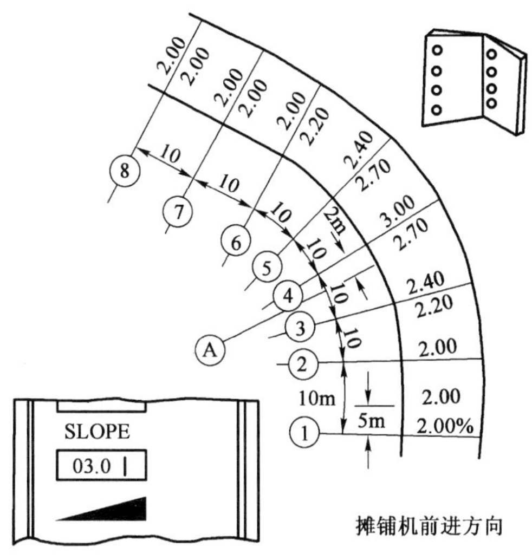

图 4-1-9　曲线超高坡度调整图(尺寸单位:m)

(2)操作摊铺机驶入弯道,在距离曲线带超高路段 10 ~ 20m 处(根据弯道曲率确定),开始分段逐渐调小熨平板拱度,当摊铺机行驶到调整终点时,熨平板的拱度应正好为 0。

(3)操作摊铺机驶出弯道,在距离曲线带超高路段 10 ~ 20m 处(根据弯道曲率确定),分段逐渐调大熨平板拱度,当摊铺机行驶到调整终点时,熨平板的拱度应恢复到原值。

(4)使用纵坡传感器和横坡传感器配合作业时,要每隔 10m 做一个标记,并标好坡度值,设专人操纵横坡传感器,连续平稳地调节坡度。

3. 注意事项

(1)为保证直线路拱路段与曲线带超高路段之间路面的断面形状过渡平缓,每次调整量不能过多。

(2)此方法适用于单机全路幅摊铺,如果是单机半幅摊铺或双机摊铺,则不存在调整熨平板拱度的问题。

(3)如果是单机全路幅摊铺连续弯道,只有从直线到弯道或从弯道到直线路段才会遇到调整熨平板拱度的问题。

模块三　在摊铺结束阶段核算摊铺用料量

核算在摊铺结束阶段的摊铺用料量的目的是避免剩余料量过大造成浪费或剩余料量不足造成质量缺陷。

1. 核算方法

(1)查看有关技术资料,弄清料斗标准容量(m^3)和沥青混凝土密度 γ(t/m^3)。

(2)观测摊铺宽度 H(m)、未摊铺长度 L(m)、摊铺层厚度 h(m)。

(3)计算用料量 $G = H \times L \times h \times \gamma$。

(4)估算料斗应剩余的沥青混凝土量。

2. 注意事项

(1)实际作业过程中,要求估算值取上限值,以求尽量避免料量不够。

(2)估算料斗物料时,可以根据料斗标准容量进行估算。

思考题

1. 什么叫熨平板工作仰角？影响工作仰角发生变化的主因素有哪些？
2. 简述接触式自动调平控制装置的组成及工作原理。
3. 简述熨平板上的振捣装置的组成及作用。
4. 如何在初始摊铺阶段修正调整摊铺机结构参数和运行参数？
5. 曲线路段摊铺的主要技术要求有哪些？
6. 摊铺结束前,核算摊铺用料量的目的是什么？

单元二　沥青混凝土摊铺机保养

学习目标

本课题的学习内容是沥青混凝土摊铺机保养的基本作业方法和技术要求。

知识要求

了解沥青混凝土摊铺机保养内容；掌握各项保养的目的和技术要求。

技能要求

①更换空气、燃油和机油滤清器；②按规定更换机油和冷却液；③检查蓄电池液面高度及添加补充液；④检查、清洁起动机和发电机；⑤检查、清洁电磁阀和熔断器；⑥更换液压油管；⑦清洁液压油散热器；⑧清洁液压油箱通气阀；⑨检查减速箱润滑油油量；⑩检查、调整刮板输料器下垂量；⑪检查、调整履带张紧度。

课题一　发动机保养

为保证机器的无故障运行，并减轻磨损，延长其使用寿命，必须按照规定的时间间隔对机器进行维护保养作业。机器保养可分为日常保养（作业前保养和作业后保养）、周期性保养（根据机器累计工作小时，分一级、二级和三级保养）、特殊保养（换季保养、走合期保养、长期停驶保养），机器的保养工作包括 4 个要素：什么时间保养，准来保养，保养的内容是什么，如何保养。机器生产厂商的使用保养手册中对此方面的内容有详细说明，掌握了这 4 个要素，才能及时、正确和有效地对机器实施保养。

模块一　更换空气、燃油和机油滤清器

空气滤清器、燃油滤清器、机油滤清器起着阻止磨料或杂质进入发动机中的作用，定期对其进行保养，维持它的功能有效性，对减少发动机零件磨损，延长发动机的使用寿命是至关重要的。发动机制造厂商的保养手册中，对上述滤清器的保养时间间隔和保养方法都有详尽的说明，操作者在实施保养前应阅读保养手册中有关方面的内容。

1. 准备工作

(1)查看从上一次保养滤清器至今，发动机累计运转多少小时。

(2)查看保养手册，确定滤清器保养周期。

(3)准备好更换用工具和滤芯、密封垫。

(4)将发动机熄火，切断电源开关，清除滤清器表面污物。

2. 工作步骤

(1)松开空气滤清器盖，取出滤芯，换装新滤芯。

(2)拆卸燃油滤芯，换装新滤芯，用手泵油方式排除低压油路空气。

(3)拆卸机油滤清器，换装新滤清器，换装前新滤清器内要注满机油。

(4)启动发动机，检查是否有外漏现象，并检查机油油量。

(5)填写保养记录。

3. 注意事项

(1)更换滤清器的过程中要保持清洁。

(2)拆卸时应准备盛油容器，防止泄漏油液污染机体。

(3)换装新滤清器前，应检查滤芯和密封垫质量，并正确安装，避免发生因安装不当造成滤清器“短路”，使滤清器失去作用，发动机出现“隐性”故障，从而造成严重后果。

模块二　按规定更换机油和冷却液

机油和冷却液经长时间使用，会逐渐变质，使工作性能下降，因此要根据保养手册的规定，定期对其进行更换，以保持发动机正常的润滑和冷却工作条件。

1. 准备工作

(1)查看从上一次更换机油和冷却液至今，发动机累计运转多少小时。

(2)查看保养手册，确定机油和冷却液型号、更换周期、加注容量。

(3)准备好更换用工具和盛油容器、加注容器。

(4)将发动机熄火，切断电源开关，清洁加注口表面污物。

2. 更换步骤

(1)趁热放尽油底壳内的机油，按规定型号和数量加注新机油。

(2)松开水箱盖，打开放水开关，放尽冷却液，然后按规定型号和数量加注新冷却液。

(3)清除加注口残留液体，并盖好加注盖。

(4)填写保养记录。

3. 注意事项

(1)更换时，车应停在水平的位置，并驻车制动。

(2)加注时，要防止油液溅溢，污染车体。

(3)妥善处理废旧机油和冷却液，防止环境污染。

课题二　电气系统保养

模块一　检查蓄电池液面高度及添加补充液

蓄电池在充放电过程中和受温度的影响时，电解液中的水会蒸发析出，造成电解液液面高度下降，电极板外露，长时间会使蓄电池容量下降，因此要定期检查蓄电池液面高度，并添加补充液。

1. 准备工作

(1)准备好空心玻璃管、直尺、补充液、漏斗。

(2)切断电源开关,拆除蓄电池负极搭铁线。

2. 工作步骤

(1)清洗蓄电池外表,并擦拭干净。

(2)打开加液孔盖,用空心玻璃管和直尺检查电解液液面高度(标准液面高度为高于极板10～15mm)。

(3)向液面较低的蓄电池单格内添注补充液,直至达到标准高度。

(4)盖好加液孔盖,并将残留物擦拭干净。

3. 注意事项

(1)蓄电池内的溶液为硫酸,检查时要特别注意安全,防止硫酸溶液溅溢到身体上。

(2)当发现蓄电池电解液异常损耗时,应及时排除充电电流过大故障,避免因长时间过充电而损坏蓄电池。

(3)一定不要将工具放到蓄电池顶部,防止工具将极桩短路,产生电火花加热工具,导致人身伤害。

模块二　检查、清洁起动机和发电机

1. 准备工作

(1)将发动机熄火,并切断电源开关。

(2)准备好毛刷、工具、万用表。

(3)拆除导线接头,并做上记号。

2. 工作步骤

(1)清洁起动机和发电机外表脏物。

(2)用万用表测量发动机磁场线圈和电枢线圈电阻值。

(3)用万用表测量起动机磁场线圈和电枢线圈电阻值。

(4)检查导线接头绝缘和接触是否处于良好状态。

3. 注意事项

(1)严禁用易燃液体清洗发电机和起动机。

(2)正确连接导线,防止发生短路故障。

模块三　检查、清洁电磁阀和熔断器

1. 准备工作

(1)将发动机熄火,并切断电源开关。

(2)准备好毛刷、工具、万用表。

(3)拆除导线接头,并做上记号。

2. 工作步骤

(1)清洁电磁阀和熔断器外壳脏物。

(2)用万用表测量电磁阀和熔断器电阻值。

(3)检查导线接头绝缘和接触是否处于良好状态。

3. 注意事项

(1)严禁用易燃液体清洗发电机和起动机。

(2)正确连接导线,防止发生短路故障。

(3)禁止在通电状态下检查。

课题三　液压系统保养

模块一　更换液压油管

1. 准备工作

(1)将工作装置处于自由落地或卸压状态。

(2)将发动机熄火,并切断电源开关。

(3)准备好工具、盛油容器、新液压油管、密封胶圈。

2. 工作步骤

(1)清洁液压油管接头脏物。

(2)松开液压油管接头,并用盛油容器接存油管流出的液压油。

(3)更换新液压油管和密封圈,将油管上的油液擦拭干净。

(4)启动发动机,运转工作装置,查看油管是否渗漏。

3. 注意事项

(1)更换后的新油管不能出现扭曲和弯曲角过小现象。

(2)更换油管时,要防止油液污染机体。

(3)严禁在发动机运转状态和工作装置负荷状态下拆卸液压油管。

模块二　清洁液压油散热器

液压油散热器经长期使用,外表会黏附很多污物,导致其散热效果下降,因此必须定期清洗液压油散热器,防止油温升高。

1. 工作步骤

(1)拆下液压油散热器,并封堵好进出油口。

(2)用刮铲清除黏附在外表的油泥,然后用高压水枪向空气流通的相反方向进行冲洗。

(3)按拆卸相反的程序安装散热器,并接好油管。

2. 注意事项

(1)拆装时,应采用正确方法操作,防止损坏,造成油液渗漏。

(2)拆装过程中,要保持油管接头清洁,防止脏物混入油液中。

(3)拆装过程中,要防止油液污染机体。

模块三　清洁液压油箱通气阀

1. 工作步骤

(1)清除通气阀表面及周围脏物。

(2)拆下通气阀,并封堵座孔。

(3)分解、清洗、疏通气阀。

(4)组装和安装通气阀。

2. 注意事项

拆装过程中，要保持座孔周围清洁，防止脏物掉入油箱中。

课题四　行走装置、工作装置保养

模块一　检查减速箱润滑油油量

1. 准备工作

(1)将机械停放在平坦的地面上，将发动机熄火，并切断电源。

(2)准备好工具及润滑油。

(3)查看减速器油量检查部位，并清洁检查部位周围污物。

2. 检查步骤

(1)检查减速器外表，观察是否有渗漏油痕迹。

(2)打开油面检测孔，查看油液液面高度。

(3)当液面较低时，添加润滑油至规定高度。

3. 注意事项

(1)发动机熄火后不能马上检查液面，应过 10～15min 后再检查。

(2)检查过程中，要注意清洁，防止脏物掉入减速器中。

(3)检查时，如发现油面过高或过低，应查明原因。

(4)检查时，如发现油液颜色发白或发黄，应更换润滑油。

模块二　检查、调整刮板输料器下垂量

1. 准备工作

(1)将机械停放在平坦的地面上，将发动机熄火，切断电源，驻车制动。

(2)准备好直尺和工具。

(3)查看保养手册，确定刮板传动链松紧度标准值。

(4)清洁传动链表面污物。

2. 检查步骤

(1)检查传动链、传动链轮外观是否有严重磨损或松旷等缺陷。

(2)检查传动滚轮是否转动灵活。

(3)用直尺检查传动链下垂度或张紧度，并与标准值相对比。

(4)检查后，如传动链张紧度不符合标准值，应调整张紧装置，使之达到要求，并锁紧张紧装置。

(5)调整后应低速试车，如刮板在行进中有扭曲，必须重新调整。

3. 注意事项

(1)检查时，应防止传动链表面毛刺划破手指。

(2)检查时，应防止将手指挤压在链条与链轮之间。

(3)检查后，应对传动链进行润滑。

(4)张紧时,要注意两根链条必须同时均匀张紧,以保证平行。

(5)冷状态下调整后,仍达不到规定范围值时,则必须更换新大链条。

(6)禁止采用卸掉链节的做法调节链条张紧度,否则会导致驱动轮链轮过早的损坏。

图 4-2-1 所示为刮板输料器传动链下垂量检查与调整示意图。

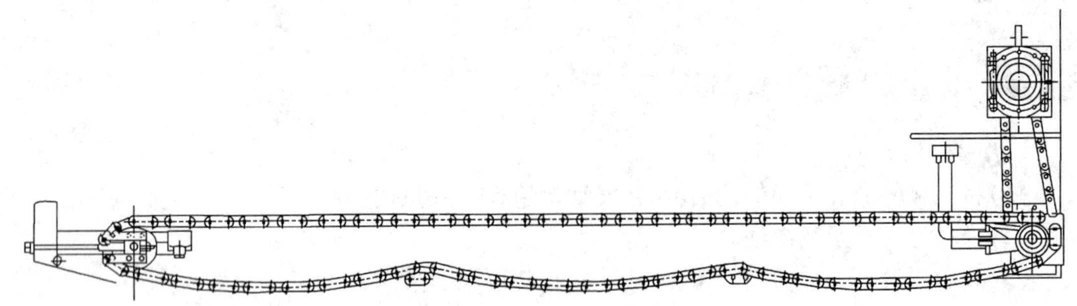

图 4-2-1　刮板输料器传动链下垂量检查与调整示意图

模块三　检查、调整履带张紧度

1. 准备工作

(1)将机械停放在坚硬平整的地面上,将下履带拉直。

(2)将发动机熄火,切断电源。

(3)准备好 1.5m 长的直尺和工具。

(4)查看保养手册,确定履带张紧度标准值。

(5)清洁履带及张紧装置表面污物。

2. 检查步骤

(1)检查“四轮一带”外观是否有严重磨损或松旷等缺陷。

(2)检查张紧装置是否完好。

(3)用长直尺检查履带下垂度,并与标准值相对比。

(4)检查后,如履带张紧度不符合标准值,调整张紧装置,使之达到要求。

(5)调整后应低速试车,并重复进行检查调整,直至达到标准范围值。

3. 注意事项

(1)调整后,两侧履带张紧度必须保持一致,以防行走跑偏。

(2)拆卸润滑脂加注嘴时,应采取安全措施,防止油嘴飞出伤人。

(3)调整后,履带张紧度不能过紧,防止行走阻力过大,使磨损加剧。

图 4-2-2 所示为履带张紧度检查示意图。

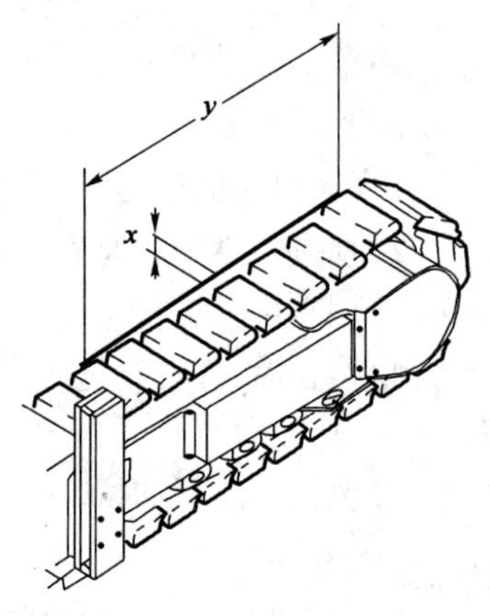

图 4-2-2　履带张紧度检查示意图

思考题

1. 机械保养的分类及目的是什么?
2. 简述更换机油、空气、燃油滤清器的依据和注意事项。
3. 为什么要定期检查蓄电池液面高度和添加补充液?
4. 如何检查调整刮板输送器的下垂量?
5. 清洁液压油散热器的目的是什么?

单元三　沥青混凝土摊铺机故障判断

学习目标

本单元的学习内容是沥青混凝土摊铺机常见故障的判断方法与技术要求。

知识要求

了解沥青混凝土摊铺机各机构或系统的组成和工作原理；掌握常见故障判断方法和技术要求。

技能要求

①判断柴油发动机“单缸”不工作故障；②判断润滑系油压过高、过低故障；③判断柴油发动机水温过高、过低故障；④判断发电机不发电故障；⑤判断照明装置、信号装置断路故障；⑥判断料斗收放液压缸动作缓慢和不动作故障；⑦判断熨平板提升液压缸动作缓慢和不动作故障；⑧判断熨平板振动和振捣液压系统故障；⑨判断减速箱温度异常故障；⑩根据减速箱放油螺塞上吸附的铁屑量判断传动部件磨损状况。

课题一　发动机故障判断

模块一　判断柴油发动机“单缸”不工作故障

1. 准备工作

(1)准备好工具。

(2)启动发动机，并处于怠速运转状态。

2. 判断步骤

(1)在发动机怠速运转状态下，逐个松开高压油管接头，观察松开前后发动机转速的变化。

(2)当进行上述操作时，若发动机转速下降明显，则说明此缸工作良好。

(3)当进行上述操作时，若发动机转速无明显变化，则说明此缸工作不良，可能的原因是汽缸密封不严，喷油器不喷油或雾化不良。

3. 注意事项

(1)判断故障前，应进行驻车制动，变速器处于空挡位置。

(2)发动机运转过程中，要特别注意安全，禁止乱放工具，禁止身体接触转动部件或排气管。

(3)检查后,要拧紧高压油管接头,并擦拭干净残留柴油。

模块二 判断润滑系油压过高、过低故障

1. 准备工作

(1)准备好油压测表及管路接头。

(2)检查油底壳机油油量,更换新机油滤清器。

(3)启动发动机,让发动机温度升至正常温度。

(4)查看发动机运转记录,确定发动机累计工作小时。

(5)查看相关资料,确定机油压力标准值。

2. 判断步骤

(1)将油压表接入到油压传感器座孔上。

(2)启动发动机,测量发动机在怠速状态下、中速状态下和高速状态下油压表的指示读数,并进行记录。

(3)当测量值与标准值相符时,说明机油压力传感器或显示器有故障。

(4)当测量值与标准值不相符时,说明润滑系有故障。

3. 注意事项

(1)在发动机运转过程中,要特别注意安全,禁止乱放工具,禁止身体接触转动部件或排气管。

(2)对拆下的油压传感器接头应进行绝缘处理,防止搭铁短路。

模块三 判断柴油发动机水温过高、过低故障

冷却液散热器经长期使用,外表会黏附很多污物,内部形成水垢,导致散热效果下降,使水温过高;当节温器损坏,使冷却液不能进行大小循环转换时,会造成水温过低或过高。

1. 判断步骤

(1)当发动机水温过低时,打开水箱盖,查看从水箱水管是否有大水流流入水箱,如果有水流流入,则说明节温器可能有故障,应拆下节温器检查。

(2)当发动机水温过高时,进行下列步骤检查:检查水箱内冷却液液面高度,检查水箱外表是否过脏,检查风扇皮带张紧度,检查上、下橡胶水管有无变形,检查水箱上部与下部温度差,检查节温器是否损坏,检查水泵性能是否良好。根据上述检查结果,确定故障原因。

2. 注意事项

(1)检查时,将发动机熄火,切断电源开关。

(2)如需要在发动机运转时检查,应特别注意安全,禁止身体接触任何转动部件。

(3)当发动机温度过高时,严禁用冷水急剧注入水箱或用冷水浇泼内燃机强制降温。需要开启水箱盖时,应戴手套,并注意躲开水箱盖口,谨防烫伤。

课题二 电气系统故障判断

模块一 判断发电机不发电故障

1. 准备工作

(1)准备好试灯、万用表及工具。

(2)拆下发电机电枢接线柱、磁场接线柱,并做绝缘处理。

(3)启动发动机并逐渐将转速增加到1 800r/min左右。

2. 检查步骤

(1)用试灯连接发电机电枢端头和磁场端头,进一步确定发电机是否有故障。

(2)将发动机熄火,并切断电源开关,用万用表测量电枢线圈是否短路或断路。

(3)将发动机熄火,并切断电源开关,用万用表测量磁场线圈是否短路或断路。

(4)检查电刷磨损程度。

3. 注意事项

(1)在发动机运转状态下进行检测时,应防止导线或身体与发动机任何部位接触。

(2)禁止用"短路"试火的方法检测发电机是否充电。

(3)拆下的导线应做上记号,防止连接时错误,导致人为故障。

模块二　判断照明装置、信号装置断路故障

1. 准备工作

(1)准备好试灯、万用表及工具。

(2)将发动机熄火,并接通电源。

2. 检查步骤

(1)用万用表检测熔断丝是否熔断。

(2)用试灯检测其控制装置是否通电和接触良好。

(3)用试灯检测控制装置至照明装置、信号装置的连接导线是否断路。

(4)用试灯检测照明装置、信号装置搭铁部位是否接触良好。

(5)根据检测结果,确定故障部位。

3. 注意事项

(1)应防止导线与机体任何部位接触。

(2)禁止用"短路"试火的方法检测。

(3)对拆下的导线应做上记号,防止连接错误,导致人为故障。

课题三　液压系统故障判断

模块一　判断料斗收放液压缸动作缓慢和不动作故障

1. 判断步骤

(1)检查与其共用液压泵的其他工作油缸是否动作缓慢和不动作。

(2)当其他工作油缸出现相同故障时,说明液压油箱缺油、滤清器堵塞、液压泵工作不正常、溢流阀控制压力过低。

(3)当其他工作油缸工作正常时,应用压力表检查料斗收放液压缸是否内漏。

2. 注意事项

(1)在发动机运转状态下进行检查时,应防止身体与任何转动部位接触。

(2)安装压力表时,应将料斗牢固支承,并将发动机熄火,防止发生安全事故。

（3）检测前，应查看相关技术资料，确定液压系统额定工作压力值。

模块二 判断熨平板提升液压缸动作缓慢和不动作故障

1. 判断步骤

（1）检查与其共用液压泵的其他工作油缸是否动作缓慢和不动作。

（2）当其他工作油缸出现相同故障时，说明液压油箱缺油、滤清器堵塞、液压泵工作不正常、溢流阀控制压力过低。

（3）当其他工作油缸工作正常时，应用压力表检查熨平板提升液压缸是否内漏。

2. 注意事项

（1）在发动机运转状态下进行检查时，应防止身体与任何转动部位接触。

（2）安装压力表时，应将熨平板用挂链挂牢或放落在地面上，并将发动机熄火，以防止发生安全事故。

（3）检测前，应查看相关技术资料，确定液压系统额定工作压力值。

模块三 判断熨平板振动和振捣液压系统故障

1. 准备工作

（1）查看有关技术资料，确定系统额定工作压力。

（2）准备好压力表和工具。

2. 判断步骤

（1）检查液压油箱油位，检查滤清器是否堵塞，检查吸油管路是否密封。

（2）检查液压泵和液压马达表面温度。

（3）将压力表安装在测压接口上，以测量系统工作压力。

（4）根据上述检测结果判断故障原因。

3. 注意事项

（1）在发动机运转状态下进行检查时，应防止身体与任何转动部位接触。

（2）安装压力表时，应将发动机熄火，以防止发生安全事故。

（3）检测前，应确定电控系统和传动机构工作正常。

课题四 行走装置、工作装置故障判断

模块一 判断减速箱温度异常故障

1. 准备工作

（1）准备好非接触式温度检测仪及工具。

（2）确定减速箱的正常工作温度范围。

（3）将发动机熄火，并切断电源开关。

2. 判断步骤

（1）用非接触式温度检测仪检测减速箱实际温度值。

（2）检查减速箱润滑油油位和质量。

(3)在运转状态下,检查其有无异响。

(4)卸下减速箱放油螺塞,查看是否有大量粒径较大的金属物。

(5)根据上述检测结果判断故障原因。

3. 注意事项

(1)在运转状态下进行检查时,应防止身体与任何转动部位接触。

(2)如果发现减速器有较大异响时,应立即停机,拆卸检修,防止故障进一步扩大。

模块二 根据减速箱放油螺塞上吸附的铁屑量判断传动部件磨损状况

1. 准备工作

(1)准备盛油容器和工具。

(2)将发动机熄火,切断电源开关。

2. 判断步骤

(1)卸下减速箱放油螺塞,并放出少量润滑油。

(2)检查放油螺塞上吸附的铁屑数量和粒径大小。

(3)用磁铁吸附润滑油中的铁屑,检查铁屑数量和粒径大小。

(4)根据检查结果,判断传动部件磨损状况。

3. 注意事项

(1)检查时,应防止铁屑划伤手指。

(2)如发现有较大粒径的金属时,应拆卸检修。

(3)检查后应补充润滑油。

(4)保养更换润滑油时,也应注意检查铁屑数量及其粒径大小。

思考题

1. 造成柴油机“单缸”不工作的主要原因有哪些?

2. 简述柴油机润滑系的组成和作用。

3. 造成柴油机水温过高的主要原因有哪些?

4. 造成液压系统执行元件动作缓慢或无力的主要原因有哪些?

5. 检查减速箱放油螺塞上吸附的铁屑量及其料径大小的目的是什么?

第五部分　沥青混凝土摊铺机操作工（高级）工作要求

单元一　沥青混凝土摊铺机施工作业

学习目标

本单元的学习内容是沥青混凝土摊铺机摊铺作业方式和参数选定方法，以及单机、多机摊铺方案的制订方法。

知识要求

了解两种以上典型沥青混凝土摊铺机运行参数和结构参数，掌握主要参数调整的调整方法和技术要求。

技能要求

①根据摊铺作业技术文件、现场条件确定单机或多机摊铺作业方案；②根据摊铺作业技术文件、现场条件选定沥青混凝土摊铺机摊铺作业参数；③安装调试非接触式自动调平控制装置、供料控制装置；④操作两种不同型号沥青混凝土摊铺机进行摊铺作业；⑤观测沥青混凝土摊铺质量缺陷，提出相应预防和解决措施。

课题一　摊铺作业方式和参数选定及调整

模块一　根据摊铺作业技术文件、现场条件确定单机或多机摊铺作业方案

1. 摊铺作业技术文件的内容

(1)铺筑路面长度、铺筑层数、铺筑厚度、铺筑宽度及技术要求。

(2)铺筑质量标准：压实度、平整度、弯沉值、抗滑、厚度、中线平面偏差、纵段高程、宽度、横坡值。

(3)铺筑计划与工艺(确定摊铺机技术性能与技术状况能否达到铺筑技术要求)。

2. 查看现场条件，确定作业方案

(1)实地察看路形、路况、路基平整度、特殊路段及周围设施。

(2)了解运料车的来料方向、混合料生产和运料能力、起始摊铺位置、施工技术要求、施工进度要求。

(3)根据察看或了解的情况，遵照施工规范和要求，选择铺筑方式(单台全路幅摊铺、单台两幅摊铺、多台呈阶梯队形同时摊铺)，确定摊铺机型号，并画出准确的摊铺标志线，以确定摊铺路线和工序，避免浪费材料和频繁转向移位。

(4)制订接缝处理方案见表5-1-1。

接缝处理方案 表 5-1-1

类　　型	技术要求
接冷纵接缝	搭接面宽度应控制在 5mm 左右； 新摊铺面厚度应略小于旧路面压实前厚度
接热纵接缝	搭接面宽度应略大于 5mm； 搭接层高度应一致
接横接缝	摊铺机熨平板前沿放在已铺路面末端后 40mm 处，熨平板工作仰角应比原路面摊铺的仰角大 15%

(5)制订工作计划，核算台班费用。

模块二 根据摊铺作业技术文件、现场条件选定沥青混凝土摊铺机摊铺作业参数

1. 沥青混凝土摊铺机主要技术参数与调整要求(表 5-1-2)

摊铺机主要技术参数与调整要求 表 5-1-2

需要掌握的机型技术参数(以陕西-ABGTitan423 履带式摊铺机主要技术参数为例)		需要了解的路面摊铺作业具体要求	需要调整的部位和数值
基本摊铺宽度	3m	实际摊铺宽度摊铺作业方式	熨平板和螺旋分料器左右端加长长度
最大摊铺宽度	12m(熨平板及螺旋分料器加长段规格)		
最大摊铺厚度	350mm	实际摊铺层厚度	熨平板摊铺厚度、作业仰角及垫木厚度
螺旋分料器高度调整范围	(365 ±50)mm	实际摊铺层厚度及摊铺材料	调整螺旋分料器离地高度
振捣梁振捣频率和振幅	0 ~ 25Hz 0 ~ 12mm	实际摊铺层厚度及摊铺材料	调整振捣频率和振幅
振动器频率	0 ~ 60Hz	实际摊铺层厚度及摊铺材料	调整振动器频率
熨平板拱度调节范围	-2% ~ +4%	路面断面形状	调整熨平板拱度
摊铺工作速度	0 ~ 18m/min	运料车的种类、数量、运料量、运距	摊铺作业速度及生产率
料斗容量和理论生产率	14t;800t/h		
供料系统料位传感器类型	料位拍接触式或超声波非接触式	规定供料量及与摊铺速度的匹配程度	调整供料速度
自动调平装置类型	接触式或超声波非接触式	测设基准	调整参照基准和灵敏度

摊铺机参数包括结构参数和运行参数两大部分。在摊铺前，根据施工要求需调整和选择摊铺机的结构参数有：熨平板宽度和拱度；摊铺厚度与熨平板的初始工作仰角。运行参数主要指摊铺速度。

2. 提高沥青路面摊铺质量的措施(表5-1-3)

提高路面摊铺质量的措施　　表5-1-3

影响因素	原因分析
路基平整度	路基层高程起伏较大时,新铺层厚度不均,压实后铺层厚度大处变形大,铺层厚度大小处变形小,压实后高程仍会存在不理想的问题
熨平板宽度的调整	多台摊铺机联合作业时,选定合适的摊铺宽度,尽量减少纵向接缝,为防止离析,单台摊铺宽度最好在9m以内;纵缝不可避免时,应尽量设在靠近路肩部位
熨平板拱度的调整	将拱度或横坡的百分比调整到与设计值一致即可,在实际摊铺时应根据水准仪测量结果再次校准;对于有前后两幅调拱机构,前拱度应比后拱度略大
初始工作仰角的调整与起步垫木的设置	垫木规格、熨平板支垫是否均匀、初始工作仰角直接影响起步后铺层厚度、平整度和横向接缝处理;一般根据使用操作说明书、驾驶员实际工作经验、实际摊铺厚度检测进行调整和校准
供料速度的调整	熨平前的料堆高低不均,造成铺层局部密实度降低,影响平整度;螺旋分料器转速时快时慢,造成混合料离析; 作业时应尽量采用自动装置,保持刮板输料器和螺旋分料器的转速匹配,熨平板前料堆应平齐,并应高于螺旋分料器的轴心线
螺旋分料器位置的调整	安装高度大,则适于铺层厚度大的;安装高度小,则适于铺层厚度小的;作业进度应根据铺层厚度、使用说明书规定和驾驶员实际工作经验调整
使用自动调平装置	选用接触式调平装置或非接触式调平装置,根据摊铺机使用情况,确定两纵坡传感器方案或一纵一横传感器方案;非接触调平装置,受外界影响较少,平整度相对较高,应尽量采用
熨平板前缘与螺旋分料器叶片的距离调整	摊铺层厚度小于100mm、中粒径混合料、温度正常、距离适中;摊铺层厚度大、大粒径混合料、温度低、距离加大;摊铺层厚度小、小粒径混合料、温度正常、距离缩小;根据情况,通过调整大臂牵引点位置,调整其距离
振幅、频率(夯锤行程频率)的选择	为获得较大的密实度,减小初压实痕迹,保持铺层既平整又密实,应根据规定和经验调整振幅和频率,以不振碎混合料碎石和摊铺机不产生共振为最佳,一旦选定就要保持恒定
熨平板加热与保温	温度过高,底板上黏附有混合料,铺出的路面会出现小沟槽,温度过低,熨平板拖拽混合料,造成铺层松散和不平; 初加热时,温度接近混合料温度;摊铺中断时,应注意保温,并锁死熨平板提升油缸;中断时间过长时,应重新加热保温
摊铺速度	摊铺机的作业速度对作业效率和质量影响极大;正确选择作业速度是加快施工进度、提高摊铺质量的重要手段;作业时应避免作业速度过快或作业速度时快时慢、频繁停机、运料车碰撞,否则,会对铺层平整度和密实度产生很大影响; 确定作业速度主要应考虑的因素是质量要求、混合料生产和运输能力、压路机工作能力、气候特点、摊铺层数、混合料种类;一般作业速度在2~5m/min之间

模块三　安装调试非接触式自动调平控制装置、供料控制装置

非接触式自动调平装置与机械接触式自动调平装置相比较,具有不接触基准面、不会黏连沥青、数字控制机械误差小、安装使用方便等优点,可用于匝道、变坡、桥面的摊铺控制,对接缝、井盖的处理方便高效,如图5-1-1和图5-1-2所示。

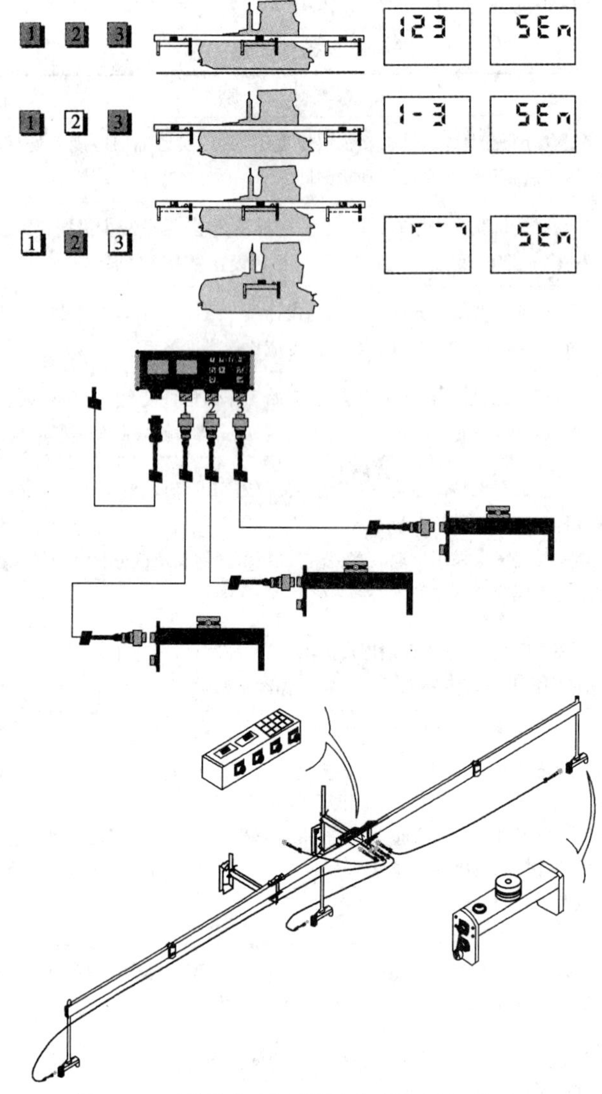

图 5-1-1　非接触自动调平纵坡传感器安装示意图

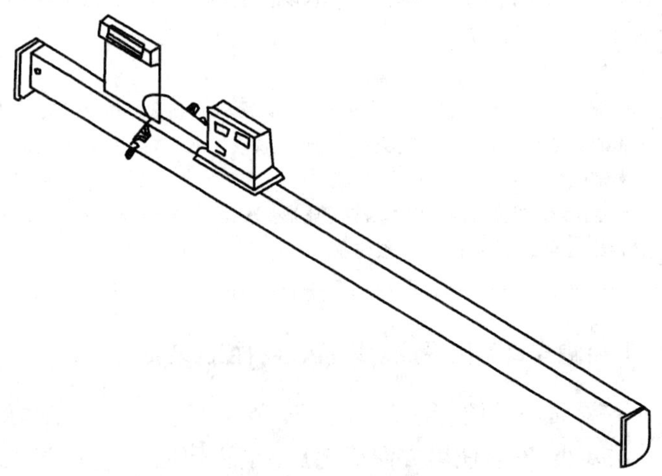

图 5-1-2　非接触自动调平横坡传感器安装示意图

1. 准备工作

(1)将平衡梁的安装零件、工具及电焊机准备齐全。

(2)将发动机熄火,并切断电源。

(3)拆卸蓄电池连接线,拆除所有 ECU,控制输入、输出端连接端子。

2. 安装步骤

(1)将熨平板放在平整的地面上,调节仰角至正常工作位置。

(2)将平衡梁安装支架焊接到大臂前后端。

(3)连接圆直杆及其他连接件。

(4)将短平衡梁装到摊铺机大臂前端支架上,将长平衡梁以跨越熨平板的形式装到摊铺机大臂后端支架上。将基座安装到平衡梁上,调节平衡梁上下位置,以使基座离地面位置约为 50~70cm。

(5)将 8 个声纳传感器分别接入快装接头,并将电缆接头插好。

(6)将控制盒电缆接头与摊铺机电源连接。

3. 注意事项

(1)在大臂上焊接平衡梁安装支架时,焊接位置不能影响到其他结构件运转。

(2)焊接以前应将所有电源开关及接线端子全部断开,以免损坏电子元件器。

(3)安装各接线端子时,要注意正确插装端子,防止造成人为故障。

(4)折叠、展开平衡梁时,注意不要将手置于折叠处,以免夹伤手指。

课题二　摊铺沥青混凝土

模块一　操作两种不同型号沥青混凝土摊铺机进行摊铺作业

1. TITAN423 沥青混凝土摊铺机操作

TITAN423 沥青混凝土摊铺机的各作业功能,可在以下 3 个位置上进行操作控制:操作座位前的操作控制盘、操作人员操作平台、熨平板左右侧外控制台,其主要的操作控制如图 5-1-3 和表 5-1-4 所示。

ABG423 沥青混凝土摊铺机各部分符号名称及功能　　表 5-1-4

序号	控制符号	名　称	控 制 功 能
1	S01	电源起动开关	0 位:无电压;1 位:工作电压;2 位:无功能;3 位:启动发动机
2	R15/26	行驶速度选择电位器	作业速度选定、自行转场行驶速度选定
3	S24	行驶操纵杆	向前:机器向前行驶;向后:机器向后行驶;中间:机器停止
4	R17/18	转向电位器	左旋转:实现机器左转弯;右旋转:实现机器右转弯
5	S13	左输送带控制三位扳钮开关	手动位置:手动控制输送带运转;停止位置:输送带停止工作;自动位置:料位传感器控制输送带运转
6	S15	左螺旋分料器控制三位扳钮开关	手动位置:手动控制螺旋分料器运转;停止位置:螺旋分料器停止工作;自动位置:料位传感器控制螺旋分料器运转
7	S14	右输送带控制三位扳钮开关	手动位置:手动控制输送带运转;停止位置:输送带停止工作;自动位置:料位传感器控制输送带运转

续上表

序号	控制符号	名　　称	控 制 功 能
8	S16	右螺旋分料器控制三位扳钮开关	手动位置:手动控制螺旋分料器运转;停止位置:螺旋分料器停止工作;自动位置:料位传感器控制螺旋分料器运转
9	S45	左螺旋分料器工作模式二位扳钮开关	左侧位置:最高速运转;右侧位置:自动比例控制运转
10	S46	右螺旋分料器二位扳钮开关	左侧位置:最高速运转;右侧位置:自动比例控制运转
11	S19	调节左侧牵引大臂支承点高度三位扳钮开关	中间位置:保持铺层厚度恒定;向上位置:增加铺层厚度;向下位置:减少铺层厚度
12	S20	调节右侧牵引大臂支承点高度三位扳钮开关	中间位置:保持铺层厚度恒定;向上位置:增加铺层厚度;向下位置:减少铺层厚度
13	S8	熨平板振动器控制三位开关	手动:手动控制振动器运转;自动:行驶操纵杆控制振动器运转;停止:振动器停止运转
14	S9	熨平板振捣器控制三位开关	手动:手动控制振捣器运转;自动:行驶操纵杆控制振捣器运转;停止:振捣器停止运转
15	A44	振动器运转速度调节电位器	调整振动器振动频率
16	R12	振捣器运转速度调节电位器	调整振捣器振捣频率
17	S77	料斗控制开关	中间位置:料斗不动;向前:料斗起升;向后:料斗下放
18	S4	紧急停止按钮	按下按钮切断摊铺机所有装置运转;拔起按钮恢复正常工作

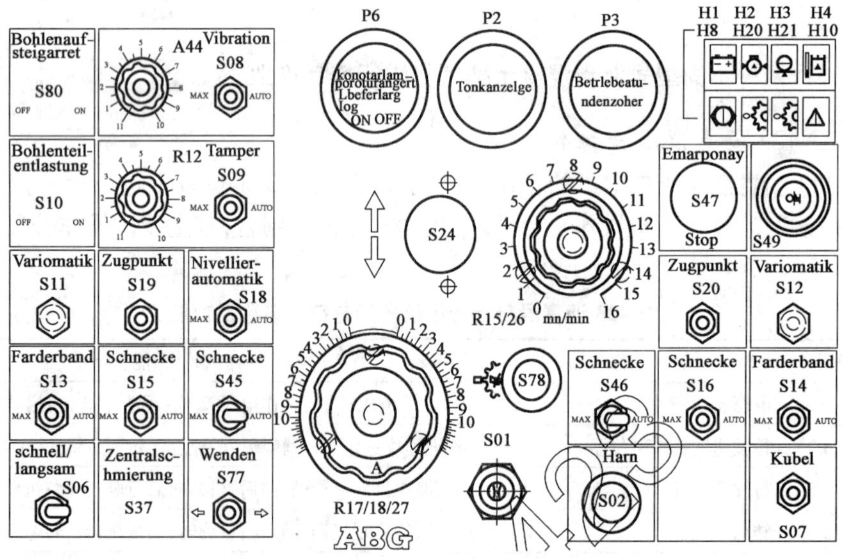

图 5-1-3　ABG423 沥青混凝土摊铺机操作示意图

2. 福格勒 Super2100-2 型沥青混凝土摊铺机操作

福格勒 Super2100-2 型沥青混凝土摊铺机的操纵控制盘分为 4 个区域,其分别是材料输送控制、熨平板功能控制、料斗和转向控制、显示器面板,其操作方式为控制杆和触摸开关式按钮,其主要操作控制如图 5-1-4、图 5-1-5 和表 5-1-5 所示。

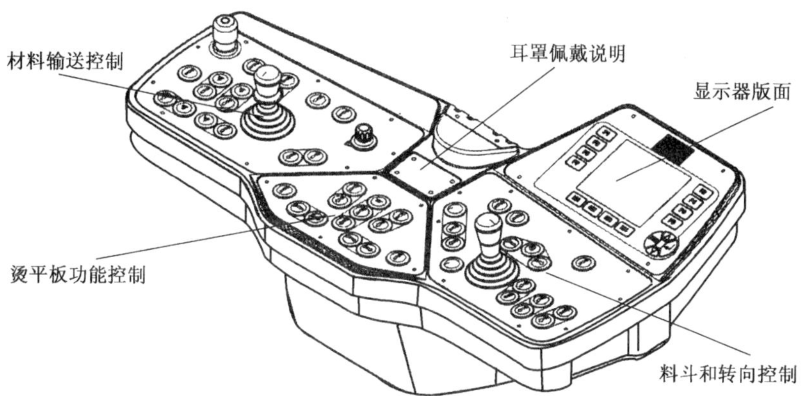

图 5-1-4　福格勒 Super2100-2 型沥青混凝土摊铺机的操纵控制盘示意图

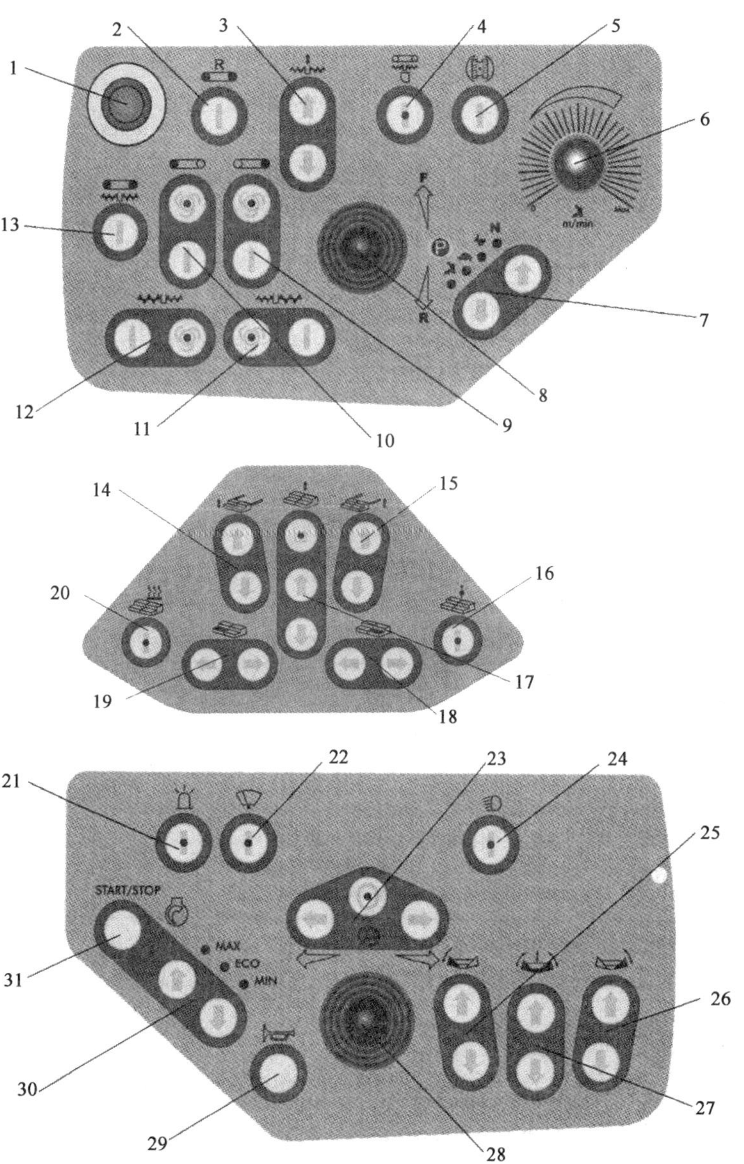

图 5-1-5　福格勒 Super2100-2 型沥青混凝土摊铺机操作示意图

注:1 ~31 图注见表 5-1-5。

福格勒 Super2100-2 型沥青混凝土摊铺机各部分名称及功能 表 5-1-5

序号	符号	名称	控制功能
材料输送控制	1	紧急停止按钮	按下按钮切断摊铺机所有装置运转;拔起按钮恢复正常工作
	2	输送带反转按钮	实现两侧输送带都能中速反转
	3	螺旋分料器高度调整按钮	提升或降低螺旋分料器高度
	4	输送带、螺旋分料器、振捣联动按钮	按下此钮,输送带、螺旋分料器、振捣以中速实现各自功能,用于预热和清洁
	5	原地转向按钮	行驶主操作杆处于停止位置时,实现机器原地左右转向
	6	摊铺速度控制旋钮	工作模式选择开关位于摊铺挡位时,根据控制旋钮刻度调整摊铺速度
	7	工作模式选择开关	停车挡、行走挡、转场挡、摊铺挡
	8	行走主操纵杆	操作杆向前——机器前进;操纵杆向后——机器后退;操纵杆居中——停车、驻车、制动
	9、10	左和右输送带控制按钮	自动控制开启与关闭、手动控制开启与关闭
	11、12	左和右螺旋分料器控制按钮	自动控制开启与关闭、手动控制开启与关闭
	13	自动装填控制按钮	输送带和螺旋分料器启动及调整通过传感器
熨平板功能控制	14	熨平板左侧仰角控制按钮	左侧熨平板工作仰角提升或降低
	15	熨平板右侧仰角控制按钮	右侧熨平板工作仰角提升或降低
	16	熨平板辅助开启与关闭按钮	实现熨平板处于浮动状态
	17	熨平板升降/锁销按钮	实现熨平板提升、下降、锁销锁止
	18、19	熨平板左、右延伸控制按钮	实现熨平板左右延伸或缩回
	20	熨平板加热	启动或关闭熨平板加热
料斗和转向控制	23	转向微调按钮	摊铺机处于摊铺模式下,实现向左、向右、直线行驶
	24	工作照明灯控制开关	开启或关闭工作照明灯
	25、26、27	料斗控制按钮	实现料斗提升、下降、不动
	28	转向操作杆	实现机器行驶过程中转向操作
	29	喇叭按钮	按下后放出声音报警信号
	30、31	启动/关闭发动机和发动机转速调整按钮	实现发动机启动、熄火控制和最大转速、经济转速、最小转速调整
显示器面板	主要将摊铺机和熨平板的功能和工作状态显示在显示屏的页面上,主要包括:行驶速度、发动机运转信息(转速、机油压力、温度、故障信号等)、熨平板工作仰角、振动或振捣参数、熨平板加热温度等		

模块二 观测沥青混凝土摊铺质量缺陷,提出相应预防和解决措施

1. 引起摊铺层厚度变化的主要因素

引起摊铺层厚度变化的主要因素有:人为调节仰角的大小、牵引速度的改变(即摊铺速度的改变)、行驶阻力的变化、摊铺材料数量变化(即供料速度的改变)、路基平整度变化使牵引铰接点的位置变化和热混合料的粗细度、温度及密度。摊铺质量检验项目主要为沥青含量的直观检验、混合料温度检验、厚度检验、表观检验。

2. 摊铺过程的质量缺陷及防治对策

(1)摊铺中常见的质量缺陷包括:厚度不准、平整度差(小波浪、台阶)、混合离析、裂纹、拉沟。

(2)各种缺陷产生的原因:机械本身调整不当、摊铺机操作不当、混合的质量有问题,见表5-1-6。

摊铺中常见的质量缺陷及其原因 表5-1-6

原因 \ 铺层缺陷		裂纹	拉沟	小波浪	混合料离析
混合料	0.075mm的石料过多	✓			
	温度不当	✓			
	沥青含量过多或过少		✓		
	矿粉含量不足		✓		
	骨料的尺寸与摊铺厚度不协调		✓		
	砂未完全烘干	✓			
摊铺机操作	受料斗两翼板上积料过多				✓
	受料斗两翼板翻动过速				✓
	供料系统速度忽快忽慢			✓	
	机械猛烈起步和紧急制动	✓		✓	
	摊铺速度快慢不均			✓	
	行走装置打滑			✓	
摊铺机调整	熨平板的工作迎角调整过量			✓	
	振捣梁与熨平板的相互位置调速不当		✓		
	振捣梁、熨平板底面磨损		✓		
	刮料护板安装不当	✓	✓		
	各部分的驱动链条松紧度未调好			✓	
	发动机调速器未调好			✓	

思考题

1. 选定摊铺机摊铺作业方式的原则和依据是什么?
2. 提高沥青路面摊铺质量的措施有哪些?
3. 非接触自动调平装置的组成和基本工作原理是什么?
4. 摊铺机的主要技术参数有哪些?
5. 简述摊铺过程中的质量缺陷及防治对策。

单元二　沥青混凝土摊铺机保养

学习目标

本单元的学习内容是沥青混凝土摊铺机保养。

知识要求

了解沥青混凝土摊铺机一级和二级保养的主要内容，掌握各项保养的目的和技术要求。

技能要求

①检查喷油器喷油质量；②调整喷油器喷油压力；③检查、调整气门间隙；④检查节温器性能；⑤检查蓄电池电解液密度和端电压；⑥更换发电机电刷；⑦更换起动机电刷；⑧更换减速箱润滑油；⑨检查螺旋摊铺器叶片和轴承磨损情况；⑩检查调整熨平板振动偏心装置技术状况；⑪检查液压泵进油管路密封状况；⑫目测检查液压油品质，更换液压油；⑬更换液压油滤清器滤芯。

课题一　发动机保养

模块一　检查喷油器喷油质量

1. 准备工作

(1)清除喷油器安装部位周围的脏物，然后将喷油器从发动机上拆下。

(2)清洗喷油器外表，清洗前用专用护盖密封高压油管接头。

(3)准备好喷油器试验器和密封垫片，将喷油器安装在试验器上。

(4)查看有关技术资料，确定本型号发动机喷油器的标准喷射压力和喷射质量要求。

2. 检查步骤

(1)以 60 次/min 以上的速度均匀地撳动试验器手油泵柄，直至喷油器喷油。

(2)读取喷油器试验器上压力表在喷油器喷射瞬间的压力值。

(3)观察喷油器是否出现滴漏现象。

(4)观察喷油器喷射雾化质量和油束角度。

(5)确定喷油器的密封性、喷油压力、雾化质量是否达到要求。

(6)将喷油器从试验器上拆下，并用护盖密封好高压油管接头。

3. 注意事项

(1)喷油器试验器中的柴油必须保持清洁。

(2)安装喷油器时,应将油管接头部位清洗干净。

(3)检查过程中要防止强力碰撞喷油器喷嘴和高压油管接头。

(4)将喷油器装回发动机之前,要清洁安装孔内的脏物,并更换新的密封垫,以确保密封。

模块二 调整喷油器喷油压力

当检查喷油器的喷射质量达不到规定要求时,需更换喷油嘴偶件,并将调整喷油器喷射压力调整到规定值。图 5-2-1 所示为检测喷油器喷射雾化质量示意图。

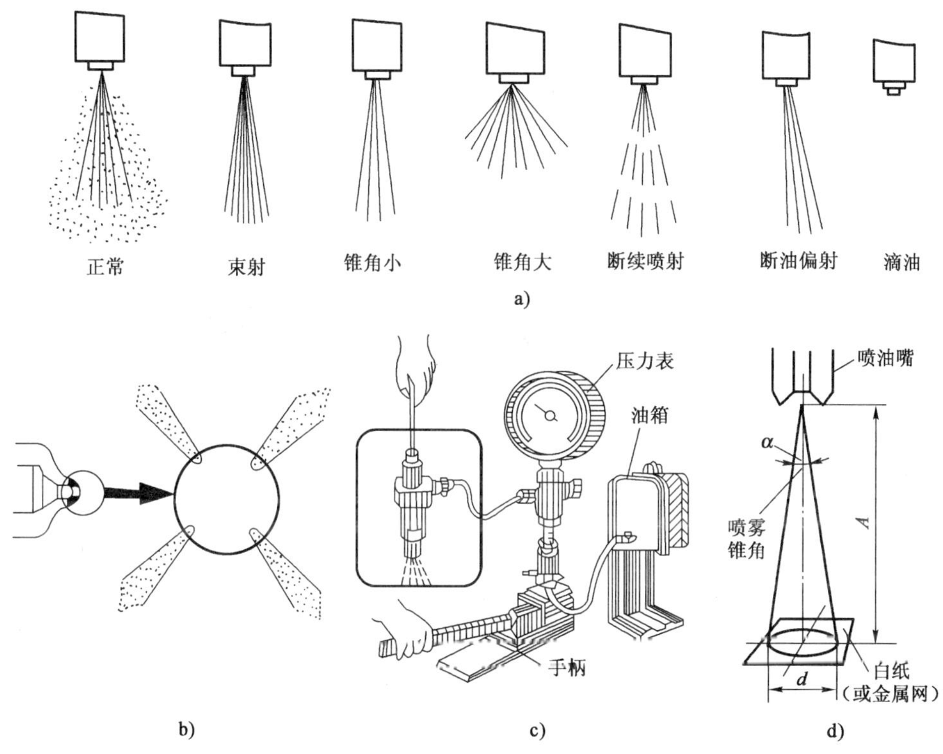

图 5-2-1 检测喷油器喷射雾化质量示意图

1. 准备工作

(1)清洗喷油器和试验器管接头。

(2)拧松喷油器喷射压力调整螺栓的上锁紧螺母,将喷油器安装在试验器上。

(3)查看有关技术资料,确定本型号发动机的喷油器标准喷射压力和喷射质量要求。

2. 调整步骤

(1)以 60 次/min 以上的速度均匀地揿动试验器手油泵柄,直至喷油器喷油。

(2)读取喷油器试验器上压力表在喷油器喷射瞬间的压力值。

(3)用标准喷射压力与实际喷射压力相比较,通过拧动压力调整螺塞进行调整。

(4)喷射压力达到标准喷压力时,将压力调整螺栓的上锁紧螺母拧紧,然后重新按上述方法验证。

(5)从试验器上拆下喷油器,并安装好护盖。

3. 注意事项

(1)喷油器试验器中的柴油必须保持清洁。

(2)安装喷油器时,应将油管接头部位清洗干净。

(3)检查过程中要防止强力碰撞喷油器喷嘴和高压油管接头。

模块三 检查、调整气门间隙

发动机经长时间使用,配气传动机构零件磨损,造成原有气门间隙发生变化,影响发动正常工作,因此,要定期检查调整气门间隙。检查调整气门的条件是在冷车状态下及进排气门处于完全关闭状态下,如图 5-2-2 所示。

图 5-2-2 气门间隙调整示意图

1. 准备工作

(1)查看机械保养与运转记录,确定发动机累计运转多少小时及上次检查调整气门间隙的日期。

(2)查看相关技术资料,确定本型号发动机在冷状态下进排气门标准间隙、发动机工作旋向、各缸工作次序、进排气门排列顺序。

(3)准备好检查调整工具,打开气门室盖。

2."逐缸法"检查调整气门间隙步骤(以直列 6 缸,工作次序为 1、5、3、6、2、4 柴油机为例)

(1)按发动机工作旋向扳转飞轮,观察第 6 缸进排气门叠开状态,使 1 缸活塞处于压缩上止点位置。

(2)检查调整第 1 缸进、排气门间隙。

(3)按发动机工作旋向继续扳转飞轮,依次使第 5、3、6、2、4 缸活塞处于压缩上止点位置,检查调整进、排气门间隙。

3. 注意事项

(1)检查调整时,应切断发动机电源开关。

(2)验证某缸活塞是否处于压缩上止点位置,应在扳转飞轮的过程中,观察以其相对应汽缸的进排气门是否处于叠开状态(即排气上止点)。

模块四 检查节温器性能

节温器可根据冷却液温度,限制冷却液流入散热器的流量,低温下其阀口应关闭,高温下其阀口应全部开启。其工作性能示意图见图 5-2-3。

1. 准备工作

(1)将发动机内的冷却液放出后,从出口水管拆下节温器。

(2)查看有关技术资料,确定本型号发动机节温器的形式、开启温度、全开温度、阀门最大开启高度。

(3)准备好盛水容器、温度为 95 ~ 100℃ 热水、温度表、钳子、直尺。

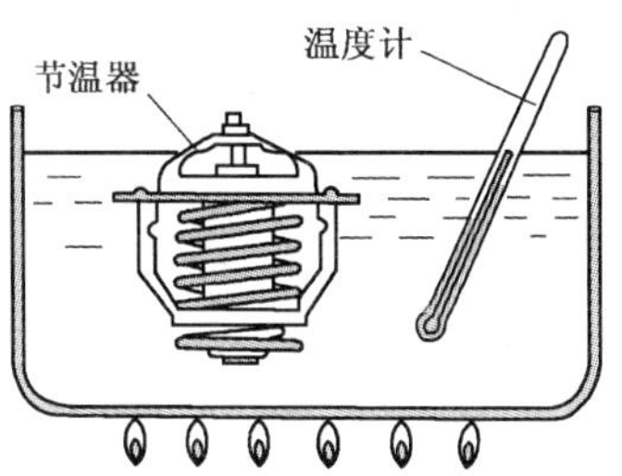

图 5-2-3 检测节温器工作性能示意图

2. 检查步骤

(1)将节温器浸入温度为 95 ~ 100℃ 热水中大约 6min。

(2)用钳子将节温器夹出,检测节温器是否开启和开启高度。

(3)将节温器浸入 75℃ 的热水中约 6min,然后检查节温器阀门是否完成关毕。

(4)根据检测结果分析节温器技术状况。

(5)按拆卸相反的程序安装节温器。

3. 注意事项

(1)安装节温器时,要注意安装方向,安装后要保证密封不漏水。

(2)检查时应切断发动机电源开关。

课题二 电气系统保养

模块一 检查蓄电池电解液密度和端电压

1. 准备工作

(1)准备好高率放电计和密度计。

(2)切断电源开关,拆下蓄电池搭铁线。

(3)清洗蓄电池外表,并擦拭干净。

(4)打开加液孔盖,根据需求添加补充液。

2. 工作步骤

(1)用密度计测量蓄电池各单格内电解液密度,正常情况下的密度为 1.25 ~ 1.26kg/L(环境温度为 20℃ 时),各单格电解液密度差值不得超过 0.025 ~ 0.030kg/L。

(2)用高率放电计测量蓄电池端电压时,正常情况下端电压应高于 9.6V。

(3)分析测量结果,确定蓄电池电量是否充足。

3. 注意事项

(1)蓄电池内的溶液为硫酸,检查时要特别注意安全,防止硫酸溶液溅溢到身体上。

(2)读取密度时,应水平观测,以保证数值准确。

(3)用高率放电计检测时,应在 5s 之内实施,防止高率放电计损坏。

模块二 更换发电机电刷

发电机经长期运转,电刷磨损造成接触不良,将影响发电机正常工作,因此,要定期更换电刷。

1. 准备工作

(1)将发动机熄火,切断电源开关。

(2)准备好新电刷及所用工具。

(3)查看机械保养与运转记录,确定发动机累计运转多少小时及上次更换电刷的日期。

2. 更换步骤

(1)拆除激磁导线接头,取下电刷支座上盖。

(2)取出旧电刷,并换装新电刷。

(3)按拆除相反程序进行装复。

(4)启动发动机运转,验证发电机是否工作正常。

3. 注意事项

(1)换装后要保证密封,不渗透雨水。

(2)拆卸时应注意导线连接位置,必要时做好记号,防止导线接错。

模块三 更换起动机电刷

起动机经长期运转,电刷磨损造成接触不良,产生火花,烧蚀整流器,影响起动机正常工作,因此,要定期更换电刷。

1. 准备工作

(1)将发动机熄火,切断电源开关。

(2)准备好新电刷及所用工具。

(3) 查看机械保养与运转记录,确定发动机累计运转多少小时及上次更换电刷的日期。

2. 更换步骤

(1)拆除起动机防尘罩。

(2)逐个取出旧电刷,并换装新电刷。

(3)按拆除相反程序进行装复。

(4)启动发动机运转,验证起动机是否工作正常。

3. 注意事项

(1)换装后要保证密封,不渗透雨水。

(2)拆卸时应注意导线连接位置,必要时做好记号,防止导线接错。

(3)换装时要注意导线绝缘情况,防止出现内部搭铁短路故障。

课题三 液压系统保养

模块一 更换液压油滤清器滤芯

定期更换或清洗液压油滤清器是保养液压系统的一项常见工作,其意义在于保证液压油清洁,防止因滤清器过脏,从而造成液压泵吸油阻力过大,影响液压系统正常工作。

1. 准备工作

(1)查看机械保养与运转记录,确定机械累计运转多少小时及上次更换滤清器的日期。

(2)将发动机熄火,切断电源开关。

(3)清洁滤清器外表脏物,如需要,应放出油箱内液压油。

(4)准备好新滤清器和更换工具。

2. 更换步骤

(1)拆除旧滤清器。

(2)换装新滤清器。

3. 注意事项

(1)更换新滤清器时,要避免在灰尘较多的环境下进行。

(2)更换滤清器的过程中,要特别注意保持液压系统清洁,防止灰尘、碎屑、棉丝等混入液压油中或管路中。

模块二 目测检查液压油品质,更换液压油

保持油液的清洁,将对延长液压元件的寿命起到重要作用。由于行走系统的泵、马达及液压转向系统中的转向阀等元件精度高,因此对油的清洁情况特别敏感,使用维护时必须特别注意。对液压系统的管道、油箱应定期清洗,更换新油,油的规格要符合厂家要求;加入的新油必须经10μm滤油器进行过滤,严禁将未经过滤的液压油倒入油箱;严禁不同牌号的液压油混加;严禁向液压油箱内添加柴机油、机械油之类的非液压油;油箱应该是密封的,不允许随便打开,以免灰尘进入。

摊铺机的保养间隔、内容、技术要求都是由制造厂商进行规定的,不同制造厂商生产的摊铺机其保养规定是不完全相同的。使用者要根据机器累计工作小时和制造厂商的保养手册中的规定,对机器进行保养。一般更换液压油的周期为1 000h以上。

1. 准备工作

(1)查看机械保养手册与运转记录,确定机械已累计运转多少小时、更换液压油周期及上次更换液压油的日期。

(2)按规定要求准备好新液压油及加注容器。

(3)准备好松脱油堵工具和适当的盛放废油的容器。

(4)选择一个洁净且无灰尘的环境和天气。

(5)将机器停放在水平的地面上,并使液压油具有一定的温度,并锁止各工作装置。

2. 工作步骤

(1)将发动机熄火,切断电源开关。

(2)清洁加注盖表面脏物,松开加注口盖。

(3)从油箱内取出少量的旧液压油,并将旧液压油和同牌号的新液压油滴放在一张白纸上,观察两油之间的颜色差别,如果差别很大,则说明需要更换。

(4)拧松放油堵,趁热排空油箱内液压油。

(5)更换滤清器,清洗油箱,检查放油塞上沉淀物后,拧紧放油堵。

(6)使用漏斗通过过滤器将新液压油加入油箱内,直到液位显示器上的液位达到规定位置。

(7)清除加注口周围的残留油液,并密封好加注油口。

(8)启动发动机并将液压油预热到工作温度,将发动机熄火,重新检查液压油液位高度,必要时加满。

3. 注意事项

(1)更换液压油过程中,要按规定牌号和数量加注液压油,且特别应注意保持油液清洁,

防止脏物进入油箱内。

(2)更换液压油的过程中,如发现油箱内的旧油颜色发白或有粒径较大的金属和非金属杂物,要查明原因。

(3)对放出的旧液压油要妥善处理,防止造成环境污染。

模块三 检查液压泵进油管路密封状况

液压油泵至液压油箱之间的吸油管路要保持密封,以防止吸入空气,影响系统正常工作。

1. 检查步骤

(1)检查吸油管及接头有无渗漏痕迹。

(2)检查吸油管有无破损、凹陷。

(3)紧固油管接头螺栓或油管卡箍。

(4)清洁油管接头外表油污,用试漏液涂在油管接头连接处,并在运转状态下检查有无气泡,如发现密封不严,应更换接头油封和油管。

2. 注意事项

(1)在运转状态下检查时,要特别注意安全。

(2)在运转状态下,应注意检查油管是否出现凹陷。

(3)在更换接头油封或油管时,应要保持油液清洁,防止杂质混入油液中。

(4)在更换过程中,要防止油液污染机体和环境。

课题四 行走装置、工作装置保养

模块一 检查调整熨平板振动偏心装置技术状况

1. 检查步骤

(1)在停机状态下,检查传动连接部件有无严重磨损和松动。

(2)检查传动机构各润滑点的润滑状态是否良好。

(3)在运转状态下,检查传动机构转动是否平稳。

(4)在运转状态下,用非接触式转速测试仪测量传动轴在高频和低频状态下的转速。

(5)在停机状态下,用手分别上下和左右摆动传动部件,检查支承轴承轴向和径向间隙。

2. 注意事项

(1)在运转状态下检查时,要特别注意安全。

(2)检查时,禁止将熨平板放在硬地面上。

(3)检查前,应润滑清洁振捣、振动装置,防止出现卡滞。

(4)检查时,应按规定要求调整振频、振幅。

模块二 检查螺旋摊铺器叶片和轴承磨损情况

1. 准备工作

(1)将发动机熄火,切断电源开关。

(2)清洁螺旋摊铺器表面残余物。

2. 检查步骤

(1)检查叶片厚度和有无断裂等外观缺陷。

(2)用手分别上下和左右摆动旋摊铺器轴,检查轴承轴向和径向间隙。

(3)在运转状态下,检查旋摊铺器运转是否平稳,有无异响。

(4)检查润滑点的润滑状况是否良好。

3. 注意事项

(1)在运转状态下检查时,要特别注意安全。

(2)检查时,应首先检查各润滑点的润滑状况,确保其能得到良好的润滑。

模块三　更换减速箱润滑油

摊铺机的保养时间间隔、内容、技术要求都是由制造厂商进行规定的,不同制造厂商生产的摊铺机的保养规定是不完全相同的。使用者要根据机器累计工作小时和制造厂商的保养手册中的规定,对机器进行保养。一般更换减速箱润滑油的周期为 1 000h 以上。

1. 准备工作

(1)查看从上一次更换润滑油至今,机械累计运转多少小时。

(2)查看保养手册,确定润滑油型号、更换周期、加注容量。

(3)准备好更换用工具和盛放废油容器、加注容器。

(4)将摊铺机停放在水平稳固的地面上,锁定或固定各工作装置。

(5)将发动机熄火,切断电源开关,清洁加注口表面污物。

2. 更换步骤

(1)清洁减速器外表和通气阀。

(2)松开放油油堵,趁热放尽减速器内的润滑油。

(3)检查放油堵上金属屑含量及其粒径大小。

(4)按规定的型号和数量加注新油。

(5)拧紧排油油堵和油位观察孔油堵,清除加注口残留液体。

(6)填写保养记录。

3. 注意事项

(1)更换时,车应停在水平的位置,并驻车制动。

(2)加注时,要防止油液溅溢,污染车体。

(3)妥善处理废旧润滑油,防止造成环境污染。

1. 柴油机喷油器喷油质量合格的标准是什么?
2. 气门间隙变化的原因及其对发动机正常工作的影响有哪些?
3. 保持液压系统油液清洁的主要措施有哪些?
4. 螺旋分料装置的组成和作用是什么?
5. 更换减速器润滑油的周期、步骤和注意事项是什么?

单元三　沥青混凝土摊铺机故障判断

学习目标

本单元的学习内容是沥青混凝土摊铺机常见故障的判断方法与技术要求。

知识要求

了解沥青混凝土摊铺机各机构或系统的组成和工作原理，掌握发动机、电气系统、液压系统和工作装置典型故障的判断方法和技术要求。

技能要求

①判断柴油机燃油供给系高压油路故障；②判断涡轮增压器工作异常引起的发动机功率下降故障；③判断启动继电器故障；④判断发电机电压调节器故障；⑤使用数字万用表检测电磁阀参数；⑥判断液压泵压力不足故障；⑦判断因液压系统原因造成的行走跑偏故障；⑧判断熨平板振动和振捣液压系统故障；⑨判断供料液压马达回转速度低和工作无力故障。

课题一　发动机故障判断

模块一　判断柴油机燃油供给系高压油路故障

柴油供给系高压油路是指喷油泵低压油室的燃油通过喷油泵加压，经高压油管到喷油器，当压力达到设计压力时，喷油器开启，将燃油喷射到燃烧室。高压油路常见故障主要是不喷油或喷油量小、喷油时间不正确、喷油质量太差等，使发动机出现功率下降、启动困难、运转不平稳等故障现象。判断高压油路的故障的关键是确定故障是否是高压油故障，然后再判断高压油中具体故障部位，如图 5-3-1 所示。

1. 判断步骤

(1) 当发动机启动不着，排气管无烟排出时，确定低压油路工作正常后，松开喷油泵高压油管接头，并将油门放到最大供油位置，用起动机带动发动机转动，观察喷油泵出油阀是否有燃油排出，若油量很小或无油排出，则说明喷油泵柱塞磨损严重或供油拉杆卡死在不供油位置。

(2) 当发动机功率下降、运转不平稳、冒黑烟时，确定低压油路工作正常后，将发动机处于怠速状态，用“断缸法”判断是哪一缸工作不良，然后，外接一个新喷油器，进一步确定是此缸的喷油器故障还是喷油泵故障。

2. 注意事项

(1) 判断故障前，应进行驻车制动，使变速器处于空挡位置。

(2)发动运转前和运转过程中，要特别注意安全，禁止乱放工具、禁止身体接触转动部件或排气管。

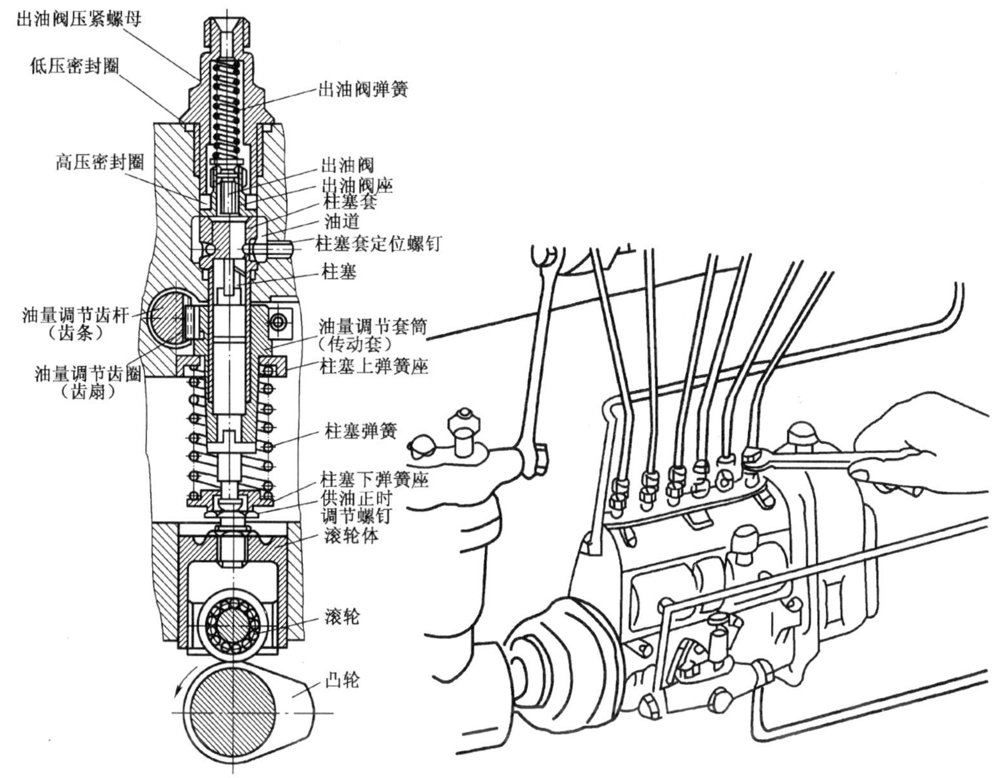

图 5-3-1 判断燃油供给系高压油路故障示意图

模块二 判断涡轮增压器工作异常引起的发动机功率下降故障

增压是将空气压入发动机，获得更多功率和转矩的过程。涡轮增压器利用热排气中的能量转动涡轮，并随后转动一个压气机将空气压入发动机。损坏的涡轮增压器转速减小，使发动机进气量不足，从而出现发动机功率不足、排气冒黑烟等故障现象。

1. 准备工作

(1)将发动机熄火，并切断电源开关。

(2)确定不是因为燃油不足或空气滤清器堵塞等其他原因造成的发动机功率不足、排气冒黑烟。

2. 判断步骤

(1)拆除同涡轮增压器连接的进气管和排气管。

(2)检查压气机叶轮转动是否灵活、叶轮轴是否径向或轴向松旷、叶片是否损坏。

(3)根据检查结果，确定涡轮增压器的故障部位。

3. 注意事项

(1)操作时，应避免意外碰到热排气管，造成烫伤。

(2)判断涡轮增压器故障前，应先检查进气管和排气管连接处是否密封，并确定燃油供给系工作正常，避免随意拆卸涡轮增压器。

课题二　电气系统故障判断

模块一　判断启动继电器故障

1. 准备工作

(1)准备好试灯、万用表和工具。

(2)确定启动继电器安装位置,并分析继电器控制原理。

2. 判断步骤

(1)接通起动开关,观听继电器触点是否发出吸合声。

(2)接通起动开关,用试灯判断继电器线圈是否通电。

(3)用试灯判断继电器电源线是否通电。

(4)用万用表检测继电器至起动机电磁开关的导线是否导通。

(5)根据上述检查结果,确定继电器的故障部位。

图 5-3-2 所示为检测继电器的示意图。

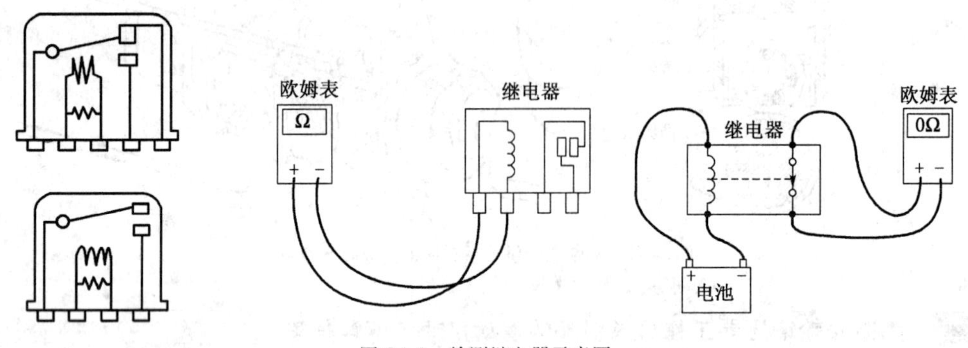

图 5-3-2　检测继电器示意图

3. 注意事项

(1)检查前,应进行驻车制动,并将变速器置于空挡。

(2)检查过程中,禁止身体接触任何运转部件。

(3)禁止用“短路”试火的方法检测电路故障。

(4)禁止随意拆卸更换电气元件和连接导线。

模块二　判断发电机电压调节器故障

1. 准备工作

(1)准备好试灯、万用表和工具。

(2)确定电压调节器型号及安装位置,并分析电压调节器控制原理。

2. 判断步骤

(1)将发动机熄火,在交流发电机上连接电压表,负极表笔接搭铁,正极表笔接发电机电枢端。

(2)启动发动机并逐渐将转速增加到 1 800r/min,观察电压表上的读数。

(3)当电压表指针指示读数逐渐增加,并在 27～28V 之间停止时,说明调节器工作正常。

(4)当电压表指针指示读数逐渐增加,并在 26V 以下停止时,说明调节器可能有故障。

(5)当电压表指针指示读数逐渐增加,并在28V以上时,说明调节器有故障。

(6)当电压表指针指示读数为24V不动时,说明充电系统不充电。

3. 注意事项

(1)检查前,应进行驻车制动,并将变速器置于空挡。

(2)在检查过程中,禁止身体接触任何运转部件。

(3)禁止用“短路”试火的方法检测发电机是否充电。

(4)禁止随意拆卸更换电气元件和连接导线。

模块三 使用数字万用表检测电磁阀参数

液压系统用的电磁阀有开关式和比例式两种。开关式电磁阀主要用于换向控制阀的换向;比例式电磁阀主要安装在各类比例阀上,用来控制油液的方向、压力、流量,例如,比例压力阀安装在电控变量泵上,以控制泵的流量和供油方向。用万用表在断电状态下检测电磁阀线圈电阻,可判断其内部断路或短路。在通电状态下,可用万用表测量端电压或工作电流(比例电磁阀一般要求电流达到某一范围,如175~360mA,其位移的大小与电流成比例关系),如图5-3-3所示。

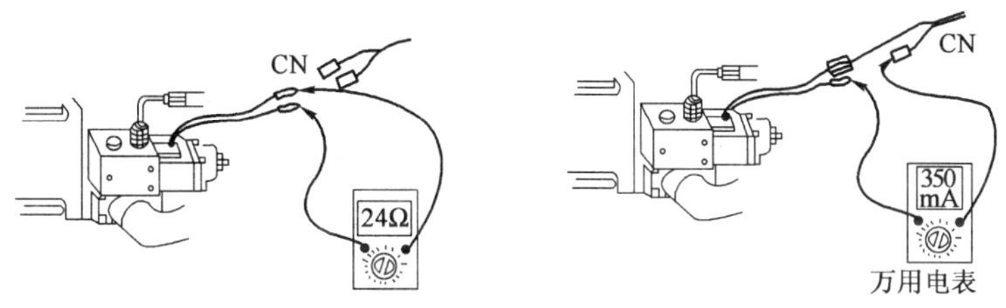

图5-3-3 检测电磁阀示意图

1. 准备工作

(1)查看有关资料,确定电磁阀标准电阻参数。

(2)准备数字万用表。

2. 检查步骤

(1)拆下电磁阀导线接头,用万用表检测电磁阀电阻值。

(2)用万用表检测电磁阀绝缘性能。

(3)在电磁阀接头与电磁阀之间串联接入电流表,闭合开关,测量电磁阀工作电流。

(4)用万用表检测电磁阀电压降。

3. 注意事项

(1)禁止用“短路”试火的方法检测电磁阀是否通电。

(2)检测电磁阀电阻值时,应在不通电状态下进行。

课题三 液压系统故障判断

模块一 判断液压泵压力不足故障

1. 准备工作

(1)准备好液压检测仪(流量和压力)及连接用油管和接头。

(2)查看所测液压油泵铭牌和技术资料,确定其额定压力。

(3)确定油箱油量和吸油管路无异常。

2. 判断步骤

(1)将液压检测仪串接在油泵上出油管路中,全部打开液压测试仪加载阀。

(2)启动发动机并逐渐增加转速,升高液压系统油温。

(3)逐渐调节液压测试仪加载节流阀的开度,测量出液压泵所能达到的最高工作压力。

(4)用测量出的最大压力与标准额定压力相比较,分析液压泵的技术状况。

3. 注意事项

(1)检测时,禁止将加载节流阀调节到最小开度,防止液压泵过载。

(2)检测时,压力表显示压力不能大于油泵的额定压力。

(3)为了保证测量数值的准确性,连接管路直径不宜过小,且发动机转速应保持恒定。

(4)实际检测时,检测前应检查泵外表温度、有无异响,以及吸油管路是否通畅和密封等,做到有目的的检测。

模块二 判断因液压系统原因造成的行走跑偏故障

1. 准备工作

(1)确定两侧履带张紧度相同。

(2)用万用表检查电磁阀电阻和绝缘情况及左右电磁阀工作电压等,确定电控系统工作正常。

(3)准备好两块相同量程的压力表和工具。

(4)查看有关技术资料,确定行走液压系统的标准工作压力值。

2. 判断步骤

(1)检查液压泵和液压马达表面温度和有无异响。

(2)检查制动控制电磁阀,判断行走时制动是否能完全解除。

(3)将压力表接到补油液压油路的压力测口上,测量压力值。

(4)将压力表接到行走液压油路的压力测口上,测量压力值。

(5)根据上述检查结果,分析可能的故障部位。

3. 注意事项

(1)在运转状态下检查时,禁止身体接触任何运转部件。

(2)选择合适量程的压力表,并在发动机熄火状态下安装或拆卸。

(3)由于左右两侧液压回路相同,检查可采用对比法或逻辑分析法进行判断。

(4)在检测过程中,应采取有效措施,保持油液清洁,并防止油液污染。

模块三 判断供料液压马达回转速度低和工作无力故障

1. 准备工作

(1)确定两侧履带张紧度相同。

(2)用万用表检查电磁阀电阻和绝缘情况及电磁阀工作电压等,确定电控系统工作正常。

(3)准备好量程合适的压力表和工具。

(4)查看有关技术资料,确定供料液压系统的标准工作压力值。

2. 判断步骤

(1)检查机械传动系统是否工作正常。

(2)将压力表接到补油液压油路的压力测口上,测量压力值。

(3)将压力表接到供料液压油路的压力测口上,测量压力值。

(4)根据上述检查结果,分析可能的故障部位。

3. 注意事项

(1)在运转状态下检查时,禁止身体接触任何运转部件。

(2)选择合适量程的压力表,并在发动机熄火的状态下安装或拆卸。

(3)由于左右两侧液压回路相同,检查可采用对比法或逻辑分析法进行判断。

(4)检测过程中,应采取有效措施,保持油液清洁,并防止油液污染。

1. 用“断缸法”可判断柴油机有什么故障?

2. 废气涡轮增压器的作用和工作原理是什么?

3. 发电机调节器的作用是什么?

4. 继电器在控制电路中的作用是什么?

5. 比例式电磁阀和开关式电磁阀的区别是什么?

6. 液压泵和液压马达主要技术参数有哪些?

第六部分　沥青混凝土摊铺机操作工（技师）工作要求

单元一　沥青混凝土摊铺机保养

学习目标

本单元的学习内容是沥青混凝土摊铺机的保养。

知识要求

了解沥青混凝土摊铺机三级保养的主要内容;掌握各项保养的目的和技术要求。

技能要求

①检测汽缸压力;②清洗冷却系水道;③清洗润滑系统油道;④检查、调整供油提前角;⑤拆检、润滑起动机;⑥拆检、润滑发电机;⑦蓄电池补充充电;⑧检查液压油温度传感器技术状况;⑨检查液压油泵技术状况;⑩检查液压马达技术状况;⑪检测液压系统工作压力;⑫检查熨平板磨损状况;⑬检查刮板输送器磨损状况;⑭检查自动调平系统灵敏性;⑮检查履带磨损情况;⑯检查行走直线度。

课题一　发动机保养

模块一　检测汽缸压力

用汽缸压力表检测汽缸压缩压力,是一种不解体检查发动机技术状况的重要方法,通过分析所检测出的汽缸压力,可间接确定汽缸与活塞环、气门与气门座圈、汽缸盖与汽缸垫的密封技术状态,从而为确定维修方式和内容提供了依据。

1. 准备工作

(1)查阅相关技术资料,确定所测发动机汽缸压缩压力标准值。

(2)准备好压力量程合适的压力表。

(3)启动发动机预热,将发动机温度升到80℃以上。

(4)将发动机熄火,卸下各汽缸的喷油器,并将压力表安装在所要检测汽缸的喷油器孔内。

(5)检测蓄电池蓄电量,电量应充足。

(6)操作加速踏板或熄火拉钮,使喷油泵处停止供油状态。

2. 检测步骤

(1)用起动机驱动曲轴转动3~5s。

(2)待汽缸压力表表针指示并保持最大压力读数后停止转动。

(3)记录压力表读数,取下压力表,按下单向阀使压力表指针回零。

(4)用同样的方法检测其他汽缸压缩压力。

(5)将实际检测的压力值与检验标准相比较(极限压力和各缸压差),分析汽缸密封性。

3. 检测注意事项

(1)要清除干净喷油器孔周围脏物,防止脏物进入汽缸。

(2)为了检测准确,要保证驱动转速达到规定值。

(3)检测过程中,要防止汽缸高压气体喷出对人的伤害。

(4)压力表安装要牢固和密封。

模块二 清洗冷却系水道

换季保养时,应清洗发动机冷却系,以保持冷却系原有的冷却效果,确保发动机正常的工作条件,如图6-4-1所示。清洗的方法有两种,一种是当水垢过多时,可用专用清洗液清洗;另一种是当水垢不多时,可采用强力水流冲洗。

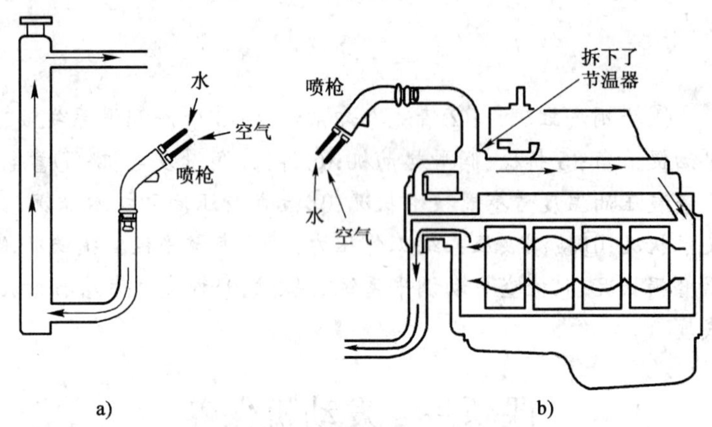

图6-1-1 冲洗冷却系示意图

a)逆流冲洗散热器;b)逆流冲洗发动机

1. 准备工作

(1)查看保养记录,确定上一次清洗冷却系的时间及发动机累计运转小时数。

(2)准备好专用清洗液,并阅读使用说明书。

(3)在冷车状态下将冷却系内冷却液放出。

(4)准备好冲洗水源。

2. 清洗步骤

(1)强力水流冲洗

①拆去节温器、分水管。

②用强力水流清洗发动机水道。

③安装分水管,用强力水流清洗散热器。

(2)用专用清洗液清洗

①拆下节温器。

②按使用说明要求配制好清洗液,并注入到发动机冷却系中。

③启动发动机并怠速运转20~30min,然后放出清洗液。

④用清水冲洗冷却系2~3次。

模块三 清洗润滑系统油道

1. 准备工作

(1)查看保养记录,确定发动机累计运转小时数。

(2)准备好低黏度机油。

(3)在热车状态下将油底壳机油放出。

2. 清洗步骤

(1)将清洗用的低黏度机油加入曲轴箱,加注量为润滑系容量的60% ~70%。

(2)启动发动机,低速运转3 ~4min(600 ~800r/min)。

(3)放出曲轴箱、滤清器和管路中的清洗油。

(4)清洗滤清器、油底壳、集滤器、曲轴箱通风滤网。

(5)加注符合规定要求的机油。

3. 注意事项

(1)清洗过程中,禁止发动机高速运转。

(2)如果有专用清洗设备,要用专用设备进行清洗作业。

(3)清洗后要将清洗油放干净。

模块四 检查、调整供油提前角

为了保证柴油机燃烧气体能在活塞到达上止点时产生最高压力,必须在压缩上止点前一定角度将柴油喷入汽缸。随着发动机使用时间的增长,喷油泵中一些零件磨损,会造成供油提前减小,因此,要定期检查调整供油提前角。

1. 准备工作

(1)弄清发动机和喷油泵的实际工作转向。

(2)拆下喷油泵第一缸高压油管。

(3)用手动泵油方式,排除油路空气,让低压油路充满燃油。

(4)退回熄火拉钮,并将加速踏板固定在中位。

(5)查看有关技术资料,确定本型号发动机规定的标准供油提前角是多少。

2. 检查与调整步骤

(1)按发动机工作转动方向扳转曲轴,使第一缸活塞处于压缩上止点位置。

(2)正反向往复扳转曲轴,使喷油泵第一缸高压油管接头内充满燃油。

(3)反向扳转曲轴40°,然后开始缓慢正向扳转曲轴,并观察喷油泵第一缸高压油管接头燃油油面。

(4)当油面刚一上升时,应立即停止扳转,并检查飞轮壳上指针或标记所指飞轮齿圈上标注的距离上止点的角度,此角度为发动机实际供油提前角(为了保证检查出的实际供油提前角精确,可重复检查2 ~3次,并取其平均值)。

(5)将检查出的实际供油提前角与标准供油提前角相比较,当供油提前角不符合规定时,应进行调整。

(6)扳转曲轴,使飞轮壳上指针或标记对准飞轮齿圈上所标注的标准供油提前角度。

(7)松开喷油泵前端联轴节上的连接螺栓,反向扳转喷油泵凸轮轴一定角度,然后再正向

(喷油泵实际工作转向)扳转喷油泵凸轮轴,同时观察喷油泵第一缸高压油管接头燃油油面。

(8)当油面刚一上升时,立即停止扳转,并原位置拧紧喷油泵前端联轴节上的连接螺栓。

(9)用上述第(3)、(4)条的方法重新验证调整后的供油提前角是否符合规定值,当不符合时可重新进行调整。

(10)安装第一缸高压管。

3. 注意事项

(1)检查调整时,为了保证安全,应将电源总开关断开。

(2)检查调整时,为了保证供油提前调整准确,应使油路充满燃油,同时注意发动机和喷油泵的实际工作旋向。

(3)调整后必须进行验证。

(4)检查调整过程中,应保持第一缸高压油管接头清洁,防止脏物混入高压油路中。

课题二　电气系统保养

模块一　拆检、润滑起动机

1. 准备工作

(1)将起动机从车上拆下,并准备拆装工具。

(2)准备好万用表及润滑油。

2. 拆检、润滑起动机步骤

(1)拆除电磁开关。

(2)拆除后轴承端盖及电刷支座。

(3)拆除电枢。

(4)检查电枢轴与轴套之间的间隙,检查电枢轴是否有弯曲。

(5)检查整流器表面是否粗糙、烧蚀和有裂痕,检查整流器磨损度。

(6)检查电枢线圈和磁场线圈是否断路和短路。

(7)检查电刷支座的绝缘,检查电刷弹簧张力,检查传动小齿轮是否有磨损,检查起动机离合器的性能。

(8)按拆除时相反的程序组装起动机。

3. 注意事项

(1)安装时注意在轴承、轴套、离合器、传动杆等活动处上涂上润滑剂。

(2)组装后起动机应转动灵活,无卡滞现象。

(3)驱动小齿轮与止推垫片之间的间隙应符合要求(1~4mm)。

模块二　拆检、润滑发电机

目前,车辆上使用的发电机多为硅整流三相交流发电机,发电机发出的三相交流电经发电机内的整流器,而完全改变成为直流电。为了保证发电机正常工作,一般三级保养时要求对发电机拆检和润滑。

1. 准备工作

(1)将发电机从车上拆下,并准备拆装工具。

(2)准备好万用表及润滑油。

2. 拆检、润滑发电机步骤

(1)拆除传动端架。

(2)拆除转子。

(3)拆除后端盖轴承。

(4)拆除定子和整流器支座。

(5)拆除电刷支架。

(6)检查转子线圈是否有断路,检查转子线圈的绝缘性,检查轴承是否有缺陷,检查滑环表面是否已粗糙和有裂痕。

(7)检查定子线圈是否有断路,检查定子线圈的绝缘性。

(8)检查电刷长度,检查电刷在电刷支座上的运动是否滑动自如,检查电刷在电刷支座之间绝缘是否良好。

(9)检查整流器性能(整流器正极断路试验、整流器负极断路试验)。

(10)按拆除时相反的程序组装发电机。

3. 注意事项

(1)安装时注意在轴承上涂上润滑剂。

(2)组装后发电机应转动灵活,无卡滞现象。

模块三 蓄电池补充充电

一般柴油机都使用两块12V的蓄电池,当长时间停放或使用过程中发现蓄电池电量不足时,应对蓄电池进行补充充电,以防止蓄电池损坏或因电量不足造成启动发动机困难。

1. 准备工作

(1)将蓄电池从车上卸下,并按规定清洗。

(2)拧开电液盖,检查电解液液面高度,并按规定添加补充液。

(3)用密度计或高率放电叉检测蓄电池实际电量。

2. 补充充电步骤

(1)将蓄电池串联连接,将充电机的正极接蓄电池的正极,负极接蓄电池的负极。

(2)将充电机的充电电流调整到最小。

(3)闭合充电机开关,将充电电流调整至5~7A。

(4)按此公式推算充电时间:充电时间 = 额定容量(A·h)/充电电流(A),一般为19~20h。

3. 注意事项

(1)充电过程中,当电解液温度上升到45℃时,应暂时中止充电。

(2)充满电时的电解液密度为1.25~1.26kg/L(环境温度为20℃时),各单格电解液密度差值不得超过0.025~0.030kg/L。

(3)给蓄电池充电时会产生可燃气体,因此充电场所不能有火花或引火物质,并保持通风。

(4)充电完毕后,应将充电机与蓄电池的接线切断。

(5)充电完毕后,应用清水将蓄电池清洗干净,并擦干。

(6)充电时,电解液液面会逐步上升,应注意观察是否有液体从蓄电池中流出。

课题三　液压系统保养

模块一　检查液压油温度传感器技术状况

液压系统中一般装有液压油温度自动监控装置，一种是使用液压油温度表直接显示温度，并且液压油散热器上装有液压油温度传感器，当油温达到55℃以上时，通过控制装置使散热电动风扇开始工作。另外一种是在液压油箱中装有温度传感器，当温度超过93℃时，报警灯亮，提示驾驶员应停止工作，查明原因。

温度传感器使用了热敏电阻，热敏电阻的电阻值随温度的增加会减小，且变化非常显著。因此，应经常检查液压油温传感器或温度计的显示是否准确，从而避免接受错误信息，不能及时发现油温过高故障，造成密封件过早老化，液压油变质，黏度下降。图6-1-2所示为检测温度传感器示意图。

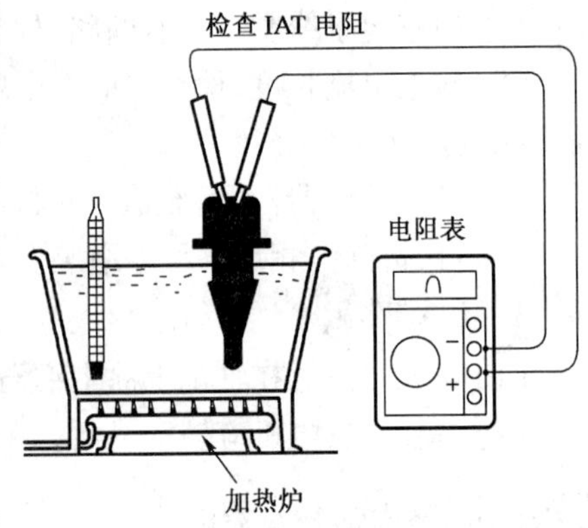

图6-1-2　检测温度传感器示意图

1. 准备工作

（1）将传感器从车上拆下。

（2）准备好数字万用表、温度计、加热炉。

（3）查看制造厂商的相关技术资料，了解此型传感器的技术参数。

2. 检测步骤

（1）将传感器放入盛有水的容器中，将电阻表连接在传感器的两个端子之间。

（2）增加水温，检查不同水温下传感器热敏电阻的阻值。

（3）将不同温度下检测的电阻值与查看到制造厂商相关技术资料的标准阻值相比较，如有不同，则说明传感器有故障，应更换。

3. 注意事项

（1）拆装传感器时，应确保使用正确的工具。

（2）检测时，必须使用数字式万用表。

（3）拆装传感器时，应断开电源，并在导线上做上记号，以便正确连接。

模块二　检查液压油泵技术状况

液压油泵是利用密封容积大小交替变化进行吸油和压油，输油量与密封容积的变化率和变化次数成正比（结构尺寸及驱动转速）关系，输油压力取决于外界负载。

液压油泵可分为齿轮泵、柱塞泵和叶片泵等。液压油泵的主要技术参数为额定转速、额定排量和额定压力。

当液压泵经长时间使用，内部零件磨损，油液泄漏量 ΔQ 越大，系统流量 Q 越小，压力 P 则达不到额定值，从而造成执行元件动作缓慢且无力。

对于某一型号液压泵，当驱动转速一定时，泵的输出流量大小决定于实际容积效率；当输入转矩和转速一定时，泵的输出压力也决定于与容积效率；而泵的实际容积效率决定于油泵内漏量的大小。另外，当吸油滤清器堵塞和吸油管路不密封时，也会造成流量或压力不足的故

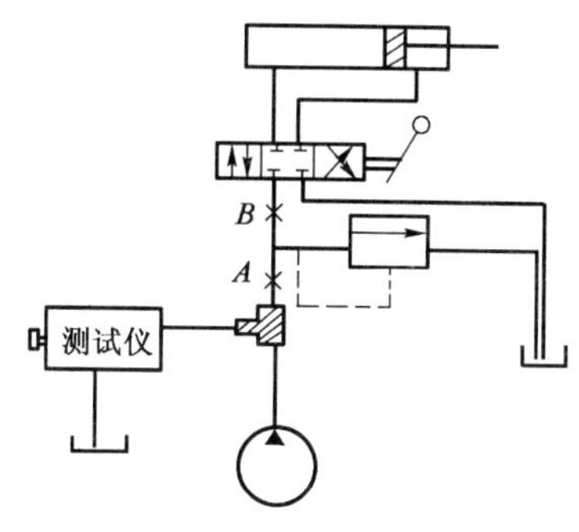

图 6-1-3 检测液压泵技术性能示意图

障。图 6-1-3 所示为检测液压泵技术性能示意图。

1. 准备工作

(1)准备好液压检测仪(流量和压力)及连接用油管和接头。

(2)查看所测液压油泵铭牌和技术资料,确定其额定流量和额定压力。

(3)确定油箱油量和吸油管路无异常。

(4)编写检测程序和记录表。

2. 检查步骤

(1)将液压检测仪串接在油泵上出油管路中(封堵 A、B 口,切断主油路),全部打开液压测试仪加载阀。

(2)启动发动机并调整到额定转速,在液压系统处于卸载工况下使油泵运转一定时间,升高系统中的油温。

(3)记录空载下流过测试仪的压力。

(4)逐渐改变液压测试仪上的加载节流阀开度,作为给液压泵施加的不同负载,开度小、负载大,开度大、负载小地对应测出各预测点的压力 P、流量 Q,并将测试结果记录在表中。

(5)根据测试结果作出 $Q=f(P)$ 曲线,根据从 0 压力到最大压力时泵的流量下降情况,分析泵的技术状况。

(6)根据 $Q=f(P)$ 曲线,将实际额定压力下的流量与标准额定压力下的标准流量相比较,如果差值很大,则说明泵内部零件磨损,内漏严重。

(7)一般齿轮泵的标准容积效率为 80%,柱塞泵标准容积效率为 95%。

3. 注意事项

(1)加载检测时,泵的压力不得大于油泵的标准额定压力。

(2)为了保证测量数值的准确性,连接管路直径不宜过小,且发动机转速应保持恒定。

(3)实际检测时,检测前应检查泵表面温度、有无异响,以及吸油管路是否通畅和密封等,做到有目的性的检测。

(4)安装或拆卸测试仪时,要保持油液清洁,避免脏物混入液压管路中。

模块三 检查液压马达技术状况

液压马达是液压系统中的执行元件,它是把油液的压力能转变为机械能,驱动工作机构转动。其主要工作参数是额定输入功率和输出功率。检测液压马达的主要目的为了检测液压马达的内漏状态。检测的基本原理是负载下检测液压马达的进油压力的变化。如图 6-1-4所示。

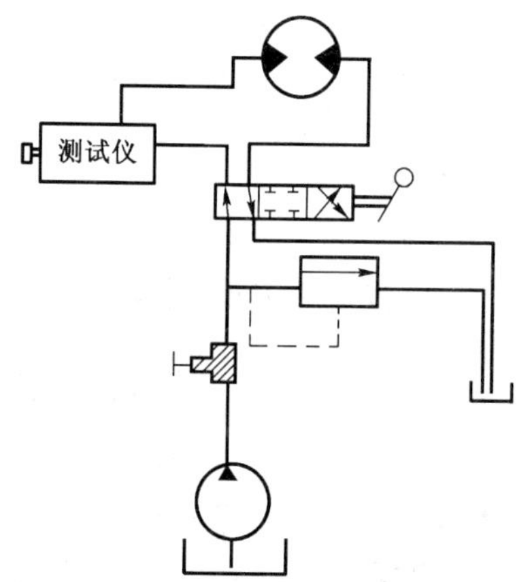

图 6-1-4 检测液压马达技术性能示意图

1. 准备工作

(1)准备好液压检测仪(流量和压力)及连接用油管和接头。

(2)查看所测液压马达铭牌和技术资料,确定其额定流量和额定压力。

(3)确定油箱油量和吸油管路无异常。

(4)编写检测程序和记录表。

2. 检查步骤

(1)将液压检测仪串接在液压马达的进油管路中,全部打开液压测试仪加载阀。

(2)制动或锁死由液压马达驱动的机械装置。

(3)启动油泵并调整到额定转速,空转一定时间后,升高系统油温。

(4)逐渐减小液压测试仪加载节流阀的开度,记录液压表读数。

(5)按空载、小负载、中负载和大负载,分别观察液压马达在加载过程中进油管路压力和流量的变化,并记录测量数据于表中。

(6)当达到额定压力时,测试仪的流量即为液压马达的泄漏流量。

3. 注意事项

(1)检测时的压力不得大于液压马达的额定压力。

(2)为了保证测量数值的准确性,连接管路直径不宜过小,且发动机转速应保持恒定。

(3)实际检测时,检测前应检查液压马达表温度、有无异响、吸管路是否通畅和密封等,做到有目的性的检测。

(4)检测时应使工作机构处于制动状态。

(5)安装或拆卸测试仪时,要保持油液清洁,避免脏物混入液压管路中。

模块四 检测液压系统工作压力

液压系统中压力的大小取决于外荷载,也就是取决于油液运动时所遇到的阻力。一般分为卸载工况压力、空载工况压力、负载工况压力(油缸的牵引力 $P \geq$ 负荷引起的的工作阻力 + 运动副间的摩擦阻力 + 回油管路中的回油阻力)。实际工作中,最常用的就是通过检测压力判断液压系统的故障和技术状况。沥青混凝土摊铺机液压传动油路中上布设了许多测点,可方便地测量液压系统中某个液压回路中的实际工作压力。检测液压系统压力示意如图 6-15 所示。

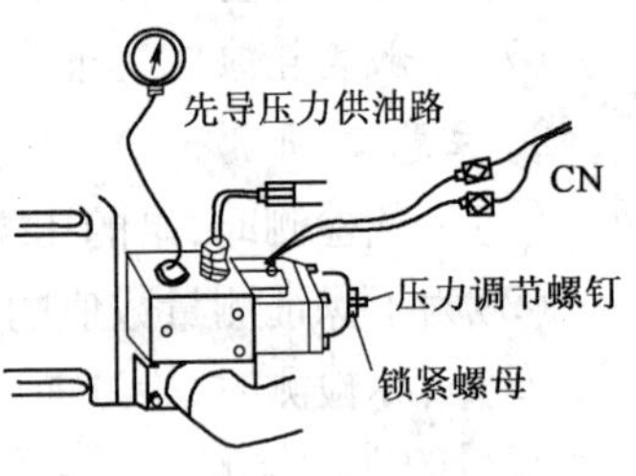

图 6-1-5 检测液压系统压力示意图

1. 准备工作

(1)熟知全车制造厂商预设的、检测压力用的各检测点的位置。

(2)查看相关技术资料,确定各检测点在规定的标准工况下的标准压力值。

(3)选择量程符合要求的压力表(选用比额定压力值大的压力表)及油管接头。

(4)编写测量程序和记录表。

2. 检测步骤

(1)找到要测量点位置,清洁外观,避免安装测压表接头时脏物进入油路。

(2)将发动机熄火,并使工作装置处于自由落地或卸载工况状态。

(3)打开测量点外盖,接好压力表。

(4)启动发动机,控制油门,使发动机处于怠速、低速、中速和高速状态下,分别测量系统的卸载工况压力、空载工况压力、负载工况压力,并做好记录。

(5)将实际各工况下的测量压力与标准压力进行比较,分析液压系统技术状况和故障。

(6)测量完成后,将发动机熄火,并使工作装置处于自由落地或卸载工况状态,把压力表卸下,并将装好密封堵头,装好外盖。

3. 注意事项

(1)禁止在发动机运转状态下或工作装置处于负荷状态下安装或拆卸压力表。

(2)测量工作要由分别进行操作、指挥和测量的 3 人协调配合来完成,以防止发生安全事故。

课题四　行走装置、工作装置保养

模块一　检查熨平板磨损状况

沥青混凝土摊铺机铺出来的路面质量的好坏,主要取决于熨平板是否光滑平直,加热是否均匀。经长期使用,熨平板会发生磨损,因此要定期检查熨平板的磨损状况,内容包括熨平底板、振动与振捣装置、耐磨条和挡料板,以满足摊铺高速公路路面的质量要求。

1. 准备工作

(1)将熨平板提升到最高位置,并挂牢挂链。

(2)准备好检测工具。

(3)将发动机熄火,切断电源开关。

2. 检查步骤

(1)检查熨平板厚度,一般熨平底板磨损了 2/3 就应考虑是否需要更换新底板。

(2)检查熨平板底板的平面度和划痕。

(3)检查振捣夯锤的磨损量(一般当磨损超过 2 ~ 3mm 时,会出现不平直和淬火耐磨层磨完;夯锤工作面硬度下降,加速磨损时,也应更换新的夯锤)。

(4)检查振捣夯锤与熨平板、耐磨条、挡板器之间的间隙,如不符合要求,应该进行调整,如果调整后还达不到要求则应更换。

(5)检查拼装后的熨平板的加长块是否与主机保持平直一致,如果超出调整范围也要更换底板和夯锤。

3. 注意事项

(1)检查前,应将紧固螺栓按规定扭力拧紧。

(2)安装加长块时,要特别注意吊装安全。

另外,要根据摊铺材料和厚度的不同,对夯锤的振幅也要进行相应调整,夯锤的频率应根据摊铺速度进行调整。

模块二　检查刮板输送器磨损状况

刮板输送器的作用是将摊铺料从料斗输送到摊铺机后面,主要由驱动液压马达、传动链条、主动链轮、从动链轮、刮板组成。使用时要定期对上述装置进行润滑,以减少非正常磨损。

1. 检查步骤

(1)检查传动链轮齿形是否磨尖和传动链条是否严重磨损。

(2)检查张紧轮是否转动灵活和传动链条的下垂度(不超过 50 ~ 70mm)。

(3)检查输料大链条的传动链轮轴是否转动平稳。

(4)检查输料链条及刮板是否严重磨损。

(5)检查大链条在冷状态下的下垂度(超过100mm,则必须重新张紧)。

(6)检查输料底板磨损程度(磨损超过2mm时,建议应更换新底板)。

2. 注意事项

(1)禁止用拆卸链节的方法张紧链条,防止链轮加剧损坏。

(2)更换链条时,应同时更换链轮。

(3)非集中润滑的机械,要定期检查润滑,防止早期磨损。

(4)张紧输料大链条时,应注意两条要同时张紧,以保证平行,张紧后低速试车,如刮板在行进中有扭曲,必须重新调整。

(5)输料大链条的张紧轮是免维护的,只检查磨损状况。

(6)检查链条张紧度时,必须在冷状态下进行。

(7)定期在传动链条上涂抹适量润滑脂。

模块三 检查自动调平系统灵敏性

摊铺机的自动调平系统是由开关控制带液压锁的电磁换向阀,使调平油缸上下移动。油缸与牵引升降大臂的前端用销轴连接,它安装有一个固定的滑道,通过油缸的上下移动带动牵引大臂使后面的熨平板仰角发生变化,联动标尺杆,在标尺杆上面的标尺上读出变化的数量。自动调平是通过调平电脑控制,一个横坡仪,两个纵坡仪,横坡控制路面斜度,纵坡控制摊铺机厚度,横坡仪装在熨平板前面,纵坡仪是由两个纵坡传感器控制,以前在施工时还有使用接触式平衡梁的,现在基本上已不使用。使用的大部分都是非接触式平衡梁,利用声纳的原理,传递电信号数字控制,平衡梁有多接头和单接头两种,一侧有三到四组,架子可以折叠,使用很方便,而且提高了精度,增加了路面的平整度。摊铺机的调平都是通过开关控制液压阀换向,控制调平油缸升降,调平油缸与熨平板牵引升降大臂的一端用销轴连接,它安装在一个固定的滑道内,上端装有标尺,油缸升降联动标尺升降,同时大臂带动熨平板仰角产生变化来实现自动调平。

自动调平有自动和手动两种控制:①手动控制是用开关直接控制仰角电磁阀来实现仰角油缸升降。②自动控制福格勒摊铺机是由找平电脑控制"两纵一横"传感器来实现自动调平,ABG摊铺机也是由"两纵一横"传感器自动控制检查、自动调平,首先要看滑道是否有润滑油,错轨在滑道内是否上下灵活,接好纵坡器(纵坡传感器),启动发动机,接通调平,把传感器固定好。

1. 准备工作

(1)安装好自动调平装置。

(2)接好遥控盒(一般手动控制在遥控盒上)。

(3)向调平液压油缸滑道里加注润滑油。

2. 操作步骤

(1)启动发动机,开始检查灵敏性。

(2)将熨平板挂在摊铺机上,将调平油缸杆伸出1/2,并记住标尺读数,过一段时间看标尺有无变化,如有变化,则说明油缸或换向阀可能内泄。

(3)可先从手动开始,搬动调平开关,调平油缸应带动牵引大臂平滑上下移动。

(4)接通调平电脑,用手分别摆动左、右纵坡传感器连杆,正常情况下,所对应的调平油缸应平滑地上下移动，否则可能电路控制有问题。

(5)调整好传感器灵敏度开关。

3. 注意事项

(1)按规定安装紧固好传感器。

(2)连接导线应安装牢靠。

模块四 检查履带磨损情况

履带是摊铺机行走的执行机构，行走大链轮带动行走大链条，履带前端的引导轮起导向和调整履带松紧的作用，涨紧油缸后面装有缓冲大弹簧，还有支重轮支撑车身自重，托带轮起支撑履带作用，大链条上装有履带板，履带板上的橡胶板有可换和不可换两种，如图6-1-6所示。

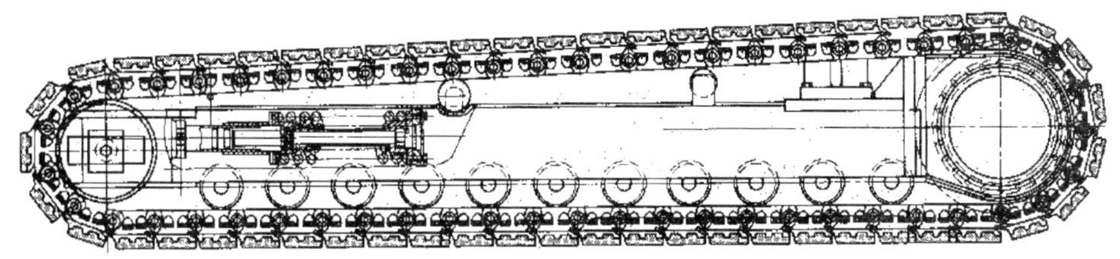

图 6-1-6 履带行走机构示意图

1. 检查步骤

(1)检查大链轮磨损状况、传动是否平滑、有无异响、有无损坏开裂。

(2)检查引导轮磨损状况，以及履带张紧性能是否完好。

(3)检查支重轮是否漏油，行走时是否转动灵活。

(4)检查履带板橡胶磨损状况。

(5)检查履带涨紧油缸密封是否良好。

2. 注意事项

(1)检查时，应在平坦的场地内进行，并注意安全。

(2)行走检查时，应低速平稳行驶。

模块五 检查行走直线度

摊铺机行走直线控制主要由行走电脑通过速比传感器控制。行走机构左右有各自独立的行走驱动系统，由行走泵驱动行走马达、带动行走减速箱、带动履带行走装置组成。

1. 检查步骤

(1)用石灰在平坦的场地上画出一条长 40 ~ 50m 的直线。

(2)操作摊铺机沿直线起点至终点匀速前进行驶。

(3)行驶到终点后停车，用直尺测量直线与履带之间的距离。

(4)进一步检查时，应在此路线上反复前进、倒退行驶，以确定跑偏的故障原因。

2. 注意事项

(1)检查时，不应调整方向杆和方向微调电位器。

(2)两侧履带张紧度不同或路面不平，也会影响摊铺机的行走直线度。

(3)在行走泵、马达工作不正常的情况下，也会影响摊铺机的行走直线度。

思考题

1. 汽缸压缩压力降低的主要原因是什么?
2. 冷却系的组成、作用和工作原理是什么?
3. 什么是“供油提前角”及其对发动机正常的影响?
4. 液压泵和液压马达技术性能变差的主要原因是什么?
5. 简述履带式沥青混凝土摊铺机行走系统的组成。
6. 用压力表检测液压系统压力的主要目的是什么?

单元二　沥青混凝土摊铺机故障判断

学习目标

本单元的学习内容是沥青混凝土摊铺机发动机、电气系统、液压传动系统和工作装置典型故障的判断方法与技术要求。

知识要求

了解各机构或系统的组成和工作原理，掌握发动机、电气系统、液压系统和工作装置典型故障的判断方法和技术要求。

技能要求

①判断发动机功率不足故障；②判断发动机异响故障；③识读沥青混凝土摊铺机电气系统电路原理图；④判断行走电控系统故障；⑤判断供料电控系统故障；⑥判断熨平板加热电控系统故障；⑦判断振捣电控系统故障；⑧识读行走驱动液压传动系统原理图；⑨识读供料驱动液压传动系统原理图；⑩判断行走驱动液压系统的故障，并提出维修方案；⑪判断供料驱动液压系统故障，并提出维修方案。

课题一　发动机故障判断

模块一　判断发动机功率不足故障

1. 判断方法

(1)用断缸法判断各缸是否工作正常。

(2)更换空气滤清器和柴油滤清器试验。

(3)检查机油消耗量是否异常。

(4)打开机油加注口盖或曲轴箱通气孔，观察是否有大量废气排出。

(5)检查供油提前角和气门间隙是否符合规定值。

(6)用油压表检测低压油路的压力。

(7)检查涡轮增压器工作是否正常。

(8)根据上述检查结果，确定故障原因。

2. 注意事项

(1)在发动机运转状态下检查时，禁止身体接触运转部件或排气管。

(2)判断时，应根据故障现象进行判断，做到每一项检查都应具有目的性，即对应着一个可能存在的故障原因。

模块二 判断发动机异响故障

发动机发生故障时,会发出异常响声,准确辨别各种异响,可在早期发现故障并及时予以排除。异响是物体发生振动,产生声波传播而形成的。在发动机上,不同机件、不同部位和不同工况下(转速、负荷、温度和润滑条件),声源产生的振动是不同的,因而发出的异响在音调、音高、音频、出现的位置和次数等方面均不同。利用异响的这些特点和规律,在一定的判断条件下,即可将发动机异响判断出来。

1. 活塞调敲缸异响判断方法

(1)汽缸上部发出一种有节奏的"嗒嗒嗒"的金属撞击声。

(2)用断缸法判断是哪一缸发出的异响。

2. 气门间隙过大的异响判断方法

(1)用听诊器或大改锥接触气门室听诊,如在怠速及稍踩下加速踏板时响声明显,踩下加速踏板时响声杂乱,即为气门间隙过大的异响。

(2)拆下气门室盖,将厚薄规插入气门间隙处,如声音减小或消失,即为气门间隙过大。

3. 连杆轴承异响判断方法

(1)响声在汽缸的下部,并随着转速的升高而增大,随着负荷的增大而增强。

(2)将油门置于怠速运转位置,逐缸断油试验,再由怠速往中速、由中速往高速抖动以及大力踩下加速踏板反复试验。此故障现象为:断油时声音变小,加速瞬间响声突出,恢复工作的同时,发出"当当"声,余音略带有木棒敲击铁桶的声音。

(3)柴油机的连杆轴承响声比汽油机的稍沉重些,发出"哐哐"撞击声。

课题二 电气系统故障判断

模块一 识读沥青混凝土摊铺机电气系统电路原理图

电控系统电路原理图一般分为电源电路图、主电路图、控制电路、信号电路及照明电路。设备的基本电路由发动机启动、仪表、报警、照明、蓄电池充电、中央润滑、紧急停车制动电路组成。行驶控制电路由行走电脑、行走电位器、比例电磁阀、开关等组成,用以控制摊铺机的行驶速度、转向和直线行驶、制动。供料控制电路由比例电磁阀、速度电位器、开关等组成,用以控制左右供料速度,使自动供料和摊铺速度相匹配。调平控制电路由自动调平电脑、传感器、电磁阀等组成,用以控制铺设路面的平整度、坡度。另外还有加热控制电路、熨平板工作控制电路、振动与振捣控制电路,电路基本上是由开关、继电器和电磁阀组成。图 6-2-1 所示为 ABG 摊铺机的供料系统电控原理图。

在平时的工作过程中,可对照实物及电路原理图,识别电路元件的名称、表示符号、功用、型号、技术参数、安装位置,并结合设备的操作过程,分析其工作原理,这对提高操作人员业务水平具有重要的实际意义。

1. 准备工作

(1)准备一份沥青混凝土摊铺机电控系统电路原理图。

(2)查看有关技术资料,认读表示常用电器元件的图形符号。

(3)把整机电路划分成单元电路,在电路图上找到相关电气元件。

2. 识读电气线路图的步骤

(1)结合机械操作过程，分析受控制对象的运转工作条件。例如：手动操作左右刮板输料装置的工作条件是切换开关 S_{13}或 S_{14}置于手动挡，比例电磁阀 Y_7或 Y_8通电，左右刮板输料液压泵供油。

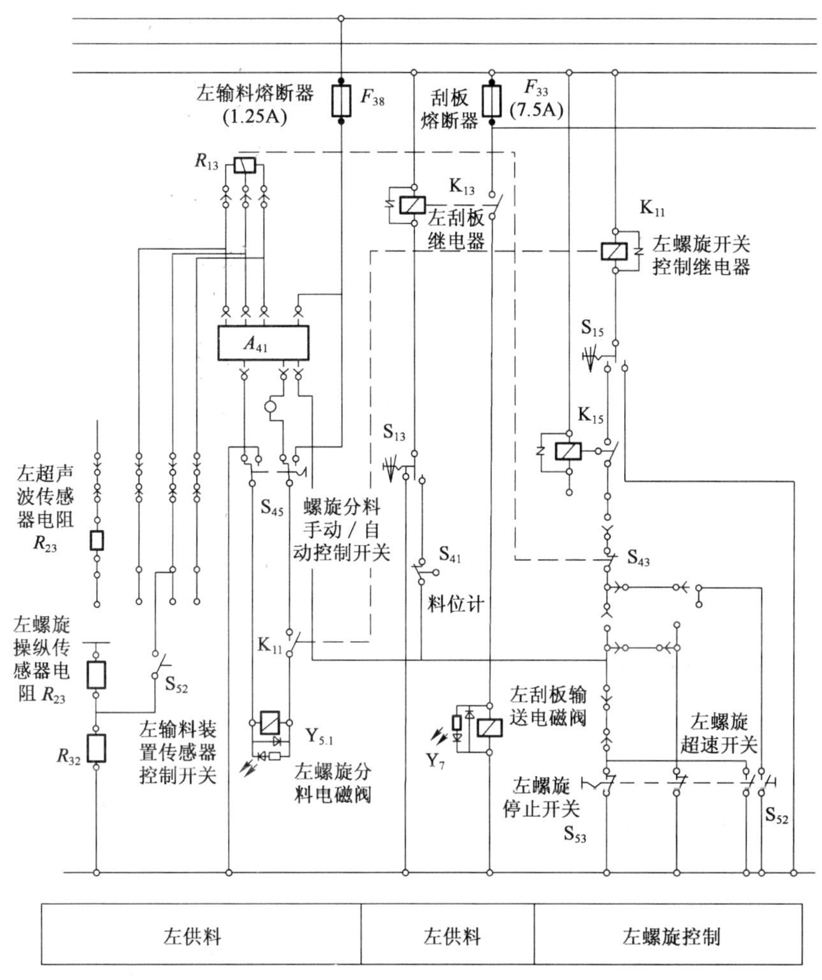

图 6-2-1　ABG 摊铺机供料系统电控原理图

(2)将电路中的元件按电源、熔断丝、输入元件、控制元件、输出(执行)元件、辅助元件进行分类。

(3)分析电路控制过程和控制逻辑关系。

(4)绘出单元电路简图。

(5)对照实物确定电路图中的主要元件在设备上的安装位置。

3. 注意事项

(1)要先识读简单的单元控制电路。

(2)电路中的符号基本上都是在电流或不工作状态下画出的。

(3)电路图并不是按比例画出的，电气部件的实际位置和外形与实际的是有所区别的。

(4)识读电路图时，应从上到下或从左到右阅读。

(5)在通电状态下进行检测时，应防止导线接头搭铁，造成短路。

4. 判断电控系统故障基本方法

引起电气设备发生故障的因素主要有电器零件损坏或调整不当、电路断路或短路、电源设备损坏。判断电气系统故障是在懂得电气系统工作原理的基础上,合理运用检测与判断基本方法来分析判断故障部位,见表6-2-1。

判断故障的基本方法及特点 表6-2-1

序　号	基 本 方 法	特　　点
1	感觉诊断法	通过观察电器元件或线路发热、产生火花、冒烟、工况突变直观情况,可直接发现故障部位
2	试灯检查法	用于检测某一电路是否断路
3	置换法	用一质量合格的元件替换被怀疑有故障的元件,然后试运转看故障是否消除或仍然存在
4	仪表检测法	用万用表检测电器件或电路的电阻、电压降和电流,用实际检测值与标准参数值比较,判断故障
5	导线短路法与折线试验法	用于判断某一段电路是否存在短路或断路
6	顺序查找法	由电源至用电设备逐段正向或逆向检测或检查
7	熔断器诊断法	通过检查某一电路的熔断器,判断电路短路或断路
8	条件改变法	通过附加条件和去除条件观察故障变化,如振动、加热或冷却、加大负荷或减小负荷、工作模拟试验等方法判断故障
9	逻辑分析法	根据工作原理和工作逻辑关系,分析故障可能的原因

模块二　判断行走电控系统故障

摊铺机左右行走系统是独立控制的,电控系统是由行走电脑、转速传感器、比例电磁阀、速度电位器、方向微调电位器、方向杆电位器、扳钮开关、继电器等组成,如图6-2-2所示。具有自动控制摊铺机直线行驶、转向控制、应急手动控制行驶、变速控制、制动控制等功能。摊铺机行走常见故障如表6-2-2所示。

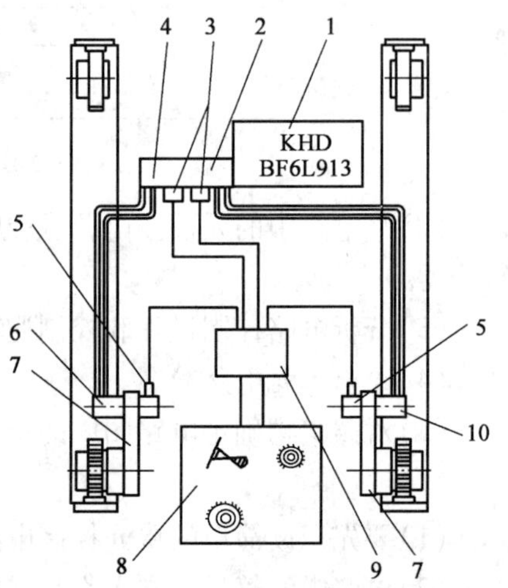

图6-2-2　ABG摊铺机行走电控系统示意图
1-柴油机;2、4-左、右侧液压泵;3-比例速度电磁阀;5-转速传感器;6、10-左、右侧液压马达;7-制动器;8-调节控制器;9-电子控制器

1. 准备工作

(1)准备好数字万用表及工具。

(2)准备好一份电控电路原理图,并查看有关技术资料,确定相关技术参数。

(3)根据故障现象,分析可能的故障原因,确定检查程序。

2. 不能行走故障判断步骤

(1)用万用表检测控制器熔断器是否工作正常(电源电路断路)。

(2)用万用表检测制动电磁阀是否工作正常(制动电磁阀故障,造成制动不能解除)。

摊铺机行走常见电路故障 表 6-2-2

故障	原因	排除方法	故障	原因	排除方法
无动作	无电源; 制动未解除; 行走电脑故障	检查保险各连线; 检查制动系统、修复; 修复行走电脑	无方向	方向电位器损坏; 线路故障	更换方向电位器; 检查连线修复
跑偏	速比传感器损坏; 一侧无电源	更换新速比传感器; 检查开关、线路、比例电磁阀	行走速度慢	输出电压低; 速度电位器故障	检查电源、连线; 更换速度电位器

(3)用万用表检测行走泵比例电磁阀是否工作正常。

(4)用应急开关检测行走电脑是否工作正常。

(5)用万用表检测线路是否断路。

(6)用万用表检测方向电位器和方向微调电位器是否工作正常。

(7)用万用表检测行走速比传感器是否工作正常。

(8)根据上述检测结果,确定故障部位。

3. 注意事项

(1)禁止用“短路”试火的方法检测控制元件是否通电。

(2)检测控制元件电阻值时,应在不通电的状态下进行。

(3)检查过程中,禁止身体接触任何运转部件。

(4)禁止随意拆卸更换电气元件和连接导线。

(5)禁止使用指针式万用表进行检测。

(6)在通电状态下进行检测时,应防止导线接头搭铁,造成短路。

故障判断案例一:一台摊铺机在摊铺作业时向左跑偏,驾驶员要不断向右转向才能维持直线作业,空载时仍然发生此现象。判断故障的步骤、结果及其原因见表 6-2-3。

故障判断(案例一) 表 6-2-3

判断步骤	检测结果	故障原因分析
直线行走状态下用万用表检测左、右行走电磁阀电压降	右端电磁阀电压 10V; 左端电磁阀电压 5.6V	两侧行走液压泵输出流量不同
断电状态下用万用表测量左、右行走电磁阀电阻和绝缘情况	左、右行走电磁阀电阻相同且绝缘情况正常	电磁阀无故障
断电状态下用万用表测量左、右转向电位器	左转向电位器只在部分旋转角度内正常工作	转向电位器存在故障
更换转向电位器	机械恢复正常工作	

故障判断案例二:一台累计工作 300h 的摊铺机在摊铺作业时出现不能行走故障,其判断故障的步骤、结果及其原因见表 6-2-4。

故障判断(案例二) 表 6-2-4

判断步骤	检测结果	故障原因分析
用万用表检测电控系统熔断器	正常	有电源
直线行走状态下用万用表检测左、右行走液压泵电磁阀电压降	正常	电控系统工作正常
行走状态下用万用表测量制动电磁阀端电压	电压过小	制动电磁阀不损坏,造成制动器处于制动状态
更换制动电磁阀	机械恢复正常工作	

模块三 判断供料电控系统故障

摊铺机供料电控系统是由开关、继电器、控制器、料位传感器、电位器、电磁阀、比例电磁阀等组成,具有手动和自动控制、速度控制、左右独立操作和同步操作等功能。供料电控系统的故障类型、原因及排除故障的方法见表 6-2-5。

供料电控系统故障 表 6-2-5

故障	原因	故障排除
无动作	电源未连接; 保险断路; 电磁阀断路	检查线路修复; 更换保险; 更换电磁阀
一侧无动作	开关断路; 线路故障; 电磁阀断路; 速度电位器损坏	更换开关; 检查线路修复; 更换电磁阀; 更换速度电位器
动作无力	比例电磁阀损坏; 开关虚接	更换比例电磁阀; 更换开关
无自动	料位传感器损坏; 自动开关断路	更换料位传感器; 更换开关

1. 准备工作

(1)准备好数字万用表及工具。

(2)准备好一份电控电路原理图,并查看有关技术资料,确定相关技术参数。

(3)根据故障现象,分析可能的故障原因,确定检查程序。

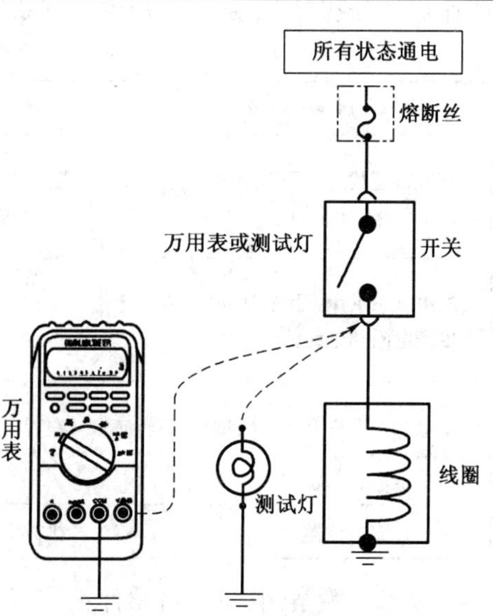

图 6-2-3 检测电磁阀示意图

2. 供料系统不工作故障判断步骤

(1)用万用表检测电源是否工作正常。

(2)用万用表检测供料开关是否工作正常。

(3)用万用表检测供料泵比例电磁阀是否工作正常(图 6-2-3)。

(4)用万用表检测线路是否断路。

(5)用万用表检测速度电位器是否工作正常。

(6)用手扳动料位传感器,检测自动供料是否工作正常。

(7)根据上述检测结果,确定故障部位。

3. 注意事项

(1)禁止用“短路”试火的方法检测控制元件是否通电。

(2)检测控制元件电阻值时应在不通电的状态下进行。

(3)检查过程中,禁止身体接触任何运转部件。

(4)禁止随意拆卸更换电气元件和连接导线。

(5)禁止使用指针式万用表进行检测。

(6)在通电状态下进行检测时,应防止导线接头搭铁,造成短路。

模块四 判断熨平板加热电控系统故障

摊铺机熨平板加热电控系统有两种方式,一种是燃气加热,主要由电脑设定温度,电脑通过温度传感器,保持熨平板恒温,有电脑自动控制和手动控制两种形式;另一种是电加热,主要由大发电机发电,通过控制加热棒,保持夯锤和熨平板恒温,有电脑自动控制和手动控制两种形式。

一般情况下,电脑控制自动气加热控制出问题时,需要找专业人员检修,加热部分和手动控制一样,是鼓风式燃烧器,高压点火,设有自动保护电路。

电控制电加热,手动控制的比较简单,其故障一般有大发电机不发电、电控开关断路、加热棒断路、整流器损坏。

电脑自动控制的比较复杂,一般出问题需要找专业人员检修。

1. 准备工作

(1)准备好数字万用表及工具。

(2)准备好一份电控电路原理图,并查看有关技术资料,确定相关技术参数。

(3)根据故障现象,分析可能的故障原因,确定检查程序。

2. 燃气加热电控制系统故障判断步骤

(1)用万用表检查加热起动开关是否工作正常。

(2)检查点火装置是否工作正常,必要时用万用表检测。

(3)用万用表检查控制继电器和手动开关是否工作正常。

(4)检查燃气开关控制电磁阀和喷嘴是否工作正常。

(5)检验鼓风机是否工作正常。

3. 注意事项

(1)禁止用“短路”试火的方法检测电磁阀是否通电。

(2)检测电磁阀电阻值时,应在不通电的状态下进行。

(3)检查过程中,禁止身体接触任何运转部件。

(4)在通电状态下进行检测时,应防止导线接头搭铁,造成短路。

(5)禁止随意拆卸更换电气元件和连接导线。

(6)控制电脑出问题时,需要找专业人员检修。

(7)电加热的手动控制的比较简单,故障一般是大发电机不发电、电控开关断路、加热棒断路、整流器坏。电脑自动控制的比较复杂,一般出问题需要找专业人员检修。

模块五 判断振捣电控系统故障

摊铺机的振捣电控系统有两种方式,一种是开关控制电磁阀,由流量阀控制振捣频率;另一种是通过调整电位器控制比例电磁阀电流大小,从而改变振捣频率。振捣控制也有自动和手动两种控制方式,自动控制是通过行走开关接通电流,手动控制是开关直接接通电源。振捣电控系统故障的原因及排除方法见表6-2-6。

振捣电控系统故障 表6-2-6

故障	原因	故障排除
无动作	保险断路; 开关断路; 连接故障; 电磁阀断路; 电位器损坏	更换保险,查找原因; 更换开关; 检查线路修复; 更换电磁阀; 更换电位器
无自动	行走主开关断路; 连接电路; 自动开关断路	修复或更换行走主开关; 检查线路修复; 更换自动开关
频率低	电位器损坏; 比例电磁阀损坏	更换电位器; 更换比例电磁阀

1. 准备工作

(1)准备好数字万用表及工具。

(2)准备好一份电控电路原理图,并查看有关技术资料,确定相关技术参数。

(3)根据故障现象,分析可能的故障原因,确定检查程序。

2. 判断步骤

(1)用万用表检测电源是否工作正常。

(2)用万用表检测控制开关和继电器是否工作正常。

(3)用万用表检测电磁阀或比例电磁阀是否工作正常。

(4)用万用表检测线路是否断路。

(5)用万用表检测电位器是否工作正常。

(6)根据上述检测结果确定故障部位。

3. 注意事项

(1)禁止用“短路”试火的方法检测控制元件是否通电。

(2)检测控制元件电阻值时,应在不通电的状态下进行。

(3)检查过程中,禁止身体接触任何运转部件。

(4)在通电状态下进行检测时,应防止导线接头搭铁,造成短路。

(5)禁止随意拆卸更换电气元件和连接导线。

(6)禁止使用指针式万用表进行检测。

(7)振捣与振动是同步工作的,检查可利用此特点,用逻辑分析的方法,判断故障。

课题三　液压系统故障判断

模块一　识读行走驱动液压传动系统原理图

摊铺机是由左、右两个行走高压柱塞泵和左、右行走柱塞马达独立驱动，由电液比例电磁阀控制，行走速度电位器通过行走电脑来控制摊铺机的行走速度，液压系统为闭式液压回路，补油泵为回路补油，并向控制油路提供压力油。

1. 准备工作

(1)准备一份沥青混凝土摊铺机液压系统原理图。

(2)查看有关技术资料，认读表示常用液压元件的图形符号。

(3)把整机液压原理图划分成单元液压图，在液压图上找到主要的液压元件。

2. 识读方法(表 6-2-7、图 6-2-4)

液压原理图识读方法　　表 6-2-7

功　能	操 作 部 位	实 现 工 况
前进和后退	操作换向杆，比例电磁阀 Y_{11}、Y_{21} 或 Y_{12}、Y_{22} 通电，行驶液压泵正向与反向供油	摊铺机前进和后退行驶控制
行驶速度	操作行驶速度旋钮，调节供给 Y_{11}、Y_{21} 或 Y_{12}、Y_{22} 工作电流的大小，改变泵的排量，实现容积调速	调节行驶速度
高速小扭矩与低速大扭矩	操作功能开关，液压马达上的 Y_{03}、Y_{04} 通电，高速小扭矩；断电，低速大扭矩	作业工况与转移场地工况
转向	操作转向旋钮，使供给左右行驶比例电磁阀工作的电流不同，实现左右液压泵排量不同　左右液压马达转速不同	使左右行驶产生，速度差，实现转向
制动与解除制动	操作紧急按钮或行驶操作杆，Y_{10} 通电解除制动，并建立补油和控制压力；断电，进行制动	自动制动和解除制动
系统油液压力控制	系统压力过高，安全溢流阀 3 或 4 打开	防止过载
补油及控制油液压力控制	溢流阀 7 调定补流压力	防止过载
恒速自动控制	左右驱动轮转速传感器测量转速，并输入给控制器，控制器向左右行驶电磁阀发出修正指令，改变液压泵的输出排量	恒速及直线行驶
手动行驶操作	操作手动与自动切换开关，行驶转换为手动控制	应紧情况下使用

3. 注意事项

(1)识读液压原理图，应首先读懂图中符号所对应的液压元件名称、作用及基本工作原理。

(2)对照原理图，能识别各主要液压元件在机械上的安装位置、外形及液压管路。

(3)分析液压系统工作原理时，应结合机械操作过程或运转过程。

(4)应对照原理图和实物，并查看有关资料，确定主要液压元件的型号、检测与调整部位、主要技术参数。

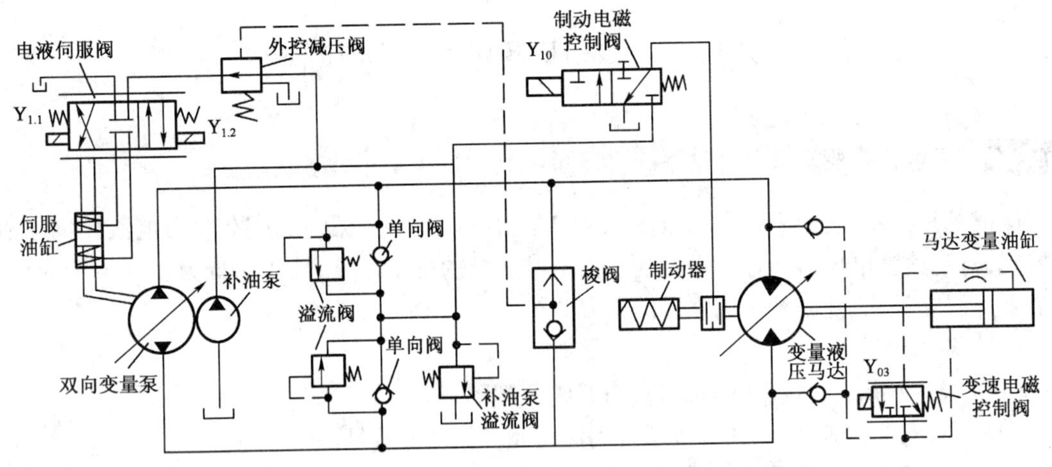

图 6-2-4　ABG423 摊铺机行走驱动液压系统原理图

模块二　识读供料驱动液压传动系统原理图

供料液压系统可分为左右螺旋分料液压回路、左右刮板输料液压回路和料斗液压回路，其中螺旋分料液压回路和刮板输料液压回路采用了双向变量泵—双向定量马达组成的闭式回路，并由比例电磁阀控制，见图 6-2-5。

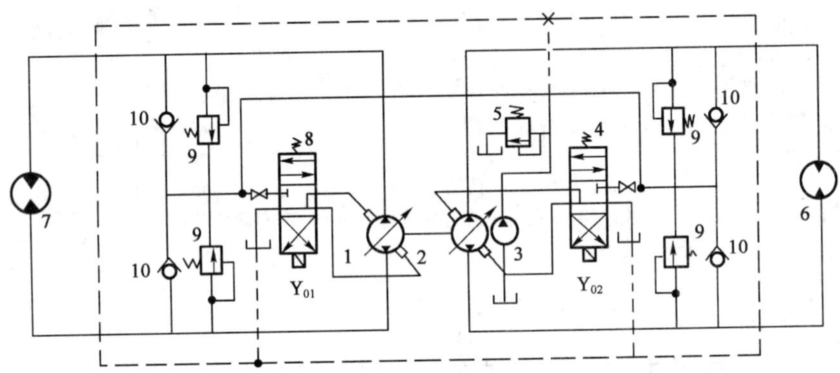

图 6-2-5　ABG423 摊铺机螺旋分料器液压系统原理图

1-左螺旋分料器液压泵；2-右螺旋分料器液压泵；3-补油液压泵；4-右电磁比例阀；5-补油泵溢流阀；6-右螺旋分料器液压马达；7-左螺旋分料器液压马达；8-左电磁比例阀；9-安全溢流阀；10-单向阀

1. 准备工作

（1）准备一份沥青混凝土摊铺机液压系统原理图。

（2）查看有关技术资料，认读表示常用液压元件的图形符号。

（3）把整机液压原理图划分成单元液压图，在液压图上找到主要的液压元件。

2. 识读方法（表 6-2-8）

3. 注意事项

（1）识读液压原理图，首先应读懂图中符号所对应的液压元件名称、作用及基本工作原理。

（2）对照原理图，能识别各主要液压元件在机械上的安装位置、外形及液压管路。

（3）分析液压系统工作原理时，应结合机械操作过程或运转过程。

液压系统原理图的识读方法 表 6-2-8

功　　能	操 作 部 位	实 现 工 况
手动操作左右刮板输料装置	操作手动与自动切换开关 S_{13} 或 S_{14}、比例电磁阀 Y_7 或 Y_8 通电，左右刮板输料液压泵供油	左右刮板输料装置运转
自动操作左右刮板输料装置	操作手动与自动切换开关 S_{13} 或 S_{14}，当料位传感器控制开关闭合时，比例电磁阀 Y_7 或 Y_8 通电，左右刮板输料液压泵供油	通过料位传感器自动控制输料装置
手动操作左右螺旋分料装置	将切换开关拨到手动位 Y_{51} 或 Y_{61} 通电，左或右螺旋分料装置工作	实现手动控制
自动操作左右螺旋分料装置	将切换开关拨到自动位置，并操作行驶操作杆，由料位传感器—控制器控制 Y_{51} 或 Y_{61} 通电，左或右螺旋分料装置工作	实现自动控制

(4)应对照原理图和实物，并查看有关资料，确定主要液压元件的型号、检测与调整部位、主要技术参数。

模块三　判断行走驱动液压系统的故障，并提出维修方案

因左右两路完全相同，既可以联动，实现直线行驶，又可单独工作，实现转向或弯道摊铺作业。Y_{11} 和 Y_{12} 二者之一通电可实现泵的正转或反转，从而实现摊铺机的前进或后退，而行驶速度的大小调节则依赖于 Y_{11} 和 Y_{12} 工作电流的大小，工作电流大，则泵的排量大，行驶速度也高，反之亦然。变量马达采用双用位置变量控制形式。当排量为最大时，为摊铺作业(低速大扭矩)工况；当排量为最小时，为行驶(高速小扭矩)工况。摊铺机行驶的先决条件为解除制动，只有解除制动(Y_{10} 通电)，才能建立补油压力和控制压力。制动电磁阀 Y_{10} 在不通电时，制动器在弹簧作用下使液压马达输出轴制动，同时，补油系统回路通过 Y_{10} 卸载。

补油泵 2 是该系统的一个重要元件，具有补油、散热、提供控制油压力 3 种作用。当油路中压力过高时，溢流阀 3(左或右)打开，防止油路过载，保护液压元件，单向阀 4 用于补油泵向回油补油，补油泵安全溢流阀 5 调定补油泵的最高压力，保证系统正常工作，一般小于或等于 3MPa。

当调节左、右电磁阀工作电流大小不同时，左右侧行驶产生差速，从而实现转向，当左、右一前一后行驶电磁阀加电，即左右两侧行驶速度相反时，可实现原地转向。

1. 准备工作

(1)检查电控系统，确定电控系统工作正常。

(2)准备好流量和压力检测仪。

(3)准备好两块相同量程的压力表和工具。

(4)查看有关技术资料，确定行走液压系统标准工作压力值。

(5)根据故障现象，对照液压原理图，用逻辑分析的方法，分析故障可能的原因。

(6)根据分析后可能的故障原因，制订检测项目和程序。

2. 判断步骤

(1)检查液压泵和液压马达表面温度和有无异响。

(2)检查制动控制电磁阀，判断行走时制动是否能完全解除。

(3)将压力表接到补油液压油路的压力测口上，测量压力值。

(4)将压力表接到行走液压油路的压力测口上,测量压力值。

(5)用液压综合检测仪,检测液压泵和液压马达的工作压力和流量。

(6)根据上述检查结果,分析可能的故障部位。

3. 注意事项

(1)在运转状态下检查时,禁止身体接触任何运转部件。

(2)选择合适量程的压力表,并在发动机熄火状态下安装或拆卸。

(3)由于左右两侧液压回路相同,检查可采用对比法或逻辑分析法进行判断。

(4)检测过程中,应采取有效措施,保持油液清洁,并防止油液污染。

故障判断案例:一台 ABG423 摊铺机在直线行驶时发生向左急转弯故障,其分析判断结果见表 6-2-9。

ABG423 摊铺机故障判断结果 表 6-2-9

判断步骤	检测结果	故障原因分析
将总控制台配电箱后的紧急转换开关 S_{70} 扳到向上的位置,使机械处于初始操作状态	故障未解除	说明故障不是由行走控制器引起的(此状态下左右行走泵不受控制器控制)
将左、右行走液压泵电磁阀插头调换	故障未解除	电控系统无故障
将右行走液压泵电磁阀插头拔下	故障未解除	说明右行走泵斜盘一直处于单方向(前进方向)大流量输出液压油
维修右行走泵电磁阀	机械恢复正常工作	右电磁阀或右行走泵故障造成此故障现象

模块四 判断供料驱动液压系统故障,并提出维修方案

1. 准备工作

(1)检查电控系统,确定电控系统工作正常。

(2)准备好流量和压力检测仪。

(3)准备好两块相同量程的压力表和工具。

(4)查看有关技术资料,确定行走液压系统标准工作压力值。

(5)根据故障现象,对照液压原理图,用逻辑分析的方法,分析故障可能的原因。

(6)根据分析后可能的故障原因,制订检测项目和程序。

2. 判断步骤

(1)检查液压泵和液压马达表面温度和有无异响。

(2)检查制动控制电磁阀,判断行走时制动是否能完全解除。

(3)将压力表接到补油液压油路的压力测口上,测量压力值。

(4)将压力表接到行走液压油路的压力测口上,测量压力值。

(5)用液压综合检测仪,检测液压泵和液压马达的工作压力和流量。

(6)根据上述检查结果,分析可能的故障部位。

3. 注意事项

(1)在运转状态下检查时,禁止身体接触任何运转部件。

(2)选择合适量程的压力表,并在发动机熄火状态下安装或拆卸。

(3)由于左右两侧液压回路相同,检查可采用对比法或逻辑分析法进行判断。

(4)检测过程中,应采取有效措施,保持油液清洁,并防止油液污染。

故障判断案例:一台摊铺机在摊铺作业时,左右螺旋布料器均突然同时停止工作,对其故障的分析和判断结果见表6-2-10。

摊铺机故障判断结果 表6-2-10

判断步骤	检测结果	故障原因分析
工作状态下用万用表检测左、右行走电磁阀电压降	左右端电磁阀电压相同且正常	电控系统无故障
用油压表检测补油系统压力(左右系统共用一个补油泵)	补油压力为0.27MPa,正常情况下,工作压力在1.7~2.7MPa	补油系统压力过小,没有控制压力油,液压泵无压力油输出;造成补油压力低的可能原因有补油泵、溢流阀、液压马达有故障或进油不足
检查油位和滤清器	工作正常	
检测驱动液压马达,卸下一侧液压马达液压油管,用堵头堵住;启动发动机操作另一侧螺旋布料器工作	另一侧螺旋布料器工作正常	说明被堵头堵住的一侧液压马达损坏,内漏严重,造成补油泵的压力油流入液压马达,没有建立起补油压力
更换故障液压马达	机械恢复正常工作	如果仍不工作可继续检查溢流阀或补油液压泵

1. 柴油机技术状况变化的主要外部特征是什么?

2. 简述行走电控电路的组成及主要控制功能。

3. 变量泵和变量马达组成的典型闭式液压回路的工作原理分析(题图1)。

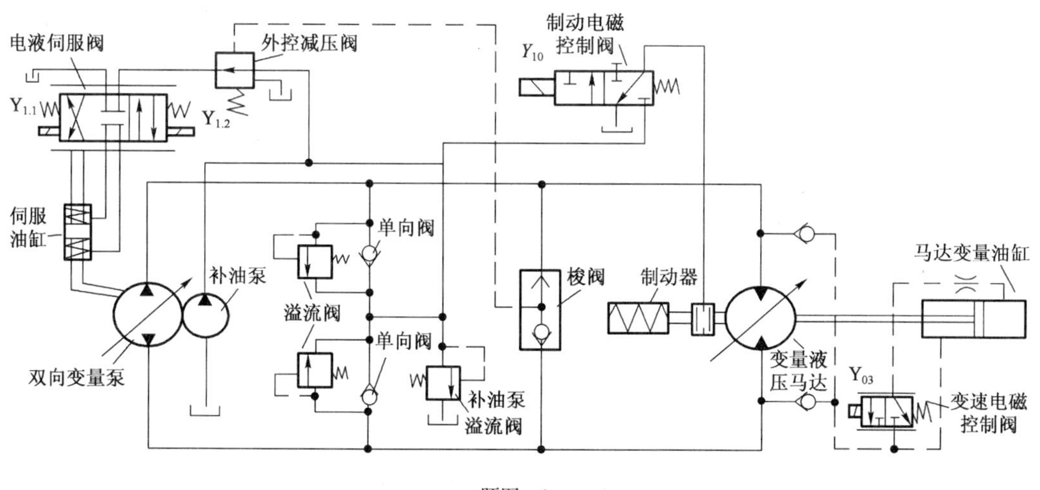

题图 1

4. 摊铺机的行走、供料液压系统及电控系统具有哪些技术特点?

5. 简述摊铺机的行走和供料自动控制调节过程。

单元三　培训与管理

学习目标

学习技术培训和机务管理的基本内容和方法。

知识要求

了解技术培训和机务管理的目的和主要内容；掌握编写培训计划和技术总结的方法和要求；掌握机务管理和机械技术状况评定的基本方法。

技能要求

①编写培训计划；②编写技术总结；③对初、中、高级操作工进行现场指导；④检测评定沥青混凝土摊铺机技术状况；⑤制订机械使用与维修计划；⑥填写机械设备的技术档案。

课题一　培训与指导

模块一　编写培训计划

1.培训计划的基本常识

机械操作人员是机械的直接使用者，他们的技术水平对用好机械具有决定性的作用。培训可使他们掌握更多的专业知识和提高操作技能、保养维修能力，达到“四懂、三会”的水平（懂原理、懂构造、懂性能、懂用途，会操作、会保养、会排除故障）。各企业单位应经常地、坚持不懈地组织他们接受培训和学习。

(1)培训的目的：更新知识、增强技能，提高职业素质。

(2)培训的种类：冬季施工淡季应组织短期集中培训；针对普遍存在的问题有计划地分期分批进行轮训；新工人岗前培训；新机型使用前操作人员培训。

(3)培训计划的基本要素：为什么要进行培训？谁接受培训？培训内容是什么？如何培训？这些都是企业培训计划要回答的问题。一份完整的计划应包括以下内容：

①培训目的：主要回答为什么要进行培训的问题。

②培训目标：主要解决培训要达到什么样的目标的问题。

③培训对象和类型：确定谁接受培训和进行何种类型的培训。

④培训内容：根据对象的培训需求确定培训内容。

⑤培训组织范围：确定5个次层，即个人、部门、组织、行业和公共。

⑥培训规模：确定参加培训的人数。

⑦培训时间。

⑧培训地点。

⑨培训方式与方法。

⑩培训教师：根据培训目的、目标和对象选择教师。

⑪考评方式：培训效果检验，考评方式一般有笔试、面试、操作。

2. 编写培训计划

(1)编写培训计划前的准备工作

①分析企业或部门工作目标：有什么样的组织目标，就会有什么样的培训目标，二者具有内在的一致性。

②分析企业或部门职工素质现状：理想状况与现实状况之间的差距；工作中普遍存在的问题及原因；绩效差距。

③教育培训资源可利用现状：时间、地点、场地、设施、教材、器具、师资等。

(2)培训计划与课程表案例

×××有限公司机械维修人员培训计划

(1)培训目的：为本公司机械维修工补习专业理论知识，进一步提升机械维修的综合职业能力，适应现代工程机械机电液一体化发展的需要。

(2)课程设计原则：因人施教、学以致用的原则。

(3)培训对象：本公司机械维修工。

(4)课程内容：柴油机构造原理、工程机械液力传动和全液传动系统构造、典型液压挖掘机电控系统原理分析(启动供电电路、仪表报警电路、行驶照明信号电路、其他功能电控系统)、液压传动基本知识及典型机械液压原理分析(以现代液压挖掘机及叉车为主)。

(5)培训教材：本公司厂本教材或授课教师授课教案。

(6)培训时间：每周周六、日培训，培训 8 天，每天 7 课时，共计 56 课时。

(7)培训地点：××××电教室。

(8)培训形式：利用多媒体辅助教学手段集中讲授。

(9)培训费用：电化教室使用费、教师课时费、培训管理费，合计每人交培训费 600 元。

(10)教师安排：×××××××××学校中级技术职称以上专业课教师。

(11)组织部门：××××××××。

(12)考评方式：课程结束后，分项目组织闭卷笔答考试。

培训课程表如表 6-3-1 所示。

培训课程表 表 6-3-1

日期	培训项目	主要培训内容	培训方式	培训教师

(3)实施培训计划应注意的问题

①明确分工，落实责任：为确保培训任务的落实，在培训计划实施前，应召开一个有关人员的会议，明确分工，落实责任。

②做好培训的各种准备工作：培训教师、场地、设施和设备等。

③做好培训动员：要使受训人员明确培训的目的、要求、内容和程序，特别要使其深刻感受到培训对企业发展、个人进步的重要性。

模块二　编写技术总结

1. 什么是技术总结

对已完成的技术工作进行分析和研究，从中找出经验或教训，引出规律性的东西，写成书面材料，用于指导他人或今后的工作，这就是技术总结。

2. 编写技术总结的意义

(1)改进和创新工作的一种重要方法。

(2)提高个人技术能力的重要途径。

(3)普及先进操作技术的重要手段。

3. 编写技术总结的步骤

(1)注意积累和搜集工作过程中的材料。

(2)仔细分析并选择材料。

(3)根据材料拟定技术总结提纲。

(4)按照提纲起草技术总结。

4. 编写技术总结的内容与格式

(1)标题。

(2)基本情况：指明所要总结的问题、时间、地点、背景和事情经过。

(3)正文：具体介绍成绩和经验、问题和教训，以及成绩和经验所取得的原因、做法和体会，并引出规律性的操作方法或规程。

(4)结束语：明确存在的问题和今后的工作方向。

5. 编写技术总结应注意的问题

(1)要坚持从实践中来，到实践中去，使技术总结有实用意义。

(2)要坚持实事求是的精神，如实反映客观工作情况。

(3)要有科学的分析态度，反映出规律性的事物。

(4)要突出重点，条理清楚，观点与材料相统一。

(5)征求意见、补充和修改定稿。

案例　沥青混凝土摊铺机自动调平系统故障诊断与排除

铺筑某一段路路面的施工中，采用双纵坡传感器调平控制系统进行作业。摊铺机操作人员反映熨平板发“飘”，厚度指示器显示铺层忽高忽低，不能控制，且铺层的平整度看上去明显变差。问题被发现后便立即停止向摊铺机料斗供料，将斗中余下的沥青混凝土摊铺完后，对摊铺机的调平系统进行详细检修。具体步骤如下：

(1)将调平系统控制开关置于手动“位置”，在停车与行走工况下(熨平板处于浮动状态)，分别手动检查左右调平液压缸的上、下动作是否灵敏。经检查，手动操纵系统正常。

(2)将调平系统控制开关置于“自动”位置，在行走工况下用手扶着与左、右纵坡传感器轴连接的触杆，并上下转动，观察左右调平液压缸的动作。经检验发现，左侧传感器轴的转动与左调平液压缸动作相符且灵敏，而右侧调平液压缸在右侧传感器转动时无反应。这样，初步诊断出右侧自动调平系统有故障。

(3)将左、右侧纵坡传感器互换位置,再重复"(2)"的检查程序,结果右侧自动调平液压缸恢复正常,左侧调平液压缸无反应,这就进一步确定右侧的液压回路、控制阀及控制线路无故障,故障出在原右侧纵坡传感器及调平控制器上。

(4)拆卸有故障的纵坡传感器,用万用表检查滑变电阻与触杆相连接的传感器轴转动时,可变电阻的阻值变化情况,检测发现电阻值变化无规律;而无故障的纵坡传感器的两可变电阻在传感器轴转动时有一定的变化规律。至此,确定故障出现在滑变电阻上。

(5)滑变电阻可能的故障是固定部分与旋转部分接触不良。在现场无合适工具拆卸滑变电阻进行清洗的情况下,用医用注射器抽一定量的工业酒精,将针头对准滑变电阻固定部分与旋转部分的缝隙,推射酒精进行多次清洗,等酒精挥发后,再次用万用表测量,结果显示两可变电阻的电阻值随传感器轴的转动呈一定规律变化,说明滑变电阻已恢复正常工作性能。

(6)将修复后的纵坡传感器装在摊铺机上进行"(2)"的检查程序,结果显示纵坡传感器工作正常,调平液压缸动作灵敏,摊铺机投入正常工作。

自动调平系统故障对摊铺质量的影响,突出地反映在铺层平整度与铺层的均匀性上。使用德国 ABG 公司生产的摊铺机进行沥青路面的摊铺施工,该机的自动调平系统易出现的故障有:纵坡、横坡传感器失效;控制电路有故障;液压油缸内漏严重;液压回路中控制阀有故障;液压锁密封性差。根据故障现象可采用逻辑分析法、手动操作试验法、对比法、测量法等方法进行诊断。

总结分析

(1)故障现象描述及故障发生后所采取的措施。

(2)故障诊断方法及诊断步骤的目的。

(3)分析检测结果,确定故障点。

(4)排除故障。

(5)验证故障检修结果。

(6)小结。

模块三 对初、中、高级操作工进行现场指导

技术培训与技术指导基本知识:

(1)技术培训

培训是为提高新职工和在职人员的就业能力、岗位工作能力和岗位转换能力,而实施的有计划、系统的教授知识和技能的活动。它具有实践性强、目标明确、与生产相结合的特点。

(2)技术培训的原则

理论知识与实际工作相结合,以技能教学为主,操作训练为重。

(3)技术指导的基本方法

①讲解法:指导者运用语言说明、解释、分析或论证概念、原理和操作工序、技术要领。

②示范操作法:指导者为被指导者做出标准、规范的技术操作动作,使被指导者能直观、具体、形象地学习操作技术。

③指导操作法:被指导者在操作过程中,由指导者指导进行实际操作练习。

④其他方法:结合实际问题,组织参观法、指导阅读法、案例讨论法。

(4)技术指导应注意的问题

①充分做好技术指导前的各项准备工作。

②技术指导前应做好安全工作预案,预防因误操作发生安全事故。

③以激发与鼓励为主,避免使用过激语言。

(5)技术指导的基本环节

技术指导的基本环节是指一次指导中的组成环节及进行的顺序,一般包括讲授指导、示范指导、巡回指导和结束指导。

(6)指导前准备

①编写教案:指导目的、指导内容(讲解内容和操作内容)、指导方法。

②工具和设备:根据指导内容准备相应工具、仪表和设备。

③安全预案:指导操作过程中有哪些危险存在,以及应采取哪些措施防范。

指导前准备工作案例

教学要求	柴油发动机启动不着火的故障的故障诊断与排除 准备要求: (1)6135 柴油机一台,并按本模块故障设置的要求设置故障(油箱内无油或油量不足、低压油路堵塞、低压油路管路接头松动、油门拉杆处于不供油位置、高压油路中有空气、喷油正时不正确、喷油器压力弹簧调整过硬)。 (2)喷油器校验器、扳手、正时灯、一字和十字起子。 教学要求: 正确地分析和判断故障的原因;正确地确定故障部位;故障排除后,发动机顺利启动,各工况运转良好。 课时:1 课时 技术标准与安全要求: (1)在不低于 -5℃的温度时,用起动机能顺利启动发动机。 (2)在正常工作温度下,启动时间不超过 5s。 (3)学生实习时必须严格按上述诊断程序进行,并分析说明每个诊断步骤的诊断目的,最后确定故障部位。 (4)判断故障时,要断开电源开关。 (5)启动发动机和发动机运转时,严禁身体部位触碰旋转部件。
授课计划	实习目的:学会排除柴油机启动困难故障的基本诊断方法。 教学过程: (1)检查油箱燃油油量; (2)用输油泵的手油泵泵油,然后拧松喷油泵上的放气螺钉,观察出油情况; (3)检查喷油泵是否有油喷出和油量,并外接喷油器试验; (4)检查油门拉杆是否移动灵活; (5)检查供油正时和供油提前角; (6)检查气门间隙; (7)检查喷油器喷油质量; (8)确定故障原因及部位。
小结	(实际课时、参加人数、教学效果、教改意见)

课题二　机 务 管 理

模块一　检测评定沥青混凝土摊铺机技术状况

机务管理的目标是追求设备寿命周期内费用最经济和综合效率最好。机械设备是由成千上万个零件所组成,每个零件所承担的功能及工作强度、工作条件各不相同,所以,各零件的使用寿命长短不一,零件损坏后对主机的工作能力的影响程度也不相同,如使主机功能下降、功能停止、磨损加剧等。

研究零件的劣化渐变过程和损坏原因或本机型或总成的劣化规律、自然劣化周期、人为劣化特点、劣化后果及外部表征，可改进维修内容、维修间隔期，避免人为失误，以延长机械使用寿命，降低运转成本。

1. 机械技术状况变化的原因和规律

(1)机械技术状况变化的原因：磨损、机械损伤、化学热损伤。

(2)机械零件磨损规律：分为3个阶段，即磨合阶段、正常工作阶段、故障性磨损阶段，每个阶段的磨损都呈现出不同的磨损规律。

(3)保持机械固有技术状态的根本方法：保持基本状态(负荷、温度、润滑、间隙)、遵守操作规程、根除劣化部件、防止人为失误。传统的维修认为好的维修是处理了多少个故障停机，却很少将避免了多少故障的发生或根除了多少故障作为评价标准，其实，拙劣的维修才是可见的维修；好的维修应是预防、改进、计划，从而降低故障率，以提高经济效益。减少故障的5个对策见图6-3-1。

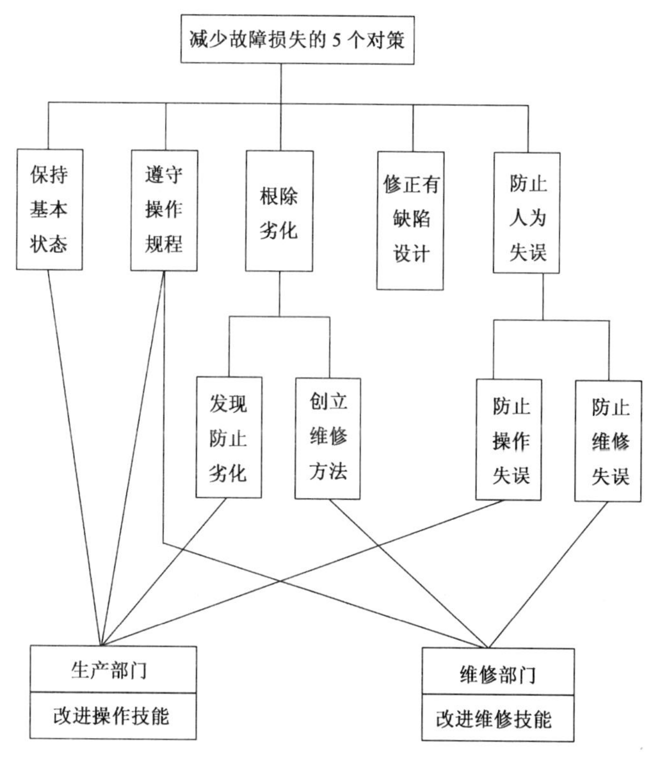

图6-3-1 减少故障的5个对策

2. 检测评定沥青混凝土摊铺机技术状况的基本方法

(1)发动机

①柴油发动机技术状况变坏的外部特征参量：启动性能、机油消耗量、功率和排烟度、机油压力、异响和曲轴箱窜气量。机油的消耗量可表征活塞环及环槽和汽缸的磨损程度；机油压力可表征曲轴轴颈、连杆轴颈与轴承的磨损程度；启动性能可表征汽缸密封性、启动转速、温度和供油提前角是否正常。

②减少汽缸磨损的措施：正确启动和起步；保持发动机的正常工作温度；保持良好润滑；加强“三滤”保养；提高保修质量。

(2)液压传动系统

①技术状况变坏的外部特征参量:执行元件动作缓慢、执行元件自然沉降、油液温度升高过快、噪声、漏油。

②检测方法:检查漏油和沉降原因,并更换密封件;检查吸油管路密封状况;检查油液散热器和滤清器;检测系统负载压力和流量,确定液压元件技术状态。

③保持液压传动系统正常状态的措施:保持油液清洁,禁止随意拆卸和调整液压元件,保持系统压力和温度处于正常值。

(3)传动与工作机械装置

①技术状况变坏的外部特征:工作强度高和工作条件差、部件磨损、总成异响、壳体温度异常、润滑油渗漏、润滑油内有粒径较大的金属屑。

②检测方法:更换易损部件,分析温度异常的原因,消除漏油点,解体检查更换损坏零件,消除异响、温度异常和润滑油内有金属屑的故障。

③保持传动与工作机械装置措施:保持壳体内通气;保持良好的清洁和润滑状态;按规定进行紧固和调整;发现异响应立即停机维修以防止故障扩大。

列出设备主要技术性能检测表(量化评分),见表6-3-2。

设备主要技术性能检测表 表6-3-2

检测项目	方法	标准	检测结果	技术状况评价

模块二 制订机械使用与维修计划

计划可以为实现预先选定的目标提供一种合理的方法。计划就是一个组织要做什么和怎么做的行动指南。计划的定义是"对预想的未来及其变为现实的有效方法的设计"。

计划的作用是给出方向,减少变化的冲击,使浪费和冗余减少到最小,以及设立标准以利于控制。计划是一种协调过程,它能够给管理者和非管理者指明方向。当所有有关人员都了解了组织的目标和为达到目标他们必须做什么贡献时,他们就能开始协调他们的活动,结成团队。计划的类型可分为战略性计划与作业性计划、短期计划与长期计划、指导性计划与具体工作计划。

制订计划的工作步骤一般为明确工作任务、评估状况、确定目标、确定前提条件、制订计划方案等。计划如果不能变为行动,那它则是无用的。计划方案类似于行动路线图,是指挥和协调组织活动的工作文件,通过它可以清楚地告诉企业管理人员和员工要做什么、何时做、由谁做、在何处做和如何做等问题。

1. 机械使用计划的制订

(1)确定施工工期和机械需要量

为了提高机械利用率,缩短施工工期,在编制计划前,先要了解施工任务、施工工期和施工工作量,通过核算确定机械种类、机械型号和机械需要量。

(2)评估现有机械和人员状况并确定经营目标

通过察看施工现场情况,根据现有机械种类、数量、型号、技术性能和人员技术水平、后勤保障能力,评估能否达到施工要求,并确定经济指标。

(3)编制机械使用计划(表6-3-3)

机械使用计划表　　表6-3-3

序号	机械名称	型号	作业名称	数量	施工工期	台班单价	计划台班	结算方式	运输方式	作业地点

2. 机械维修计划的制订

(1)确定所需维修机械和维修作业项目

①查看机械技术档案、机械运转记录、维修记录及报修单。

②对机械进行技术检测和综合技术评定。

③根据按需维修的原则,确定所需维修机械和维修作业项目。

(2)维修作业条件评估

①维修机械对施工造成的影响。

②维修作业项目与维修作业条件。

③维修方式选择的合理性和经济性核算。

(3)编制机械维修计划(表6-3-4)

机械维修计划表　　表6-3-4

序号	机械名称	维修类别	维修工时	维修项目	维修方式	维修工期	维修部门	计划维修费用	维修工序

模块三　填写机械设备的技术档案

在企业机械设备管理活动中,经常需要作出各种技术上、经济上的决策,决策的依据就是信息。没有系统可靠的信息,就难以实施有效的管理。机械设备信息包括机械设备一生的全部资料及与之有关的其他资料,如图样、说明书、运转记录、维修记录、设备台账、设备档案及所发生的各种费用等。

1. 机械设备登记卡(表6-3-5)

机 械 设 备 卡 片　　表6-3-5

设备类别:路面施工设备　　建卡日期:2006年12月8日

机械编号	01-11	购置价格	3 645 000元	使用部门	城建集团路面三分公司
机械名称	沥青混凝土摊铺机	购入日期	2006年5月	安装地点	
规格型号	Puper2100-2	机械来源	购入	调入日期	
制造厂名	维特根机械(廊坊)有限公司	起用日期	2006年6月	技术资料	使用说明书一份
主要用途说明	主要用于高等级路面施工作业	主要性能参数	外形尺寸:长×宽×高为6 550mm×2 500mm×3 700mm 净重:21.4t 发动机型号:道依茨 TCD2013L062V 发动机额定功率:182kW/2 000r/min 料斗容量:14t 熨平板宽度:3~9m 熨平板加热:电加热		

续上表

机械外形图片	

制表：　　　　　　　　　　　　　　　　　　　　　　　　　　　　　　填写：

2. 机械设备使用情况统计表(表6-3-6)

机械设备使用情况统计表　　　　　　　　　　　　表6-3-6

制表：　　　　　　　　　日期：　　年　　月　　日　　　　　　　复核：

机械名称	运转台班	工作小时	收入	实际支出			备　注
				维修费	油料消耗	人工费	

注：此表一式两份，由机务员统计填写，并于年终上报存档。

3. 机械维修记录(表6-3-7)

机械维修记录表　　　　　　　　　　　　表6-3-7

机械名称：　　　　编号：　　　主修人：　　　　送修日期：　　　　竣工日期：

机械维修前技术状况及维修类别说明						上次维修后累计运转小时及情况说明			
序号	维修项目					更换配件和消耗材料			
						品名	数量	单价	金额
维修过程和技术数据记录　主修人：　日期：									
检验结果记录　检验人：　日期：									
所用工时		材料费		工时费		其他		合计	

注：此表由维修人员和维修车间管理员共同填写，并统一存档保存。

思考题

1. 培训的种类和培训计划的基本要素有哪些?
2. 编写技术总结的意义和编写方法是什么?
3. 柴油机、液压系统、传动与工作机械装置技术状况变坏的外部特征是什么?
4. 机械设备使用情况年报表的填写内容及填写目的是什么?

参 考 文 献

[1] 福格勒 2100 和 ABG423 摊铺机使用与保养说明书(生产厂商自编).

[2] 维尔弗里德·施陶特. 汽车技术专业教程[M]. 屈求真,胡宁译. 北京:北京大学出版社,1999.

[3] 李宏. 挖掘机操作工培训教程[M]. 北京:化学工业出版社,2008.

[4] 李殿健. 沥青路面施工机械与机械化施工[M]. 北京:人民交通出版社,2003.